공학계열
진로
로드맵

로봇과 공존하는 기술자
공학계열 진로 로드맵

펴낸날 2020년 2월 10일 1판 1쇄
2020년 6월 10일 1판 2쇄

지은이 정유희, 안계정, 김채화
펴낸이 김영선
교정·교열 이교숙
경영지원 최은정
디자인 박유진·현애정
마케팅 신용천

펴낸곳 (주)다빈치하우스-미디어숲
주소 경기도 고양시 일산서구 고양대로632번길 60, 207호
전화 (02) 323-7234
팩스 (02) 323-0253
홈페이지 www.mfbook.co.kr
이메일 dhhard@naver.com (원고투고)
출판등록번호 제 2-2767호

값 16,800원
ISBN 979-11-5874-063-4 (43370)

이 도서의 국립중앙도서관 출판예정도서목록(CIP)은 서지정보유통지원시스템 홈페이지(http://seoji.nl.go.kr)와 국가자료공동목록
시스템(http://www.nl.go.kr/kolisnet)에서 이용하실 수 있습니다.(CIP제어번호: CIP2019053495)

로봇과 공존하는 기술자

공학계열 진로 로드맵

정유희·안계정·김채화 지음

미디어숲

추천사

    계열별 진로 로드맵 시리즈 집필진의 학구열은 상상을 초월한다. 이들의 실험정신이 진로진학상담에 강력한 도구 하나를 선물할 것으로 확신한다. 다음에 나올 책들이 더욱 기대되는 이유이기도 하다.

조훈, 서정대학교 교수

    4차 산업혁명이 일상이 되어버린 요즘, 좀 더 세밀한 진로 로드맵이 필요한 시기가 되었음을 부인할 수 없다. 이러한 시대의 요구를 적극 수용한 〈진로 로드맵 시리즈〉를 통해 학생뿐만 아니라 학부모, 교사들도 세부적인 진로에 대해 많은 도움을 받을 수 있을 것이다.

김두용, 대구 영남고 교사

    현장에서 많은 학생들을 만나보면 진로를 결정하지 못해 고민하는 친구들을 많다. 특히 진로가 결정되어 있더라도 그 학과에서 어떤 일을 하는지, 미래 비전을 모른 채 꿈을 향해 공부만 하는 친구들을 볼 수 있다. 그런 친구들에게 이 책은 미래 직업에 대한 방향성을 제시하여 현재 위치에서 어떤 활동을 준비해야 하는지 구체적으로 설명해준다. 미래 진로 설계가 필요한 학생들에게 적극 추천한다.

김성태, 연세대학교 인지과학연구소 연구원 / 에이블 에듀케이션 대표

학교 현장에서 학생들과 상담을 하면서 꿈이 없는 아이를 만날 때가 참 많다. 꿈이 없는 아이들은 대개 자존감이 낮고 학습에 대한 의욕이 없어 학교에 다니는 것을 무엇보다 힘들어한다. 요즘 나오는 진로 관련 책들은 종류도 많고 내용도 다양하지만, 학생들의 마음에 쏙 들어오는 책을 만나기는 어려운 거 같다. 그래서 이 책의 출판이 참 반갑고 감사하다. 자세한 계열별 특징과 그 분야의 준비를 일목요연하게 딱딱 짚어준다. 이 책을 읽은 학생들이 자신만의 꿈을 키우고 만들어갈 세상이 참으로 궁금하다.

김도영, 경북 봉화중 교사

학생들은 항상 미래에 뭐가 되고 싶은지, 어떤 직업을 가지고 싶은지 고민도 많고 관심도 많다. 하지만 내가 원하는 분야가 구체적으로 어떤 업무를 하고 어떻게 준비를 하면 되는지, 그 직업이 앞으로 비전은 있는지 잘 알 수가 없다. 이 책은 계열별 특성들을 미리 알고 자신의 적성과 하고 싶은 분야에 잘 맞는 과인지, 아직 진로가 결정되어 있지 않은 학생들에게 다양한 경험을 할 수 있는 보물창고 같은 책이 될 것이다.

이교인, 진주 동명중 교사

열심은 미덕이지만 최선은 아니다. 열심히 하지만 좋은 성과를 내지 못하는 학생들이 많은 것을 보면 안타깝다. 먼저 진로의 방향을 정하고 선배들의 로드맵도 참조해 자신만의 길을 정하는 것이 무엇보다 중요하다. 이 책은 진로가 결정된 학생들에게는 어떻게 탐구해야 하는지, 진로가 결정되지 않은 친구들에게는 다양한 진로를 탐색하는 방법을 알려준다. '어떻게'라는 질문에 '답'을 줄 수 있는 지침서가 될 것이다.

김정학, 업코칭에듀케이션즈 / 초중등공신공부법 메타코칭 개발자

프롤로그

나날이 발전하는 인공지능 시대, 어떻게 공학계열 역량을 기를 것인가!

　4차 산업혁명시대의 급변하는 산업 환경에서 기업은 빠르게 적응할 수 있는 직무능력 위주로 인재를 선발하고 있다. 인공지능과 로봇의 도입으로 좋은 학벌이 좋은 기업을 보장하지 않고, 좋은 기업은 평생직장을 보장하지 않고 있다. 이는 블라인드 채용, 9급 공기업 채용 등 간판을 뛰어넘는 인재를 선발하고 있다는 뉴스를 통해서도 알 수 있을 것이다.

　산업현장에서 필요로 하는 인재상에 따라 대학의 학과들은 변화를 거듭하고 있다. 채용형 학과, 계약학과, 현장체험학습을 보장하는 학과 등이 생겨나고 있는 것이 그 예가 될 것이다.

　좋은 인재를 선발하고자 하는 대학은 학생들의 고등학교 성장과정을 들여다볼 수 있는 학생부종합전형(이하 학종) 선발 비중을 높이고 있다. 이는 학종으로 선발된 학생들이 학과전공에 대한 이해 및 적응력이 높은 것으로 나타나기 때문이다.

따라서 고등학교에서도 학교생활기록부에 더 많은 내용을 담아내려 다양한 특색활동과 대학과 연계한 동아리활동 등을 운영하여 우수한 학생들을 길러내고 있다. 해를 거듭할수록 고등학교 교육내용이 질적으로 발전하면서, 교육과정 – 수업 – 평가 – 기록의 일체화를 통해 지역 간, 학교 간 학교생활기록부의 차이가 줄어들고 있다.

특수목적고(이하 특목고), 자율형사립고등학교(이하 자사고)의 입학 전형에서도 학종에서 착안한 자기주도 학습전형으로 선발하고 있다. 적성과 계열에 맞는 활동을 하고, 자기소개서에서 이를 뒷받침할 수 있는 내용을 구체적인 사례와 함께 기록하여 제출서류를 통과하면, 면접에서 사실을 확인하는 과정을 거쳐 최종 선발하는 방식이다.

이 책은 다른 학생들과의 차별화를 위한 단계별 과정을 통해 잠재 역량을 키울 수 있도록 안내한다. 특히 하나의 대표 역량을 잘 키운다면 이를 통해 다른 분야의 역량까지 개발되어 전체적인 학력까지 향상되는 사례를 살펴볼 수 있다. 조심할 것은 학생들이 다양한 분야에 관심을 가지는 것은 좋지만 너무 욕심껏 여러 곳을 도전하다 보면 빠르게 변화하는 사회 현상에서 오히려 학교와 가정의 기대에 못 미치고 벅찬 상태에 이를 수가 있다는 것이다.

또한 '계열별 역량'을 향상시킬 수 있는 진로 로드맵을 살펴보고 선배들의 성공 스토리를 통해 구체적인 나만의 스토리를 작성할 수 있도록 돕고자 기획되었다. 현재의 역량 개발 방향인 '계열별 역량'을 기르고 이를 통해 진로와 진학 두 마리 토끼를 모두 잡을 방향을 제안한다.

먼저 공학계열별 역량을 개발할 수 있는 방법과 궁금증을 해결할 수 있는 다양한 참고 사이트와 도서, 동영상을 통해 다른 계열과의 연결성을 높인다. 또한 점차 폭을 넓히는 방향으로 계열별 융합인재 양성을 목표로 한다.

공학계열은 인공지능과 로봇과 연계하여 진행되는 것이 많기에 이를 적극적으로 활용하여 자신의 진로에서 어떻게 활용되는지 분석하여 관련된 지식을 습득하는 것 또한 중요하다.

　이 책은 다양한 직업의 세계에서 학생들이 가장 많은 관심을 보이는 계열별 직업과, 앞으로 유망한 계열별 진로 로드맵을 다음의 5가지 분야로 나누어 집필하고자 한다.

- 공학계열 진로 로드맵(로봇과 공존하는 기술자)
- 의학·생명계열 진로 로드맵(AI의사와 공존하는 의사)
- 빅데이터경영·사회계열 진로 로드맵(빅데이터로 조망하는 경영컨설턴트)
- AI언어·문화미디어계열 진로 로드맵(VR를 활용한 1인 방송제작자)
- 교대·사대계열 진로 로드맵(AI교사와 함께 교육하는 교사)

　위 5가지 계열별 적성 중 자신이 어디에 해당하는지 알아보고, 구체적으로 어떤 준비를 해야 하는지 그 해법을 제시할 뿐만 아니라, 계열별 적성 실현을 위한 초·중·고 진학 설계방법과 미래 직업을 탐색할 수 있도록 구성했다. 더불어 자신이 가고자 하는 진로의 방향에 맞는 활동으로 원하는 대학과 학과에 합격한 선배들의 실전 합격 로드맵을 제시하여 진로설계에 도움을 주고자 집필되었다.

　독자의 꿈을 향해 나아가는 순간순간에 이 책이 지혜로운 조력자가 되어주길 희망한다.

정유희, 안계정, 김채화

차례

PART 1 기계로봇 자동차계열 진로 사용설명서

PART 2 컴퓨터 SW & 전기전자계열 진로 사용설명서

PART 3
스마트도시건축계열
진로 사용설명서

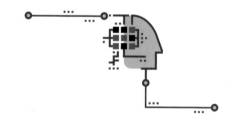

PART
1

기계로봇 자동차계열
진로 사용설명서

내 진로를 위한
고등학생 때부터 준비할 것들

어떤 성향이 이 계열(직업)에 잘 맞을까?

이 계열 대학에서 배우는 과목을 잘 이수하기 위해서는 수학(행렬, 기하 등), 과학(물리)을 좋아하며 더 깊은 심층적 공부를 하고 싶어 하는 학생, 그리고 최신 자료(논문, 보고서 등)를 읽고 해석할 정도의 실력을 갖춘 학생이 적합할 것으로 판단된다. 특히 배운 지식을 현실에서 사용할 수 있는 방법에 대해 연구하고 실패에 좌절하지 않고 도전하는 학생이면 더욱 좋겠다.

인공지능의 발달로 로봇산업은 사람에게 이로움을 주는 쪽으로 개발하고자 애쓰고 있다. 사람을 생각하는 마음과 인간공학적인 설계, 사람을 해하지 않도록 로봇윤리까지도 고민하는 인문학적 사유를 할 수 있는 학생이면 앞으로 크게 성공할 수 있을 것이다.

그러기 위해서는 학교에서 수학 및 과학탐구대회에 적극적으로 참여하고, 궁금한 문제에 대한 해답을 스스로 해결하는 모습과 잘 해결되지 않을 경우 친구들과 스터디 모임이나 동아리를 만들어 해결하는 것도 좋겠다. 또한 생활 속에서 궁금한 점이나 새롭게 발견한 것을 "아! 그렇구나." 하고 그냥 넘기지 않고 검증을 하면서 확인하는 습관을 들이자.

선배들의 진로 로드맵을 들여다보자!

기계로봇계열 진로 로드맵

구 분	초등	중등1	중등2	중등3	고등1	고등2
자율활동						학생회활동
동아리활동	과학실험탐구	과학실험동아리 활동			과학실험동아리	
		수학주제 탐구활동			과학시사토론동아리	
봉사활동					박물관 교육봉사	
					지역아동센터 실험 봉사	
진로활동	기계/로봇과학 대회 준비	기계/로봇과학대회 참가			과학탐구 보고서 직업인과의 만남	
			코딩교육		서울대 이공계 캠프 카이스트/포스텍 과학캠프	
특기활동	영재교육원 이수	과학/정보영재교육원 이수			나로우주센터 체험 자동차 디자인체험 발전소 견학 및 체험	

고등학교를 입학하기 전 자신의 성향을 파악하는 것이 중요하다. 영재고, 과학고, 과학중점학교 등 성향에 맞는 학교 선택은 즐겁게 수업에 참여할 수 있게 한다. 입학하기 전 학교생활 포트폴리오를 작성하면서 어떤 활동에 중점을 두고 주로 활동하면 좋을지를 생각해둔다. 포트폴리오에는 자율활동, 동아리활동, 봉사활동, 진로활동, 독서활동, 방과후 학교활동 등 다양한 활동들에 대한 내용을 기록한다. 위의 진로 로드맵처럼 진로에 대한 목표를 세운 후 진로에 맞는 일관된 활동을 하는 것이 매우 중요하다. 학생으로서 학교생활에 충실하게 참여한 내용을 기록하고 자신의 진로탐색과 선택과정을 알 수 있는 스토리를 담는다.

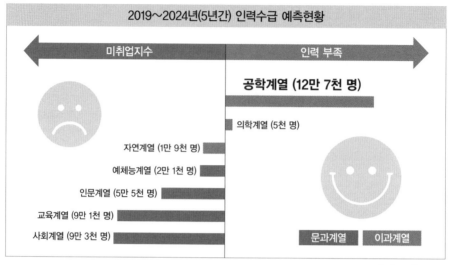

출처 : 고용노동부

공학계열 중 기계, 로봇, 자동차, 우주항공을 진로 목표로 삼았다면 태양광자동차, 드론 및 3D프린터의 원리를 이해하고 다시 조립해보는 활동을 해보면서 부족한 부분과 더 알고 싶은 부분을 찾을 수 있을 것이다.

여러 자료와 최근 뉴스를 통해 확인할 수 있듯이 현재 우리나라에서 인력수급이 부족하다고 예측되는 계열은 공학계열과 의학계열뿐이다. 최근에 인공지능과 빅데이터, 반도체에 관한 인력을 양성하기 위한 새로운 학과와 대학원을 설립하고 있는 것도 맥을 같이 하고 있다.

✎ 로봇전문가

Q 로봇전문가가 하는 일은 무엇인가요?

A 앞으로 로봇은 인간처럼 문제를 스스로 해결하거나 의사 결정을 하는 쪽으로 발전할 수 있습니다. 기계적 로봇의 원리를 이해하는 하드웨어적인 것

부터 인공두뇌의 신경세포를 모방하여 프로그래밍하는 소프트웨어적인 능력까지 이해하고 이를 적용해보는 활동을 합니다.

Q 지능 로봇 프로그램은 어떤 원리로 움직이나요?

A 지능 로봇 프로그램은 수열, 배열과 같은 기초 수학에 기반을 두고 있습니다. 따라서 시계열 데이터를 활용한 수학적인 이해능력과 자료를 분석하는 능력을 통해 지능 로봇 프로그램의 움직임을 이해할 수 있습니다.

Q 지능 로봇 연구개발자가 되기 위해서 어떤 노력을 해야 하나요?

A 과학적 지식뿐만 아니라 법률, 의학적 지식까지 알고 사회에 적용했을 경우 발생할 수 있는 문제까지 예측하여 적용해보는 능력이 필요합니다. 그리고 사람들이 원하는 것이 무엇인지 분석하여 지능 로봇을 개발하고 보급하는 것이 중요합니다.

Q 지능로봇 연구개발자가 되고 싶은 친구들에게 한마디 해주세요.

A 인간의 신경망 및 기계공학, 전자공학적 이해능력이 필요하기에 수학, 물리, 화학 등 기초 과학 분야에 대한 재능이 요구됩니다. 또한 각종 컴퓨터 응용 프로그램을 다루면서 문제해결능력과 창의력을 개발하는 활동을 하면 자신의 꿈을 이룰 수 있습니다.

✏ 드론전문가

Q 드론전문가가 하는 일은 무엇인가요?

A 드론은 조종 파트와 제작 파트가 있습니다. 조종은 전문적으로 촬영을 하

거나 농약 살포 등의 업무를 하고, 제작은 드론 프로그래밍을 하거나 직접
드론을 제작할 수 있습니다.

Q 드론 조종을 위해 갖추어야 할 자질은 무엇인가요?

A 순발력, 집중력이라고 생각합니다. 순발력은 드론이 위험 상황에 처했을
때 바로 드론을 멈추거나 장애물을 피할 수 있는 순간적인 대처능력이 필
요하고, 기본적으로 드론이 비행하는 동안에는 한눈을 팔면 큰 사고로 이
어질 수 있기에 집중력 또한 요구됩니다.

Q 드론전문가라는 직업의 전망은 어떠한가요?

A 조종 파트와 제작 파트, 양쪽 모두 전망이 밝습니다. 드론은 앞으로 다양
하게 활용할 수 있는 것으로 자율주행 드론 등 전체적으로 운용하는 분야
가 확대될 것입니다.

Q 드론전문가를 희망하는 친구들에게 한마디 해주세요.

A 드론에 관심이 있다면 먼저 저렴한 제품을 직접 구매하여 조립해보고 비행
을 해보는 활동부터 먼저 해보길 권합니다. 그리고 어떤 점을 보완하고 싶
은지 등을 생각하고 이를 알아보는 활동을 한다면 드론전문가로서의 꿈을
이루는 데 도움이 될 것입니다.

✏️ 항공우주공학자

Q 항공우주공학자가 하는 일은 무엇인가요?

A 항공우주공학자는 항공기, 우주선, 미사일 등을 연구하고 개발하는 사람입

니다. 현재 우리나라는 한국형 로켓 추진기관 연구를 진행하고 있습니다.

Q 항공우주공학자의 하루 일과는 어떻게 진행되나요?

A 주요 업무는 연구개발입니다. 하루 종일 연구실에 앉아서 한국형 로켓추진체에 대해 연구하고 개발합니다. 정부 연구소에 몸담고 있어서 학생들을 가르치는 일도 병행합니다. 또한 청소년들을 위한 과학강연회에도 참여하고 있습니다.

Q 항공우주공학자 일을 하는 데 가장 중요한 능력이나 자질은 무엇인가요?

A 기본적으로 과학을 잘하고 좋아해야 합니다. 특히 물리, 화학 과목에 두각을 나타내면 좋고 재료공학, 기계공학, 화학공학 등 다양한 분야의 여러 가지 과학지식을 필요로 합니다. 로켓엔진을 개발하는 사람은 도전적이고 섬세한 성격이 요구됩니다.

Q 항공우주공학자를 희망하는 친구들에게 한마디 해주세요.

A 청소년기에는 꿈을 가지고 미래를 준비하는 것이 중요합니다. 물론 자신이 좋아하는 한 분야만 집중적으로 연구하고 공부하는 자세도 중요하지만 어릴 적에는 꿈을 크고 넓게 가지고 노력하는 게 좋습니다.

✎ 항공정비전문가

Q 항공정비전문가가 하는 일은 무엇인가요?

A 항공기의 안전 운행을 위해 항공기의 동체나 엔진, 계기 등을 조립, 조정, 정비하는 일을 합니다.

Q 항공정비전문가의 하루 일과는 어떻게 되나요?

A 항공기의 크고 작은 부분을 전체적으로 검사하는 APG정비사는 매일 한 팀에 8명씩 3교대 근무를 합니다. 출근을 하면 가장 먼저 직전 근무자가 컴퓨터에 입력해둔 정보를 정리하고 앞 팀과 회의를 해서 자신이 그날 정비할 사항과 정비 매뉴얼을 확인합니다. 그리고 공구 장비가 가장 중요하기 때문에 전 작업자들이 넘겨준 공구를 확인하고 작업을 시작합니다. 마지막으로 사무실로 들어와 컴퓨터 시스템에 작업결과를 입력하고 공구를 점검합니다. 예방정비가 주목적입니다.

Q 항공정비전문가 일을 하며 가장 힘들고 지칠 때는 언제인가요?

A 늘 바깥에서 비행기를 만져야 하는 항공정비사들은 날씨에 많은 영향을 받습니다. 장마철엔 우비를 입고 정비를 하지만 비가 오는 날은 밤새 비를 맞다 보면 감기를 달고 살 수밖에 없습니다. 더울 땐 밖에서 몇 시간이고 일하다 보면 땀이 비 오듯 줄줄 흐르고, 몸무게가 몇 kg은 기본으로 빠진답니다. 더위와 강추위도 견디기 어렵지만, 그보다 더 큰 문제는 눈이 쌓이면 정비에 큰 어려움이 따릅니다. 이럴 때는 정신적, 육체적으로 많이 힘듭니다.

Q 항공정비전문가 일을 하는 데 중요한 자질은 무엇인가요?

A 정비를 하다 보면 집중력과 판단력이 무엇보다 중요합니다. 기계나 전기전자 분야에 뛰어난 능력을 갖춰야 하며 눈에 잘 보이지 않는 문제를 파악하고 사전 예방정비를 하여 원활한 비행 운행이 가능할 수 있도록 해야 합니다. 그래서 세밀하고 꼼꼼한 성격을 가지고 문제를 분석하고 우선 순위를 정해서 일을 해야 합니다.

✏️ 자동차 연구원

Q 자동차 연구원이 하는 일은 무엇인가요?

A 자동차 연구원은 자동차를 디자인하고 설계, 평가하는 업무까지 다양한 역할을 수행합니다. 한 차종의 자동차가 만들어지기 위해서는 기획부터 생산까지 수천억 원의 비용과 긴 연구시간이 소요됩니다. 그 기간 동안 셀 수 없을 만큼 다양한 설계와 평가를 반복하여 최고의 성능을 낼 수 있는 자동차를 만드는 역할을 수행합니다.

Q 자동차 연구원이 되려면 어떤 자질이 필요한가요?

A 자동차 산업은 거의 모든 기술이 집약되어 있어 다양한 분야의 기술을 받아들이고 이해할 수 있는 융합적인 능력과 최고의 성능을 발휘할 수 있는 자동차가 완성될 때까지 수많은 연구를 반복하기에 포기하지 않는 열정이 필요합니다. 더불어 자신의 분야에서 최고가 되겠다는 자부심과 책임감, 글로벌한 자질까지 가지고 있으면 좋습니다.

Q 자동차 연구원의 장단점이 있다면 무엇일까요?

A 자신이 기획하고 설계한 차량을 만들 수 있다는 것이 가장 큰 장점입니다. 또한 소비자에게 출시되지 않은 신차를 빨리 접할 수 있는 점도 장점입니다. 반면에 자동차를 개발하다 보면 쉽게 풀리지 않는 문제들이 많이 발생합니다. 이 문제를 해결하기 위해 많은 시간과 노력이 필요하며, 업무 스트레스가 매우 높습니다. 또한 기한 내에 결과물을 제출해야 하기에 가끔은 주말도 반납하고 밤을 새면서 일을 해야 할 때가 있습니다.

Q 자동차 연구원 직업을 희망하는 친구들에게 한마디 해주세요.

A 이제 자동차는 단순히 운송수단을 넘어 사무실이나 집이 될 수 있는 공간이 될 것입니다. 특히 자율주행차로 이동 시 다양한 일을 할 수 있는 기회도 제공해주기에 삶을 더 풍요롭게 해줄 것입니다. 또한 전기자동차, 수소자동차 등 친환경 연료를 사용하는 자동차가 보급되고 있어 더 많은 정보를 알고 이를 적용할 수 있는 능력을 갖추는 것이 중요합니다.

✏️ 3D모델제작자

Q 3D모델제작자가 하는 일은 무엇인가요?

A 게임이나 영화의 컴퓨터 그래픽, 가상현실이나 홀로그램으로 구현할 수 있는 것 등 3차원적으로 디자인을 설계하여 표현하는 쪽의 일을 합니다.

Q 3D모델제작자가 되려면 어떻게 해야 하나요?

A 게임이나 애니메이션 그래픽을 3차원적으로 표현할 수 있어야 하기에 이를 전문적으로 배울 수 있는 학과를 들어가는 방법이 있습니다. 뛰어난 제작자가 되기 위해서는 수학, 물리 공부를 잘하는 것과 공간지각능력이 높아야 하며, 프로그래밍을 다룰 수 있는 능력이 있다면 매우 좋습니다.

Q 3차원 모델의 활용 분야 및 전망은 어떻게 되나요?

A 냉장고, 청소기, 카메라와 같은 일반 제품에서 자동차, 비행기처럼 큰 산업용 제품까지 3차원적 설계를 통해 3D프린팅하여 바로 찍어낼 수 있어 폭넓게 활용할 수 있습니다. 최근에는 항공기 엔진까지 출력할 수 있기에 그 발전과 전망은 매우 밝습니다.

Q 3차원 모델제작자를 꿈꾸는 친구들에게 한마디 해주세요.

A 지나치게 많은 시간을 게임을 하거나 웹툰을 보는 데 낭비하는 학생들이 많은데 "나라면 이렇게 해봐야지." 하는 생각으로 모델링을 해보는 활동을 통해 지식을 쌓는다면 우수한 3차원 모델제작자가 될 것입니다.

2015개정 교육과정 기계로봇계열 전공을 위한 과목선택 로드맵

고등학교 보통 교과 교과목 구성표

교과영역	교과(군)	공통과목	선택 과목	
			일반선택	진로선택
기초	국어	국어	화법과 작문, 독서, 문학, 언어와 매체	실용국어, 심화국어, 고전읽기
	수학	수학	수학I, 수학II, 미적분, 확률과 통계	실용수학, 기하, 경제수학, 수학과제 탐구
	영어	영어	영어회화, 영어I, 영어II, 영어 독해와 작문	실용영어, 영어권 문화, 진로영어, 영미 문학읽기
	한국사	한국사		
탐구	사회	통합사회	한국지리, 세계지리, 세계사, 동아시아사, 경제, 정치와 법, 사회문화, 생활과 윤리, 윤리와 사상	여행지리, 사회문제 탐구, 고전과 윤리
	과학	통합과학 과학탐구 실험	물리학I, 화학I, 생명과학I, 지구과학I	물리학II, 화학II, 생명과학II, 지구과학II, 과학사, 생활과 과학, 융합과학
체육 예술	체육		체육, 운동과 건강	
	예술		음악, 미술, 연극	
생활 교양	기술 · 가정		기술 · 가정, 정보	
	제2외국어		독일어I, 일본어I, 프랑스어I, 러시아어I, 스페인어I, 아랍어I, 중국어I, 베트남어I	독일어II, 일본어II, 프랑스어II, 러시아어II, 스페인어II, 아랍어II, 중국어II, 베트남어II

생활 교양	한문		한문I	한문II
	교양		철학, 논리학, 심리학, 교육학, 종교학, 진로와 직업, 보건, 환경, 실용경제, 논술	공학일반, 창의경영, 지식재산일반

Memo 일반계 고등학교의 경우 국어, 영어, 수학, 한국사 과목의 비중이 50%를 넘지 못하게 되어 있음을 유념하고 선택과목을 구성하는 것이 좋다.

고등학교 2, 3학년 때에 선택할 수 있는 과목은 위와 같다. 이 과목들 중 자신의 적성과 진로를 고려하여 선택, 수강해야 한다. 좀 더 전문적인 과목을 공부하고 싶다면 다음 표에 있는 전문교과I 의 과목 중에서 선택할 수도 있다.

기계로봇계열 대학 진학을 준비하는 학생이 물리II나 고급 물리학 과목을 이수하지 못했다면, '교실온닷(온라인 공동교육과정)'이나 '공동교육과정'을 통해 이수할 수 있다.

교과(군)	과목			
과학 계열	심화 수학I	심화 수학II	고급 수학I	고급 수학II
	고급 물리학	고급 화학	고급 생명과학	고급 지구과학
	물리학 실험	화학 실험	생명과학 실험	지구과학 실험
	정보과학	융합과학 탐구	과학과제 연구	생태와 환경

Memo 전문 교과는 전문 교과 I, 전문 교과 II 로 나누어짐. 전문 교과 I의 교과(군)는 과학 계열, 체육 계열, 예술 계열, 외국어 계열, 국제 계열로 구성되어 있음.

- 거점형 선택 교육과정 : 거점학교에서 운영하는 교육과정에 타 학교 학생들이 참가하는 교육과정
- 연합형 선택 교육과정 : 인접한 2~4 학교들이 특정 교과목을 공동 운영하는 권역별 교육과정
- 온라인 선택 교육과정 : 교실온닷(한국교육개발원 서버)을 활용한 미네르바 스쿨 방식의 미래형 교육과정을 통해 이수할 수 있다.

기계 로봇 자동차 항공계열 진로를 위한 3년간 교육과정

구분	1-1	1-2	2-1	2-2	3-1	3-2
기초	국어 수학 영어 한국사	국어 수학 영어 한국사	문학 수학I 영어I	언어와 매체 수학II 영어II 확률과 통계	독서 미적분 기하 영어독해와 작문	독서 미적분 기하 영어독해와 작문
탐구	통합사회	통합사회	생활과 윤리			
탐구	통합과학 과학탐구실험	통합과학 과학탐구실험	물리학I 화학I	지구과학I 생명과학I	물리학II 화학II 지구과학II	물리학II 화학II 지구과학II
체육·예술	체육 음악 미술	체육 음악 미술	운동과 건강 미술감상과 비평	운동과 건강 미술감상과 비평	운동과 건강	운동과 건강
생활·교양			한문I	일본어I	환경 공학일반	환경 공학일반

Memo ▶ 공학계열의 학생들은 과학 계열의 전문 교과에 집중하는 것이 좋다. 하지만 자신만의 브랜딩을 위해서 과학 계열 이외의 전문 교과의 과목들을 들을 수도 있다.

나의 꿈을 위한 나만의 교육과정 작성해보기

학년/학기	1-1	1-2	2-1	2-2	3-1	3-2
기초						
탐구						
탐구						
체육·예술						
생활·교양						

학과	관련 학과
항공학과	항공우주공학과, 항공시스템공학과, 항공정비학과, 항공기계과
해양공학과	해양공학과, 선박해양공학과, 조선해양공학과, 조선해양플랜트과, 조선기계과, 해양학
기계공학과	기계공학과, 기계설계공학과, 기계시스템공학과, 기계융합공학과, 자동화시스템과, 지능로봇과, 컴퓨터응용기계과, 기계과
재료·금속학과	금속재료과, 재료공학과, 제철산업과, 나노재료공학전공
자동차공학과	자동차공학과, 미래자동차공학과, 스마트자동차공학과, 자동차튜닝과, 자동차과
메카트로닉스(기전) 공학과	메카트로닉스공학과, 로봇공학과, 스마트팩토리과, 전기자동차과, 항공메카트로닉스과
에너지공학과	에너지자원공학과, 원자력공학과, 미래에너지공학과, 바이오에너지공학과, 환경에너지공학과, 신재생에너지과
반도체·세라믹공학과	반도체공학과, 반도체디스플레이학과, 반도체장비공학과
산업공학과	산업공학과, 산업경영공학과, 산업시스템공학과, 산업설비자동화
소방방재학과	소방방재학과, 소방안전관리학과, 안전공학과, 재난안전소방학과

➡️ 기계공학과

기계공학 분야는 각종 산업기계와 관련 장치 설비의 설계, 제작, 이용, 관리 등에 관한 이론과 응용기술을 탐구한다. 또한 다양한 산업의 뿌리가 되는 분야여서 매우 광범위하여 자동차, 항공, 발전소 등 다양하게 취업이 가능하다. 전기공학, 전자공학, 컴퓨터공학 등과의 융합으로 메카트로닉스공학, 제어계측공학으로 세분화되어 발전하고 있다.

💬 관련 학과

기계공학과, 기계설계공학과, 기계시스템공학과, 기계융합공학과, 자동화시스템과, 지능로봇과, 컴퓨터응용기계과, 기계과 등

💬 관련 자격

일반기계기사, 기계설계기사, 기계설계산업기사, 메카트로닉스기사, 메카트로닉스산업기사, 생산자동화산업기사, 자동차정비기사, 자동차정비산업기사, 산업안전기사, 산업안전산업기사 등

💬 졸업 후 진출 분야

일반기업 : 각종기계 및 관련 장비 생산업체, 산업기계제작회사, 자동차생산업체, 자동차부품 및 생산업체, 자동차정비 및 검사업체, 항공기 제작회사, 항공기부품회사, 발전회사, 조선소 등

공공기관 : 중앙정부 및 지방자치단체(기계직), 한국기계연구원, 한국생산기술연구원, 한국표준과학연구원, 한국과학기술연구원, 한국원자력연구원, 한국국방연구원, 산업연구원 등

기계공학과 진학에 도움이 되는 교과

교과영역	교과(군)	공통과목	선택 과목	
			일반선택	진로선택
기초	국어	국어	화법과 작문, 독서, 문학, 언어와 매체	
기초	수학	수학	수학I, 수학II, 미적분, 확률과 통계	실용수학, 기하, 수학과제 탐구
	영어	영어	영어회화, 영어I, 영어II, 영어 독해와 작문	
	한국사	한국사		
탐구	사회	통합사회		
	과학	통합과학	물리학I, 화학I	물리학II, 화학II, 과학과제탐구
생활 교양	기술·가정		기술·가정, 정보	
	교양		환경, 실용경제, 논술	공학일반, 창의경영, 지식재산일반

학교	학부/학과명	전공 및 특이사항
고려대	기계공학부	사상 최대의 취업난 속에서도 100% 취업률을 꾸준히 유지하고 있는 학과다. 2007년 교육과학기술부가 선정한 우수연구센터(ERC)인 인간중심 제품 혁신 연구센터에서는 로보틱스, 인체공학, 햅틱스, 컴퓨터그래픽스 등의 기술 분야를 연구하고 있으며, 지능로봇연구센터에서 기계, 전자, 컴퓨터, 제어, 지능 등 기술 분야를 유기적으로 융합해 지능로봇의 설계 제어 햅틱 시스템 등의 연구를 진행하고 있다. 국제적 기업인 제너럴 모터스, 휴렛팩커드 등이 지원하여 MIT, Purdue, Northwestern 등의 세계 42개 대학을 연계하는 PACE 프로그램의 참여 대학으로 선정, 1769억 원의 최신 공학용 소프트웨어와 하드웨어를 기증받아 지엠 대우와 자동차 설계, 제품 개발 엔지니어링 분야의 대규모 공동 프로젝트를 진행하고 있다. 삼성, 현대, 엘지, 두산 등 국내 대기업과 연계 교육도 실시하고 있다.
금오공대	기계공학과	국립대학으로 취업률이 매우 높으며, 대기업 취업률 30%가 넘는 대학이다. 캡스톤디자인 및 외부 경진대회 권장, 특허 및 지적재산권 교육 강화, 기업 인턴십을 통한 인턴경험을 제공한다. 열유체공학 분야, 자동차 및 그린에너지 분야, 고체 및 설계 분야 등의 연구를 지원하고 있다.
부산대	기계공학부	에너지, 기계설계, 정밀가공, 제어자동화, 원자력 등 5개 세부 전공을 두고 있다. 동력파트, 설계파트, 가공파트, 제어파트 교수진(4인 이상)이 팀티칭을 통해 5개 세부전공의 시너지 효과를 극대화하고 있다. 학부와 관련된 21개의 연구센터는 700여 건의 연구 과제를 수행하고 있다. 산업체 의견을 적극적으로 반영하기 위해 다양한 기업밀착형 실험실습 교과목을 운영하고 있는 것도 이 학과의 강점이다. 최근 3년간 장학금 수혜율(지급률)이 85% 정도이다. 지방대학 특성화사업(CK-1)을 통해 캡스톤디자인 등의 창업활동실습을 적극적으로 지원하며, 창업기획에서부터 특허출원에 이르기까지의 모든 과정을 직접 경험할 수 있도록 관련 교육과 필요재원을 지원하고 있다.
연세대	기계공학부	세계 최초로 레이저 유도 미사일과 열추적 미사일 등 다양한 미사일을 동시에 방어할 수 있는 적외선 스텔스 기술 개발에 성공했다. 특히, 최근 실제 무기 시스템에서 널리 활용되고 있는 적외선 파장에서 메타물질을 이용한 스텔스 기술을 실현할 수 있었던 것은 국방 피탐지 감소기술 특화연구센터가 있어 가능했다. 이밖에 배기제로화센터, 정보저장기기 연구센터, 나노 생산기술 연구센터, 무한 내마모 연구단, 나노성형/마이크로 옵틱스 연구실, 열전달제어/설계 연구실, 나노 광자공학 연구실이 이론과 전문적인 탐구까지 가능하다.
한양대	기계공학부	기업CEO가 가장 많은 대학으로 정보통신기기, 플랜트, 자동차, 디지털가전, 항공우주/조선/국방, 에너지, 나노/바이오 등 많은 기업과 제휴 연구하며 취업률도 매우 높은 대학이다. 기존 기계공학을 심화하고, 자연과학(물리, 수학, 화학) 및 다른 공학 분야(전자, 컴퓨터, 재료)와 융합하여 나노, 에너지, 바이오, 의료 분야와 같은 첨단 학문과의 다학제간 집단 융합 수업을 진행하기에 폭넓게 취업이 가능하다.

➡ 메카트로닉스공학과 및 로봇공학과

메카트로닉스는 기계공학과 전자공학의 합성어로 기계기술과 전자제어 및 정보처리기술 등을 응용하여 다양한 시스템을 구성하는 것을 의미한다. 따라서 관련 학과에서도 컴퓨터구조, 전자회로 등의 전자공학 기초분야 비롯해 기계시스템, 제어기술 등 기계공학과 관련하여 이론과 실습을 병행해서 공부한다.

💬 관련 학과

메카트로닉스공학과, 로봇공학과, 스마트팩토리학과, 전기자동차학과, 항공메카트로닉스학과 등

💬 관련 자격

메카트로닉스기사, 메카트로닉스산업기사, 일반기계기사, 기계설계기사, 기계설계산업기사, 생산자동화산업기사, 자동차정비기사, 자동차정비산업기사, 산업안전기사, 산업안전산업기사, 전자기사, 전자산업기사, 무선설비기사, 무선설비산업기사, 정보통신기사, 정보통신산업기사, 통신선로산업기사, 전자계산기사, 정보처리기사, 정보처리산업기사, 전파전자통신기사, 전파전자통신산업기사, 전자계산기제어산업기사 등

💬 졸업 후 진출 분야

일반기업 : 자동차, 중공업, 항공, 조선, 발전회사, 공작기계, 의료기기 등 기업체 생산라인 관리, 기업체 연구소

공공기관 : 중앙정부 및 지방자치단체(기계직), 한국기계연구원, 한국생산기술연구원, 한국표준과학연구원, 한국과학기술연구원, 한국원자력연구원, 한국국방연구원, 산업연구원 등

메카트로닉스공학과 진학에 도움이 되는 교과

교과영역	교과(군)	공통과목	선택 과목	
			일반선택	진로선택
기초	국어	국어	화법과 작문, 독서, 문학, 언어와 매체	
	수학	수학	수학I, 수학II, 미적분, 확률과 통계	실용수학, 기하, 수학과제 탐구
	영어	영어	영어회화, 영어I, 영어II, 영어 독해와 작문	
	한국사	한국사		
탐구	사회	통합사회		
	과학	통합과학	물리학I, 화학I	물리학II, 화학II, 과학과제탐구
생활 교양	기술·가정		기술·가정, 정보	
	교양		환경, 실용경제, 논술	공학일반, 창의경영, 지식재산일반

관련 학과

학교	학부/학과명	전공 및 특이사항
광운대	로봇학부 지능시스템전공	로봇 관련 기술 외에도 수학, 영어, 전공실습을 동시에 강조하는 쿼드(Quad)시스템으로 교육한다. 전기, 통신, 컴퓨터, 전자, 소프트웨어 그리고 기계를 총체적으로 학습하고 C프로그래밍, 회로이론을 학습하여 휴머노이드, 인공지능을 만드는 지식을 습득하여 대학원생이 되어 직접적인 연구를 수행한다.
부산대	나노메카트로닉스 공학과	기계공학, 전기·전자공학, 재료공학으로 이루어진 학제 간 융합공학교육을 통하여 나노전기기계융합소자, 나노소자공정 및 초정밀가공 분야 이론 및 실무지식을 겸비한 인재로서 향후 반도체/디스플레이/나노·마이크로 전자소자 및 초정밀가공 산업 발전을 주도할 고급기술인력을 양성을 목표로 교육한다. 삼성전자, 삼성디스플레이, 삼성중공업, LG전자, SK하이닉스, 두산인프라코어, 현대자동차, 현대중공업 등 전공 분야 글로벌 기업체 또는 한국수력원자력, 한국서부발전 등의 공기업에 취업하는 등 국내 나노과학기술 분야 학과 중 최고수준의 취업 실적을 보유하고 있다.

성균관대	바이오 메카트로닉스학과	바이오메카트로닉스(Bio-Mechatronics)는 생명공학, 기계 및 전자공학의 합성어로서 전자공학, 기계공학, 컴퓨터공학 분야의 기술과 지식을 바이오 산업 및 의학 분야를 비롯하여 산업계 전반에 걸쳐서 효율적으로 접목하여 통합하는 새로운 융합학문이다. 보건복지부 지정 인체구조영상화 신기술개발센터 유치, 디지털펙토리/바이오메카트로닉스센터 설립, BK21사업 참여 등의 성과를 이루며 바이오메카트로닉스 분야의 발전에 중추적 역할을 하고 있다.
인하대	메카트로닉스 공학과	기계 분야를 기초로 하여 전기·전자공학을 복합적으로 연계시키고 산업시스템에 실제로 적용하는 학과로, 특히 역학을 중심으로 기계의 운동을 지배하는 근본원리와 전기전자 계측, 구동, 마이크로프로세서, 소프트웨어 등을 교육한다. 세부전공으로 지능기계와 전기전자 트랙으로 나누어진다. 기계계열 및 전자계열 회사 모두를 대상으로 할 수 있으며, 자동화 기구 설계 및 제작 분야, 자동제어 기술 개발 분야, Micro – Processor 응용 기술 분야, 자동화시스템의 운전/보수 분야와 더불어 가전업체 및 자동차, 정밀기계와 아울러 공장 자동화 설비, 계측장비 등의 분야를 담당할 수 있다
창원대	메카트로닉스대학 제어계측공학전공	실제 시스템 구현 능력을 갖추도록 교육과정을 구성하여 교과내용면에서도 센서, 프로세서, 컴퓨터 프로그래밍, 제어 등 전기, 전자 분야의 기본내용이 모두 포함되어 있으므로 전기, 전자, 기계제어 등 어떤 분야로의 진출도 가능하다. 따라서 진출 분야도 전기, 전자 분야뿐 아니라 로봇시스템 및 부품산업, 발전제어, 반도체 제조장비 분야에 까지 폭넓게 진출하고 있다. 세계적인 반도체메이커 '(주)인피니언'과의 MOU에 의해 트랙에서 개설되는 모든 실험 및 설계과목에 활용되는 프로세서를 무상으로 공급받고 있으며 한국전력, 삼성전자, SK하이닉스, LG 디스플레이, 한화기계 등 주요 기업과 베트남에 이르기까지 국내외의 여러 분야에 걸쳐 광범위하게 진출하고 있다.
한국 기술교대	메카트로닉스 공학부	생산시스템전공, 제어시스템전공, 디지털시스템전공 세 분야로 나누어져 이론과 실습을 병행하여 학습하고 있다. 또한 현장체험학습을 통해 인턴경험을 통해 삼성전자, LG전자, KT, 현대모비스뿐만 아니라 현대자동차, 두산인프라코어, 볼보코리아 등 다양한 분야에 진출하고 있다. 대기업 25%, 공공기관 25%, 취업률 88%를 자랑할 정도로 우수한 학과이다.

➡ 항공공학과

항공우주 분야는 기계공학의 한 분야로 비행기를 비롯해 인공위성, 헬리곱터, 미사일과 우주비행체 등의 설계와 제작, 그리고 운용에 필요한 물리적 현상을 분석하고 탐구한다. 기계적 요소에 대한 지식이 필수적이기 때문에 대학에 따라 기계공학부에 속해 있기도 한다.

💬 관련 학과

항공우주공학과, 항공시스템공학과, 항공정비학과, 항공기계공학과 등

💬 관련 자격

항공교통관제사, 항공기관사, 항공운항관리사, 항공정비사, 항공기사, 항공산업기사 등

💬 졸업 후 진출 분야

일반기업 : 민간항공사, 항공기 제작회사, 항공기 부품회사, 중공업 관련 업체
공공기관 : 중앙정부 및 지방자치단체(항공직, 기계직), 한국기계연구원, 한국국방연구원, 산업연구원 등

항공우주공학과 진학에 도움이 되는 교과				
교과영역	교과(군)	공통과목	선택 과목	
			일반선택	진로선택
기초	국어	국어	화법과 작문, 독서, 문학, 언어와 매체	
	수학	수학	수학I, 수학II, 미적분, 확률과 통계	실용수학, 기하, 수학과제 탐구
	영어	영어	영어회화, 영어I, 영어II, 영어 독해와 작문	
	한국사	한국사		
탐구	사회	통합사회		
	과학	통합과학	물리학I, 화학I	물리학II, 화학II, 과학과제탐구

생활 교양	기술·가정	기술·가정, 정보	
	교양	환경, 실용경제, 논술	공학일반, 창의경영, 지식재산일반

관련 학과

학교	학부/학과명	전공 및 특이사항
건국대	항공우주정보 시스템공학과	스마트 회전익 항공기 분야, 항공우주 기반기술 분야, 지능형 설계 및 시스템 기술 분야, IT-항공전자 및 제어 분야 등 세부적인 분야에 대해 전문적으로 학습한다. 한국항공우주산업, 대한항공, 한국항공우주연구원, 국방과학연구소, 삼성테크원, 한화, LG이노텍 등 항공우주 관련 기업, 현대자동차, 기아자동차, 대우자동차, 로템, 한국기계연구원, 삼성중공업, 대우조선, 현대조선, 포항제철 등 기계 관련 기업, 삼성전자, 대우전자, 현대모비스, LG전자, 한국통신정부기술, 이화전기, 기륭전자, 포스데이터, SK & C&C, 효성데이타시스템 등 메카트로닉스 및 정보통신 관련 기업 등으로 진출하고 있다.
세종대	항공우주공학과	유도제어시스템설계, 헬리콥터 공학 및 설계, 시뮬레이션 시스템설계, 무인항공기설계, 로켓공학설계, 항법전자 시스템설계 등 폭넓은 교과과정을 개발하여 항공우주공학 교육 및 연구개발에서 특성화를 시도하고 있다. 항공우주 관련 업계뿐만 아니라, 자동차, 조선, 건설, 전기전자 등의 업계에 엔지니어로서 진출할 수 있으며, 정부출연 연구소에 진출하여 관련 업무에 종사할 수 있다.
울산대	항공우주공학전공	비행기, 헬리콥터, 로켓 및 인공위성 등 비행체의 설계, 제작 및 생산과 관련된 제반 과정을 다루는 종합적 학문 분야야다. 전공에서 배운 이론을 모형항공기에 적용해 설계 및 제작하는 활동을 하는 항공기연구회 동아리가 있다. 대학원 및 항공 및 기계 관련 연구소(KARI, ADD, KIM) 및 기업체 항공기제작 및 서비스업체(KAI, KAL, ASIANA), 항공부품업체, 드론 산업체 기타 기계 관련 업체(자동차, 중공업, 자동차 부품업체)에 취업이 가능하다. 특히 현대중공업에서 만든 대학이라서 현대 관련 회사에 취업이 용이하다.
인하대	항공우주공학과	항공우주공학과에서는 항공기, 헬리콥터 등의 대기권 비행체와 인공위성, 발사체와 같은 우주비행체의 설계/해석/제작/시험평가/운용을 위한 기반 학문 및 최신 공학기술을 교육하고, 이를 통해 시스템 종합 능력을 갖춘 인재를 양성하고 있다.

인하대	항공우주공학과	2014년 국토교통부 항공특성화대학 지원사업에 선정되는 등 지난 40여 년에 걸친 내실 있는 교육과 수월성 있는 연구 활동을 통해 국내 항공우 주공학 분야의 인재 양성 요람으로서 자리 잡고 있다. 산업체는 항공우 주 분야 및 관련 기업들로서 대한항공, 삼성, 현대, LG, 두산, 한화, 한국 항공우주산업 등 대기업 군으로 이루어져 있다. 연구소의 경우 항공기, 인공위성 등과 관련된 고급 설계해석 인력 수요 의 특성상 주로 대학원 졸업 후 진출하게 되며, 한국항공우주연구원, 국 방과학연구소, 산업체 연구소 등을 들 수 있다.
항공대	항공우주 및 기계공학부 항공우주공학전공	항공우주공학전공, 항공기시스템공학전공, 기계공학전공으로 세분화되 어 있다. 복수전공 및 다전공이 용이하며, 학석사연계 과정으로 5년 또 는 5.5년 내에 학사, 석사과정을 완료할 수 있다. 많은 현장실습 기관을 확보하여 내실 있는 실습능력을 기르고 있다. 특 히 한진, 대한항공, 한국항공우주산업에 취업에 용이하다.

➡ 자동차공학과

자동차공학은 자동차 제작에 필요한 다양한 이론 연구와 새로운 기술 개발을 통해 자동차 산업을 발전시키는 첨단 분야이다. 최근에 전기자동차, 수소연료전지를 활용한 자동차 전기전자 분야, 자동차 외장을 연구하는 자동차 새시분야, 차량의 움직임과 힘의 원리를 연구하는 차량동력학 분야, 자동차 설계 분야, 자동차 성능해석 분야 등 다양한 분야를 깊이 배운다.

💬 관련 학과

자동차공학과, 미래자동차공학과, 스마트자동차공학과, 자동차학과 등

💬 관련 자격

일반기계기사, 기계설계기사, 기계설계산업기사, 기계가공조립산업기사, 자동차정비기사, 자동차정비산업기사, 철도차량기사, 철도차량산업기사 등

졸업 후 진출 분야

일반기업 : 자동차공학기술자, 엔진기계공학기술자, 철도차량공학기술자, 철도기관차 및 전동차 정비원, 자동차정비원 등

공공기관 : 중앙정부 및 지방자치단체(기계직), 한국기계연구원, 한국국방연구원, 산업연구원 등

자동차공학과 진학에 도움이 되는 교과

교과영역	교과(군)	공통과목	선택 과목	
			일반선택	진로선택
기초	국어	국어	화법과 작문, 독서, 문학, 언어와 매체	
	수학	수학	수학I, 수학II, 미적분, 확률과 통계	실용수학, 기하, 수학과제 탐구
	영어	영어	영어회화, 영어I, 영어II, 영어 독해와 작문	
	한국사	한국사		
탐구	사회	통합사회		
	과학	통합과학	물리학I, 화학I	물리학II, 화학II, 과학과제탐구
생활 교양	기술·가정		기술·가정, 정보	
	교양		환경, 실용경제, 논술	공학일반, 창의경영, 지식재산일반

관련 학과

학교	학부/학과명	전공 및 특이사항
국민대	자동차융합대학 자동차공학과 자동차IT융합학과	첨단 IT 신기술을 접목한 친환경 자동차와 고안전 지능형 자동차의 전문 엔지니어를 양성하고 있다. 1992년 첨단 자동차 산업 육성을 위한 특성화학과로 설립됐으며, 자동차를 직접 분해조립하는 자동차기능실습과 4년간 배운 지식을 바탕으로 학생들이 팀을 구성하여 직접 자동차를 설계 및 제작하기 위한 캡스톤디자인 과목을 제공하고 있다. 자동차 산업 분야에 80% 정도 취업을 하고 있으며, 현대자동차 및 현대모비스를 비롯한 대기업에 많이 취업을 하고 있다.

경북대	자동차공학부	2012학년도부터는 기존의 기계자동차공학부 내의 자동차전공을 자동차공학부로 특성화하여 2개 세부 전공으로 친환경자동차전공, 지능형자동차전공으로 운영하고 있다. 저연비 차량에 대한 최신 경향을 반영한 학과목들을 교육하고 있으며 자동차의 차체, 동력원인 엔진, 공조장치 및 친환경 전기자동차 등과 관련된 기술 교육에 중점을 두고 있다.
서울과학기술대	기계자동차공학과	기계공학은 에너지, 생산 등 기본 학문을 기반으로 컴퓨터, 지식정보공학, 전자공학, 생명공학, 환경공학 등과 융합되어 새로운 학문 분야를 창출하고 있다. 항공기 설계기술, 마이크로 전자 기계 시스템을 이용한 초소형 정밀기계, 바이오 기계 기술 등 첨단 기계공학으로 발전해가고 있다. 자동차공학은 기계 및 전자공학을 기반으로 통신, 재료, 환경공학 등 여러 기술이 융합되어 발전하고 있으며, 차체, 엔진, 변속기 등의 기존 자동차 분야뿐만 아니라, 전기자동차, 연료전지자동차, 스마트 자동차 등 미래형 첨단 자동차 분야와 그린 수송시스템 분야로 그 영역을 지속적으로 넓혀가고 있다. 취업으로 그린에너지 분야, 기계제조 분야, 그린수송시스템 분야, 자동차 분야 등으로 80% 이상의 취업률과 20% 이상의 공기업과 대기업에 취업하고 있다.
전북대	융합기술공학부 IT융합기전공학 전공	4차 산업의 창의와 혁신을 통한 과학기술을 발전시켜 산업체 기술 수요에 맞는 융·복합적 교육을 제공하여 핵심기술을 선도할 수 있는 전문 엔지니어를 양성한다. 2013년 3월 산업통상자원부에서 지원하는 산학융합지구 조성사업(5년 500억)에 참여하여 2012년 9월 새만금산학융합지구에 캠퍼스를 착공하여 2013년 9월 완공되었다. 1,2학년은 전주에서 3,4학년은 새만금프런티어캠퍼스에서 공부를 하며, 자동차, 중공업, 항공우주, 조선, 신재생에너지, IT, 통신 및 S/W 계열 회사, 반도체 등의 산업전반 진출 가능(현대자동차, GM대우자동차, LS 엠트론, 만도기계, 현대중공업, 두산인프라코어, 삼성전자, LG전자, KT, Intel, Oracle, Microsoft 등)에 취업을 한다.
한라대	기계자동차공학부 자동차공학전공	차량 부품과 시스템에 대한 해석과 설계를 배우며, 집중적인 실습 과목을 통해 최신의 발전된 기술을 익힐 수 있다. 만도기업과 제휴하여 만도엘리트전형과 만도챔피언장학생 제도를 시행하고 있다. 대기업, 공공기관, 중견기업 및 자동차 부품회사 등 다양하게 취업하고 있다. 한라의 주요 계열사인 ㈜만도로 취업이 연결되고 있다. 그밖에 다수의 한라그룹 협력사로도 취업이 활발하다.
한양대	미래자동차공학과	2010년 10월에 신설된 미래자동차공학과는 미래자동차의 새로운 패러다임에 부응할 수 있는 학제간 융복합 핵심기술 인력과 미래의 산업체에서 필요한 융복합 기술을 습득한 전문 인력을 양성하고 있다.

		환경 및 인간 친화형으로 대변되는 미래자동차(그린카, 스마트카) 개발을 위해서는 기계공학, 전기/전자공학, IT/소프트웨어 등 다양한 분야의 융복합 기술을 중점적으로 교육하여 창의적인 글로벌 기술 인력을 양성하고 있다.
한양대	미래자동차공학과	지능형 미래자동차 분야를 선도할 핵심기술인 e-powertrain/smartcar 분야의 교과 과정을 확대하여 선도 기술을 창의적으로 탐구하여 지능화 제어, 저공해·고성능 에너지변환, 무선 네트워크, V2X, 고성능·경량화, 전자·컴퓨터, 신뢰성 향상 등 미래자동차 핵심기술을 융합하여 창의적인 전문 인재를 양성하여 100% 취업률을 자랑하고 있다.

창의적 체험활동을 구체화하자!

➡ 진로 로드맵을 이용하여 진로계획 세우기

고려대 기계공학과(일반고)

구 분	1학년	2학년	3학년
자율활동	정보부장 현대자동차 체험학습	도서부장 국립과학관 체험학습	부실장 융합인재부 활동 수학/과학 멘토링
동아리활동	메카트로닉스(자율동아리 3년)		
	물리동아리	축구동아리	책사랑 동아리
봉사활동	장애우 봉사활동		
진로활동	STEAM활동을 통한 전공적합성 강화 다양한 과학 특강	대학 전자공학 체험 동아리 발표 국립과학관 체험	물리/에너지 분야 미래예측 탐구보고서
진로독서	가상현실 세상이 온다(서기만 외 4명) 모든 순간의 물리학(카를로 로벨리)		

위 학생은 '로봇 파워'라는 프로그램을 계기로 공학과 기계에 관심을 가지게 되었다. 3년 동안 메카트로닉스(자율동아리) 활동을 하면서 기기와 신경을 직접

연결하는 가상현실과 인공지능을 접목하여 두 기술의 융합을 하는 전자공학자가 되고자 구체적인 진로활동을 하면서 전공을 심화한 학생임을 확인할 수 있다.

또한 '쉽게 만드는 발전기 설계', '전자기유도현상을 공학적으로 이용할 수 있는 레일건과 코일건 제작', '교류전압을 직류로 바꾸는 콘덴서를 충전할 수 있는 정류회로 설계', '아두이노를 통해 조이스틱으로 조작 가능하도록 설계 및 제작', '여러 스털링 엔진을 공부하며 간단한 알파 스털링 엔진을 설계 및 제작', '논문을 통해 정전기 핵융합 장치를 배우며 중수소를 채울 챔버, 중수소를 공급할 펌프 등을 안정성과 효율성을 고려한 설계' 등 물리/에너지 분야 탐구보고서 및 제작활동을 통해 실용지식을 가진 학생임을 확인할 수 있어 좋은 평가를 받았다.

항공대 항공우주 및 기계공학부(일반고)

구 분	1학년	2학년	3학년
자율활동	학급부 반장 과학관 체험학습 수학축전	수학축전 별자리 관측체험	학예부 차장 에너지지킴이 물리 피어튜터링
동아리활동	5개의 시선(자율동아리 3년)		
	전기공학동아리	발명과학 동아리	
	공사모(공학연구동아리)		
봉사활동	노인복지관	나로우주센터 과학관 봉사	
진로활동	나로우주센터 견학 인공위성과 우주 그리고 위성활용 주제 발표	방파제 모형에 따른 해파의 피해 비교와 최소화 방안 주제 발표	일상생활에서 버려지는 열에너지 재활용 탐구방안 주제 발표 4차 산업혁명을 대표할 기술 소개하기
진로독서	데니스 홍, 상상을 현실로 만드는 법(데니스 홍), 한 권으로 정리하는 제4차 산업혁명(최진기), 코스모스(칼세이건), NASA, 우주개발의 비밀(토머스, 존스, 마이클 벤슨), 앨런머스크 대담한 도전(다케우치 가즈마사)		

위 학생은 '항공우주공학자'라는 꿈을 3년 동안 가지고 공학적인 프로그램뿐만 아니라 인문학적 소양과 사고의 폭을 넓히기 위해 '5개의 시선'이라는 동아리를 만들어 하나의 주제에 대한 다양한 진로를 희망하는 학생들과 생각을 교류하는 활동을 하였다.

나로우주센터에서 우주선을 발사하는 것을 직접 관측하면서 우주 항공에 관심을 가지게 되었으며, 우리 기술이 별로 없다는 것에 안타까움을 느끼고 추진체 등을 공부하면서 우주산업에 기여하고자 하는 꿈을 구체화하였다.

'항공 위성과 우주 그리고 위성활용', '1단 로켓 회수 시스템', '일상생활에서 버려지는 열에너지 재활용 탐구방안' 등 우주공학에 관한 지식을 깊이 있게 공부하였다. 또한 생활 속 궁금한 주제에 대해서도 탐구하는 활동을 하면서 이해하려고 노력하는 모습을 보였다. 물리/지구과학/에너지 분야 탐구보고서 및 제작활동을 통해 실용지식을 가진 학생임을 확인할 수 있어 좋은 평가를 받았다.

➔ 자율활동

일자	주제	진로연관성
3월 2일	학급반장선거	
3월 22일	장애인권교육	장애인을 위한 도구 연구
5월 24일	지역문화 체험활동	
6월 14일	교통안전교육	보행자를 위한 충격흡수 장치 연구
6월 24일	재난안전교육	지진을 보다 쉽게 확인할 수 있는 방법, 지진 등 재난 상황을 사전에 파악할 수 있는 방법 탐구
9월 29~31일	에듀테인먼트 박람회	진로에 관한 탐구
10월 24일	교내 축제	동아리 발표대회

Memo ▶ 각종 교육들은 시간이 지나면 기억이 나지 않으므로 즉시 메모해 정리해두는 습관이 필요하다.

📋 **메모 예시**

날짜	교육명	내용 및 감상
6월 24일	재난안전교육	내용) 지진이 발생하여 건물에서 벽돌이 떨어져서 크게 다치거나 죽은 사람이 있다는 것을 배우게 되었다. 이런 건물 근처를 지날 때 조심해야 한다는 것을 알게 되었다. 감상) 학교 등 다양한 관공서에도 이런 벽돌 건물이 많은데 지진이 발생하더라도 벽돌이 떨어지지 않도록 보강할 수 있는 방법은 없을까? 건물을 새로 짓거나 리모델링을 할 때 내진설계를 의무적으로 실시하여 일반 주택에서 이를 보완하면 좋겠다. <u>학교별 지진 보강공사를 한 학교를 추가적으로 조사하고 보고서 작성하기.</u>

☞ 여기서 잠깐!!

재난안전교육을 기계로봇공학과 어떻게 연결할 수 있을까?

- 건물의 외벽을 일일이 확인할 수 없기에 드론을 이용하여 건물, 교량 등의 상태를 비파괴 검사를 통해 확인하고 이를 영상으로 제공하여 효과적으로 관리할 수 있는 방안 탐구
- 지진 보강공사에 사용되는 재료와 벽돌이 떨어졌을 때 이 충격을 이겨낼 수 있는 강도의 재질과 보강 방법 탐구

자율활동 특기사항 예시 ①

학년	창의적 체험 활동상황		
	영역	시간	특기사항
1	자율활동	46	학급 반장(2020.03.02. – 2021.02.28.)으로서 학급 게시판에 교과 수업별 과제를 게시하여 학급 면학 분위기 조성에 기여하였으며, 학급을 위해 헌신하는 모습이 돋보임. ⇓ 학급 반장(2020.03.02. – 2021.02.28.)으로서 선거 때 자신이 내세웠던 첫 번째 공약인 학급 구성원들의 학업능력 향상에 힘쓰는 모습을 보임. 학기 초 자습시간에 몇몇 급우들이 친구들의 학습을 방해하는 상황에서 소리치거나 화내지 않고, 개인별로 만나서 이 시기의 중요성과 다른 사람들에 대한 배려를 부탁하여 조용한 학습 환경을 만드는 데 기여함.

부반장과 함께 학급 게시판에 교과 수업별 과제를 게시함. 특히 물리 수업 내용을 요약정리 후 게시함으로써 친구들이 수업에 잘 참여하고 학업 능력을 증진시킬 수 있도록 배려함. 또한 학급차원에서 의미 있는 봉사활동에 참여하고자 하는 마음으로 웹서핑을 통해 다양한 봉사활동을 찾아 학급 홈페이지에 안내하는 모습을 보이는 등 자신이 내건 공약을 끝까지 실천하려고 노력하는 의지와 실천력을 보여 줌.

자율활동 특기사항 예시 ②

학년	창의적 체험 활동상황		
	영역	시간	특기사항
1	자율활동	46	지역문화 체험활동(2020.05.24.)으로 지역의 다양한 문화를 체험하면서 우리 고장의 유래를 이해하는 데 도움이 되었다고 함. ⇓ 지역문화 체험활동(2020.05.24.)으로 제주도 빈집이 방치되어 있는 것을 예술인과 마을주민이 함께하는 문화공동체 활동으로 빈집프로젝트를 체험하면서 제주도만의 독창적인 문화를 이해하는 데 도움을 얻게 됨. 특히 감귤창고에서 추운 겨울에 과일이 얼지 않도록 하기 위해 물을 담은 그릇을 놓아두었던 것이 응고열을 이용하여 보관한 점에서 생활 속 과학을 체험하는 데 도움을 얻게 됨. 또한 제주도를 관광으로만 오는 사람들을 위해 제주도의 맛과 멋을 체험할 수 있도록 감귤창고를 리모델링하여 보물창고로 만들어 감귤체험, 감귤염색, 텃밭체험 등을 통해 제주도민의 삶의 질을 향상시키고 마을을 재생시켜 또 찾아오고 싶은 마을로 거듭나게 하는 프로젝트를 통해 공동체 협력의 중요성을 느끼게 되었다고 함.

자율활동 특기사항 예시 ③

학년	창의적 체험 활동상황		
	영역	시간	특기사항
1	자율활동	46	교내축제(2019.10.24.−2019.10.26.)에 축제준비위원으로 참가하여 학생들이 참여할 수 있는 체험 부스를 운영하여 활기찬 축제를 만드는 데 기여함. ⇓ 교내축제(2019.10.24.−2019.10.26.)에 축제준비위원으로 참가하여 학교축제의 성격을 '와서 보는 축제'에서 '직접 체험하고 느끼는 축제'로 바꾸기 위해서 노력하는 모습을 보임.

기존의 학교 축제는 공연과 전시 위주의 프로그램으로 인하여 일반 학생들의 참여가 부족하여 체험 부스 위주로 축제를 만들어 운영하면 좋겠다는 의견과 즉석 장기자랑과 같이 서로 소통할 수 있는 프로그램 구성을 제안함.
또한 급우들과 함께 '실생활에서 보는 과학마술'이라는 프로그램으로 과학 체험부스를 만들어 참가함. 과학부스에서 체험할 프로그램의 아이디어를 제시하고 실험을 설계하여, 관람 온 사람들이 즐길 수 있는 과학 체험부스를 완성하여 운영하는 데 큰 역할을 함.

동아리활동

일자	주제	활동내용
3월 12일	동아리 OT	동아리원 소개, 탐구활동 의견 수렴
3월 19일	동아리활동 구체화하기	탐구활동 정하고 탐구일, 탐구비용 정하기
3월 26일	아두이노 자율주행차 제작	아두이노를 활용하여 자율주행차 제작
4월 2일	자율주행 제작 후 보완	더 발전시킬 수 있는 방법 탐구 및 토론
5월 14일	자율주행차 서보모터 추가	자율주행차 미세하게 조정하기 위한 서보모터 추가하여 탐구
5월 21일	보고서 발표	탐구활동을 정리하면서 더 발전 보완할 점을 기록하여 추가 실험을 2학기에 시행할 수 있는 아이디어를 얻는 데 활용
5월 28일	…	

Memo ▶ 특히 각종 교육들은 시간이 지나면 기억이 나지 않으므로 즉시 메모해 정리해두는 습관이 필요하다.

메모 예시

날짜	교육명	내용 및 감상
3월 26일	아두이노 자율주행차 제작	내용) 아두이노 자율주행차 키트를 활용하여 제작해보고 원하는 각도를 잘 조정하여 움직이는지 확인함. 차선을 잘 유지하면서 주행이 가능한지 확인함. 미세한 움직임이 어렵다는 것을 알게 되었음. 이를 미세하게 조정할 수 있는 모터의 필요성을 느끼고 조사함. 서보모터라는 것이 있다는 것을 알고 이를 부착하여 미세하게 조정이 가능한지 확인하고 싶음. 이런 내용을 추가적하여 보고서 작성하기.

☞ 여기서 잠깐!!

동아리활동을 기계로봇공학과 어떻게 연결할 수 있을까?

• 모터를 활용한 미세조정하는 방법   • 엔코더로 스마트한 모터 제어방법 탐구
• 협동로봇이 움직이는 원리를 조사하여 옆에 사람과 자동차가 있을 때 어떻게 이동할 수 있을지 프로그램 조사

동아리활동 특기사항 예시 ①

학년	창의적 체험 활동상황		
	영역	시간	특기사항
2	동아리활동	68	(모형항공반)(34시간)에서 비행기의 원리를 이해하게 되었으며, 모형로켓을 만들어보면서 로켓의 구조를 이해하게 됨. 다양한 로켓을 제작해보면서 우주항공자의 꿈을 키워나감. ⇓ (모형항공반)(34시간) 비행기와 우주에 대해 관심이 많던 학생으로 자신의 관심을 구체화하기 위해 동아리에 가입함. 조별 활동주제로 모형로켓 만들기를 선정하여 로켓의 구조에 대한 연구부터 새롭게 시작하여 재료, 모양 그리고 추진체의 종류와 방식 등에 대해 체계적인 지식을 쌓음. 모형로켓을 만드는 과정에서 추진체도 직접 만들어보자는 의견을 제시하고, 친구들을 설득하여 추진체를 완성하여 모형로켓을 날리는 활동을 끝까지 성실하게 완료함. 그 과정을 발표자료로 만들어 친구들 앞에서 발표할 때, 자신이 어릴 때부터 꿈꿔왔던 로켓제작에 대한 이야기를 포함하여 재미있게 발표하여 친구들에게 큰 박수를 받음.

동아리활동 특기사항 예시 ②

학년	창의적 체험 활동상황		
	영역	시간	특기사항
2	동아리활동	68	(수학원리탐구반)(34시간) 생활에서 접할 수 있는 수학적 원리를 탐구하면서 자연현상을 이해하는 데 도움을 얻게 됨. 궁금한 부분을 이해하기 위해 자료를 찾으면서 이해하려고 노력하는 모습을 보임. ⇓ (수학원리탐구반)(34시간) 생활에서 접할 수 있는 수학적 원리를 탐구하는 동아리로 자연현상에서 나타나는 프랙탈 현상에 관심을 가지고 '자기 닮은도형'에 대해 더 알아보기 위해 시어핀스키 삼각형과 멩거스폰지를 제작해보고 그것이 가지는 수학적 원리와 형태적 특성을 조사해 발표함.

| | | 자율주행자동차의 원리를 이해하기 위해 도로의 상황을 센서를 통해 파악하고, 도로가 젖어 있는지, 건조한 상황인지, 앞뒤 차량의 속도 등을 파악하여 다양한 정보를 수학적 데이터로 표현한 후, 책임 민감성 모델을 적용하여 스스로 안전한 상태를 유지하기 위해서 여러 파라미터 값을 방정식에 집어넣고 계산해서 안전거리를 유지하게 된다는 것을 알게 되었다고 함. |

동아리활동 특기사항 예시 ③

학년	창의적 체험 활동상황		
	영역	시간	특기사항
2	동아리 활동	68	(엔진 만세: 자율동아리) 엔진에 대해 흥미를 가지고 엔진 만세 동아리를 개설함. 엔진 성능을 향상시킬 수 있는 조건을 찾아보면서 이를 개선할 수 있는 '엔진 성능에 영향을 미치는 요소'라는 탐구활동보고서를 작성함. ⇩ (엔진 만세: 자율동아리) 엔진에 대해 흥미를 가진 학생들을 모아 자율동아리를 창설함. 물리 수업시간에 배운 잔항에 관한 탐구활동을 하면서 엔진의 소음이 자동차의 성능에 있어서 중요한 부분을 차지하고 있다는 것을 알게 됨. 이후 엔진 성능을 향상시킬 수 있는 다양한 요소를 찾아본 후, '엔진 성능에 영향을 미치는 요소'라는 주제연구보고서를 작성함. 물리내용을 어려워하는 동아리원들을 위해 멘토링 활동을 진행하면서 개념을 쉽게 설명해주는 모습을 자주 관찰할 수 있음. 또는 마일드하이브리드 등 최근 시사에 관한 내용을 주제로 부원들과의 토론에도 진지하게 진행하면서 동아리를 이끌어나감.

전공 주제별 동아리 분류

동아리 이름	활동 내용
과학경시대회& 올림피아드 동아리	이론 위주 학습을 하고 수준 높은 과학 문제를 해결하며, 과학경시대회나 올림피아드 등에 출전할 목적으로 활동.
과학 논술 동아리	사회적 이슈가 되는 과학 문제에 대해 자신의 생각을 글로 작성하면서 논리적 사고와 문제 해결력을 증진.
생물 환경 동아리	자연을 관찰하고 주변 생물을 이해. 지구온난화, 생물종 멸종, 기상이변 등 지구적 이슈와 관련 있는 주제로 사회 교과와 융합해 활동.

탐구 실험 동아리	교과별 다양한 탐구 실험을 하고 실험 기구 사용법, 탐구 실험 설계, 실험 보고서 작성법 등을 배움.
탐구 프로젝트 동아리	학생 수준의 연구 소재를 선정해서 문제를 해결하는 과정을 경험. 지도교사와 전문가의 자문을 받아 창의적 실험을 설계하고 수행.
천문 동아리	주로 망원경을 이용해 천체를 관찰하고, 천문 현상과 우주에 관해 탐구하는 활동.
과학영상 탐구부	최신 과학 관련 영상을 보고 토론하는 활동을 함. 그러한 영상 중 가치가 있거나 이슈가 되는 동영상은 편집하여 공유.
과학프라모델부	과학 관련 프라모델을 조립하고 전시하는 활동.
수학창의부	창의적 문제해결력을 기를 수 있는 활동. 사회에서 접할 수 있는 문제를 수학을 활용하여 창의적으로 해결할 수 있는 솔루션 제공.
수학게임부	보드게임, 컴퓨터 게임, 활동 게임 등을 수학적으로 분석하고 필승법이 있는지 탐구. 수학적 규칙을 활용하여 게임을 만들고 보급.
과학탐구토론부	이슈가 되는 과학주제를 가지고 디베이트 활동.
화학실험부	학교에서 잘할 수 없었던 화학 관련 실험 활동. 실생활에서 자주 접하는 화학적 현상을 실험을 통해 증명.
환경 동아리	환경과 밀접한 관계가 있는 기사나 동영상을 보고 토론하고 환경을 지킬 수 있는 활동을 찾아서 보급.
기술 공작 동아리	모형 항공기 제작, 브레드 보드, 전자 키트 제작, 과학 상자 제작, 로봇 제작
발명 동아리	아이디어 산출, 설계와 디자인, 시제품 제작, 발명 대회 참가, 창의적인 공학 문제 해결 활동.
IT 동아리	웹사이트 제작, 프로그래밍, 모바일 애플리케이션 제작 등 IT 계통 활동을 하며 공모전이나 대회에 꾸준히 참여.
로봇 동아리	로봇 제작 및 프로그래밍에 대한 전반적인 활동.
프로그램동아리	웹 또는 앱 프로그램에 대해 기획하고 코딩하는 활동을 함. 코딩 또는 프로그래밍 제작
건축동아리	건축물에 관련된 도서를 읽고 토론하며, 건축물에 대한 건축학적 평가를 하고, 건축물 모형을 만듦.
드론 동아리	드론을 조립하고 조정하는 활동을 통해 드론 대회에 꾸준히 참여.

➡ 진로활동

일자	주제	진로연관성
4월 6일	직업인의 만남	자신의 진로 직업인이 없더라도 강의를 듣고 질문을 통해 자신의 진로와 연계하여 보고서 작성
4월 22일	대학전공 탐색	비슷한 학과 체험을 통해 진로 탐색하기
5월 24일	체험학습	체험학습 장소에 자동 제어되는 부품을 조사하여 탐구
7월 18일	나의 미래, 나의 삶 발표하기	앞으로 어떤 진로와 직업인이 되고 싶은지 탐구하면서 학교에서 어떤 활동을 구체적으로 할지 탐구하는 시간으로 활용
9월 29~31일	에듀테인먼트 박람회	체험을 통해 도서, 논문, 대학강의와 연계하여 다양하게 탐구 보고서 작성
10월 24일	교내 축제	
10월 27일	진로체험의 날	주말을 활용하여 다양하게 진로체험을 하고 보고서 작성

Memo ▶ 특히 각종 교육들은 시간이 지나면 기억이 나지 않으므로 즉시 메모해 정리해두는 습관이 필요하다.

📋 메모 예시

날짜	교육명	내용 및 감상
5월 24일	체험학습	내용) 순천만 정원에 방문하여 계절에 따른 다양한 식물을 구경하면서 자연의 생명력을 확인하였음. 정원이 매우 넓어 자전거 대여소, 전기 기차 등을 이용하여 편하게 구경할 수 있었음. 감상) 전기 기차를 충전할 때 태양관을 이용하여 충전을 하는 데 햇빛에 따라 태양광 패널이 이동하면 좋을 것 같은데 고정되어 있어 충전이 많이 되지 않아 아쉬웠음. 계절과 시간에 따라 태양의 고도와 이동속도를 조사하여 태양광 패널이 이동할 수 있는 태양관 자동차를 아두이노로 만들어 추가 탐구하여 발표 또는 보고서 작성하기.

체험학습을 기계로봇공학과 어떻게 연결할 수 있을까?

- 체험학습 장소에는 다양한 기계와 도구들이 많이 있으므로 이를 활용하여 탐구할 것은 매우 많으니 이를 최대한 활용하면 우수한 탐구 보고서가 될 수 있음.

진로활동 특기사항 예시 ①

학년	창의적 체험 활동상황		
	영역	시간	특기사항
2	진로활동	34	기계공학자로서의 꿈을 구체화하기 위해 직업인과의 만남(2020.04.06.)의 시간에 기계공학연구원을 만나 평소 자신이 궁금해하던 기계공학의 개관에 대해서 질문하며 자세히 알아가는 모습을 보임. ⇓ 기계공학자로서의 꿈을 구체화하기 위해 직업인과의 만남(2020.04.06.)의 시간에 기계공학연구원을 만나 평소 자신이 궁금해하던 4차 산업혁명에서 중요한 사물인터넷, 로봇공학, 3D프린터, 인공지능이 기계공학에서 어떻게 활용되는지 질문하여 이를 이해하는 모습을 보임. 특히 무인 자율주행자동차에 관심을 가지고 스스로 학습하고 판단하는 자율주행자동차를 이해하기 위해서는 인공지능과 사물인터넷, 빅데이터, 자동차를 이해해야 가능함을 알게 된 후 관련된 논문과 자료를 찾아보면서 이를 이해하려는 노력을 보임. 이후로도 강연자와 이메일을 주고받으며 평소 자신이 궁금해했던 문제들을 해결하기 위해서 노력함. 부족한 부분은 K-MOOC를 수강하며 스스로 채워나가려는 의지를 강하게 보임.

진로활동 특기사항 예시 ②

학년	창의적 체험 활동상황		
	영역	시간	특기사항
2	진로활동	34	대학전공 탐색의 날 행사(2020.04.22.)에서 평소 관심 분야인 물리학과 전공 탐색에 참여하여 교육과정과 직업전망에 대한 자료를 수집하고, 이를 통해 자기주도적인 진로설계를 구체적으로 계획하는 계기를 마련함. 이후 '나의 미래, 나의 삶 발표하기'(2020.07.18.)에서 기계공학자로 진로를 구체화하여 발표함.

| 2 | 진로활동 | 34 | ⇓ 대학전공 탐색의 날 행사(2020.04.22.)에서 평소 관심 분야인 물리학과 전공 탐색에 참여하여 물리학을 바탕으로 진로를 확장할 수 있는 교육과정을 알아보고, 관련 직업전망에 대한 자료를 수집하고, 이를 통해 자기주도적인 진로설계를 구체적으로 계획하는 계기를 마련함. 이후 '나의 미래, 나의 삶 발표하기'(2020.07.18.)에서 기계공학자로 진로를 구체화하여 사람들이 보다 편리하게 생활할 수 있도록 도움을 줄 수 있는 기계를 개발하여 보급하려는 꿈으로 발전함.
특히 로봇의 다양한 움직임을 이해하기 위해 자연현상에 그 원리를 찾아 개발하고 있다는 것을 깨닫고 청색기술에도 관심을 가지고 관련된 책을 찾아보면서 이해하려는 모습을 보임. 부족한 부분은 K-MOOC를 수강하며 스스로 채워나가려는 의지를 강하게 보임. |

진로활동 특기사항 예시 ③

학년	창의적 체험 활동상황		
	영역	시간	특기사항
2	진로활동	34	진로체험의 날(2020.10.27.)에 연구소를 방문하여 각종 실험의 과정과 그 검증에 관심을 가지고 질문. 로봇기술과 관련된 직업과 자신의 진로를 연관시켜 탐색한 진로 포트폴리오 제작 능력이 탁월해서 우수학습활동 결과물 전시회에 참여함. ⇓ 진로체험의 날(2020.10.27.)에 연구소를 방문하여 2족 보행로봇이 넘어지지 않고 중심을 잡는 원리를 질문하여 2족 보행 제어방법으로 제로 모멘트 점을 이용하는 방법과 고관절 모터를 제어 신호에 따라 엔코더에 따라 회전각과 회전속도를 제어하여 가능하게 되었음을 알게 되었다고 함. 이후 4족 보행로봇, 소금쟁이 로봇 등 다양한 로봇의 원리를 이해하고 진로 포트폴리오로 정리하여 산출물을 쉽고 정확하게 설명하는 능력이 우수하여 우수학습활동 결과물 전시회에서 우수한 성적을 거둠.

나만의 진로 로드맵

구 분	1학년	2학년	3학년
자율활동			

동아리활동	
봉사활동	
진로활동	
진로독서	

교과 세부능력 특기사항으로 융합적 지식을 보이자!

고려대 기계공학부(일반고)

구분		세부내용 특기사항
1 학 년	수학	수학적 분석력이 우수하여 동일한 문제에 대하여 대수적 접근과 기하학적 접근으로 해결하는 학업능력이 뛰어난 학생임. 산술평균과 기하평균 사이의 관계를 도형을 이용하여 직관적으로 증명함.[1]
	물리I	교과의 기본개념을 잘 이해하며 탐구능력이 우수한 학생으로 교과활동에 적극적이며 수업 참여도가 매우 진지하고 자기표현이 뛰어난 학생으로서 조별 탐구활동에 따른 토론 및 발표를 잘하고, 자연과학에 대한 호기심과 학습의욕으로 탐구결과에 대한 자료를 분석하고 해석하는 능력이 우수함.[2]

Memo 1. 증명하고 관련된 문제를 풀이하면 좋음. 그리고 관련된 생활 속 사례를 같이 기록.

Memo 2. 구체적인 사례를 기반으로 기록.

고려대 기계공학부(일반고)

구분		세부내용 특기사항
2 학 년	지구과학 I	수행평가 발표 때에 블랙홀을 주제로 발표함. 사건의 지평선, 슈바르츠실트 반지름 등 블랙홀의 성질과 블랙홀의 형성 원인, 블랙홀의 구조 등에 대해 발표함으로써 블랙홀에 대한 깊은 이해와 관심을 보였고 영화 '인터스텔라'와 연관 지어 오류를 찾아내는 등 뛰어난 지식활용능력을 보임.[1] 허블망원경으로 지구가 팽창하고 있다는 것을 확인하였다는 기사를 읽고 관련된 내용을 조사하여 발표함.

2학년	지구과학 II	서안 강화현상이 발생할 때에 전향력이 해수의 흐름에 영향을 끼치는 원리를 질문하였고, 답변을 통해 전향력이 작용하는 원리에 대한 이해도를 높이고 전향력에 영향을 받는 기상현상들을 정리하여 확실하게 파악하는 모습이 인상적임. 수행평가 보고서 작성에서 쓰나미를 주제로 선정하여 보고서를 작성함. 쓰나미의 발생과 에너지의 규모에 대해 조사하고 천해파라는 성질을 파악하여 해안에 도달하여 큰 피해를 주는 원리에 대해서 설명. 또한 2011년 일본에서 발생한 쓰나미와 연관 지어 쓰나미의 피해와 피해를 최소화하는 방법에 대해서도 생각해보는 등 실생활에 활용하는 모습을 보임.[2]

Memo ▶ 1. 생활 속 사례를 찾아 확인한 점이 우수하다.

Memo ▶ 2. 쓰나미 사례를 활용하여 설명한 점이 돋보인다.

고려대 기계공학부(일반고)

구분		세부내용 특기사항
3학년	물리 II	액체의 증발에 영향을 미치는 요인을 수행평가의 자유탐구 주제로 선정하고, 온도와 바람이 증발에 어떤 영향을 미치는지 실험활동을 통하여 자료를 조사. 탐구결과를 얻는 활동에서 자료를 분석하고 해석할 수 있는 그래프를 활용함으로써 온도와 바람이 증발에 영향을 미친다는 것을 확인하고 보고서를 제출하여 급우들 앞에서 발표함. 열역학 단원에서 접한 스털링 엔진에 흥미를 가지고 있으며, 스털링 엔진 기술이 신재생에너지와 에너지 하베스팅 분야의 새로운 기술에 관심을 가지고 탐구하는 모습을 보임.[1]
	정보	정보화시대에 각 기업이 가지고 있는 특허나 기술의 중요성이 부각되었고 정보유출을 막는 기술에 대해 관심을 가지게 되었음. 정보보안기술에 대해 관심을 갖고 조사하고 정보유출을 막는 차세대 기술 중 하나인 전자지문의 개념을 알게 되어 흥미를 가지고 조사. 정보 유출을 막는 차세대 기술 중 하나인 전자지문의 개념을 알게 되었고 흥미를 갖게 되어 전자지문에 대한 보고서를 작성하였음.[2] 직접 전자지문을 만드는 HASH함수에 문서를 적용시켜 전자지문 값을 비교해보는 활동을 하였음. 이를 통해 전자지문이 정보보안에 어떠한 역할을 하고 실제로 우리가 사용하는 문서가 원본인지 전자지문을 통해 판단할 수 있는 방법을 알게 됨.

Memo ▶ 1. 궁금한 점을 해소하기 위해 추가적인 내용을 구체적으로 찾아 본 점이 돋보인다.

Memo ▶ 2. 보고서를 작성하고 이를 함수에 적용시켜 값을 비교해보면서 적용능력이 우수함을 알 수 있다.

고려대 소프트웨어공학과(일반고)_재난구조로봇 설계자 진로

구분		세부내용 특기사항
1학년	수학	컴퓨터 및 네트워크 자원의 효율적인 관리 측면에서 수학적인 지식이 매우 필요한 것임을 깨닫고 이차함수, 평면좌표, 직선의 방정식 단원을 '그래프eq'라는 프로그램을 이용하여 직접 그려보면서 공부하여 관련 내용을 정확히 이해함.
	과학교양	과학기술 주제발표로 '재난구조 로봇 프로그래머'와 관련된 내용을 조사하면서 국제 우주정거장의 네트워크 시스템과 지구와의 통신은 어떤 방법으로 하는지 호기심이 생겨 그것들을 조사하여 통신프로그램을 이해함. 통신 네트워크 시스템을 통해 우주정거장의 내부 구조를 이해하고 친구들 앞에서 발표함.

고려대 소프트웨어공학과(일반고)_재난구조로봇 설계자 진로

구분		세부내용 특기사항
2학년	기하와벡터	컴퓨터로 수학식을 입력하여 다양한 수학방정식을 그래프나 입체로 구현하는 지오지브라 프로그램을 활용하여 공간벡터의 개념과 규칙을 어려워하는 친구들에게 쉽게 설명해줌. 에프터스쿨 GeoGebra활용 공간도형 조작 및 문제 해결 20시간 수강함.
	미적분I	등비급수와 관련된 도형을 찾던 중 아벨로스 즉, '구두장이의 칼'이라고도 알려진 도형을 주제로 발표 수업을 진행함.
	물리I	전자기파 차폐 현상을 이해하고, 자동차나 엘리베이터 안에서 휴대전화기를 사용가능한 이유에 호기심을 갖고 탐구해, 완벽히 금속으로만 둘러싸였을 때 전자기파가 완전히 차폐된다는 사실을 알게 됨. 엘리베이터나 자동차는 각각 바닥이나 천장, 유리창 등이 금속이 아니기에 전자기파가 통과할 수 있음을 이해하고 친구들에게 탐구한 내용을 설명함.
	과제연구	'유전 알고리즘 기반 문제해결 인공지능의 개발 및 적용' 모바일게임에서 승률을 높일 수 있는 캐릭터 조합을 구성하는 과정에서 엑셀 프로그램 RAND 함수로 부여받은 값이 의도와는 다르게 변화하자 이를 고정시키기 위한 대안을 고민하여 각각 최초의 함수값을 복사하여 값만 붙여 넣는 등 작은 오류로 인해 발생될 수 있는 문제 상황을 초기에 인식하고 해결하는 능력을 보임.

고려대 소프트웨어공학과(일반고)_재난구조로봇 설계자 진로

구분		세부내용 특기사항
3학년	과학융합	로봇이 활용되는 많은 분야 중에서도 가장 예측이 어려운 상황에 노출되는 재난 구조 로봇 분야를 소개함으로써 로봇이 가질 수 있는 기술과 역할에 대해 학생들이 다양한 관점에서 이해할 수 있도록 발표를 구성하여 학생들에게 큰 호응을 얻음. 소프트웨어, 프로그래밍, 통계학 등 다양한 분야에 대한 관심과 함께 로봇공학도를 희망하고 있어 관련 분야에 대한 사전 지식이 풍부하여 학생들의 질문에도 상세하게 답하는 등 자신감 넘치는 모습을 보여줌.
	물리Ⅱ	최근에 이슈가 되는 자율주행 차량에 이용되는 2차 전지를 추가로 조사하여 발표 내용의 풍성함을 더한 점이 훌륭했음. 덧붙여 완전 자율주행차가 운행되는 시점과 IoT기술과의 연관성을 주장하는 점이 인상적이었음.

항공대 항공우주 및 기계공학부(일반고)

구분		세부내용 특기사항
1학년	수학Ⅰ	평소 문제를 해결할 때 한 가지 방법보다는 다양한 방법과 관점으로 접근하는 것을 좋아하는 학생으로서 문제가 막히면 수업시간이 끝나고 교사에게 찾아와 문제를 적극적으로 물어봄. 수업시간에 실시한 '자유주제 탐구 발표하기'에서 '대칭이동을 이용한 탐구'를 주제로 당구대 안에서 빛의 반사법칙인 입사각과 반사각이 같다는 원리를 찾아내었고 이를 통해 당구공은 빛과 같이 최단거리의 원리에 따라 움직인다는 내용을 발표하였음.
	물리Ⅰ	'물리 개념평가'에서 자신의 경험을 덧붙여 친구에게 상대성 이론과 우주의 팽창에 대하여 이해하기 쉽게 전달하는 능력을 가졌고, 주관적인 입장과 과학적 진리를 섞어 논리정연하게 적어 냄으로써 물리에 대해 관심이 많은 것을 느낄 수 있었음. 수업시간에 배운 핵융합반응이 일어나는 과정에서 발생하는 엄청난 에너지를 아인슈타인의 특수상대성이론에 적용하는 등 관심을 가지며 의문점이 있을 시 교사에게 질문하는 모습을 보아 포괄적으로 접근하려 노력하는 태도가 돋보임.

구분		세부내용 특기사항
2 학 년	기하와 벡터	탐구활동 보고서 작성 및 발표수업을 통해 '사이클로이드 곡선'을 주제로 연구하며 사이클로이드 곡선의 특징인 최단강하곡선과 등시곡선에 대해 설명하고, 이를 바탕으로 물리 과목의 내용인 단진자를 접목시켜 '진자의 등시성'을 조리 있게 설명함으로써, 수학과 물리의 밀접한 관계가 있음을 이해함. '평면곡선의 접선' 단원에서 포물선 궤도로 움직이는 로켓이 페어링하는 시각의 위치에서 접선의 기울기를 알게 되면 운동궤도를 추적하여 낙하지점을 알 수 있다는 것을 유추해봄.
	물리II	수업시간에 구심가속도를 학습한 후 벡터 연산법과 호도법 등을 이용해 공식을 유도하는 과정을 통해 구심가속도에 대해 완벽히 이해함. 각속도와 구심가속도의 상호관계를 이용한 공식도 유도하여 문제풀이에 용이하게 활용하는 능력을 길러 친구들에게 쉽게 설명함. 관성력이라는 '코리올리 힘'을 배운 후 직접 몸소 체험하여 지구의 자전에 의한 태풍의 방향을 깨닫는 계기가 되었다고 함. 고정단 반사와 자유단 반사를 수업시간에 스프링과 쇠막대를 이용하여 스스로 실험을 해봄으로써 고정단 반사와 자유단 반사에 대해 완벽히 이해할 수 있었다고 발표를 함. RLC회로 부분에서 임피던스를 이용해 공진주파수를 유도해내는 공식을 칠판에 나와 친구들에게 설명함.

구분		세부내용 특기사항
3 학 년	지구과학 II	자신이 매우 흥미롭게 봤던 영화 '마션'을 바탕으로 태양계에 존재하는 행성 중 '화성'을 주제로 선정하여 사람이 살 수 있는 땅인지 확인하고 싶어 조사한 후 발표함. 화성 탐사자료들을 바탕으로 물의 흔적과 얼음을 통해 생명체가 살기 위해서 필요한 조건들을 설명하고, 현재 스페이스-X 회사에서 진행 중인 화성 탐사계획을 구체적으로 밝히며 참신한 정보를 제공함.
	물리II	물리 자유주제 발표하기 활동 시간에 무한한 에너지를 제공하는 영구기관에 대해 발표함. 많은 과학자들이 시도한 영구기관들과 그것들이 각각 작동되는 방법을 설명해주고 열역학 법칙에 위배되어 현재로선 제작이 불가능하지만 나중에 꼭 한 번 영구기관을 개발해 투자비용이 적고 독자적이며 무한한 동력으로 우주를 안전하게 탐사할 수 있는 우주산업기술을 만들어보겠다고 다짐함. '반도체 제대로 이해하기'를 알고 간단한 조작으로 전기의 흐름을 조절할 수 있는 반도체에 대해 학습하던 중 매우 다양한 곳에 사용되는 반도체에 관한 내용을 논문과 유튜브를 통해 탐구함. 반도체 소자 중 유독 관심 있게 봤던 펠티어 소자에 대해 알아본 후, 펠티어 소자를 이용한 과제연구를 진행해보는 기회를 가짐.

대학에 들어가서
수강하는 과목

기계공학에서 수강하는 대표 과목은?

Q 역학은 알겠는데 고체역학은 무엇인가요?

A 기계공학과에서는 정역학의 내용을 확장하여 변형체 역학의 기본원리, 응력과 변형률의 개념, 그리고 강도설계 및 강성설계의 정역학적 접근을 배울 수 있습니다. 이를 위해 축하중, 비틀림 모멘트 및 굽힘모멘트 등에 의한 응력과 변형을 구하는 해석과 설계에서의 적용을 연습하여 기계장치가 얼마나 잘 버티고 오래 사용할 수 있는지 알아보는 과목이 고체역학입니다.

Q 기계공학과에서 수치해석은 왜 배우나요?

A 수치해석의 기초와 광학문제에의 응용, 수치적 근사해, 수치미분과 적분, 선형 및 비선형 방정식, 미분방정식, Eigenvalue문제 등 공부하여 다양한 조건에서 기계가 제대로 작동할 수 있도록 공학용 계산기로 계산하여 예상되는 문제를 사전에 파악하여 공학 관련 문제를 해결하는 능력을 기르는 과목입니다.

Q 기계설계를 손으로도 하지만 최근에는 컴퓨터를 활용한다고 합니다. 그럼 사전에 캐드를 배워야 하나요?

Ⓐ 기계부품을 설계하기 위한 기초적 설계지식에 대해서 배우고 고체역학개념
을 배웁니다. 응력해석, 부품파손 예측, 나사, 용접이음의 기본 이음요소에
대하여 배워 이를 적용하여 기계 및 기계부품을 설계하는 데 예전에는 설
계 프로그램이 별로 없어 캐드를 통해 설계를 하였습니다.

하지만 최근에는 3D프린터를 통해 바로 출력하기에 모델링을 통해 관련 지
식을 채워도 충분히 설계 능력을 기를 수 있습니다.

Ⓠ **기계설계와 메커니즘 설계는 다른 건가요?**

Ⓐ 메커니즘 설계는 기계부품이 하나로 있는 것이 아니라 여러 개가 연결되어
작용되어 이들이 원활하게 움직일 수 있는 메커니즘의 운동을 해석하기 위
하여 배우는 과목입니다.

기구학의 용어 및 기본 개념, 순간중심, 기계운동의 해석, 링크기구, 구름
접촉에 대한 이론을 학습하며, 각종 메커니즘의 해석능력과 설계능력을 익
힐 수 있습니다.

Ⓠ **그럼 기계부품의 메커니즘 설계를 이해할 수 있는데 이런 부품이 열에도 잘 견
디고 작동할 수 있도록 배우는 것이 열시스템설계인가요?**

Ⓐ 맞습니다. 이제 어느 정도 이해하고 있네요. 열시스템의 설계개념, 모델링
및 시뮬레이션을 통해 최적화 설계방법, Linear Programming, Dynamic
Programming 등을 배워 높은 온도 상황에서도 최적의 상태로 작동할 수
있도록 배우는 중요한 과목입니다.

Ⓠ **앞으로 로봇과 인공지능을 통해 자동화 사회에서 꼭 배워야 하는 과목은 무엇인
가요?**

Ⓐ 자동제어 과목입니다. 플랜트의 특성과 피드백 제어의 원리를 배우고 공부할 것인데, 이를 통하여 제어기의 설계, 해석, 응용력을 얻게 될 것입니다. 그리고 블록선도, 전달함수, 극점과 영점, 안정성과 시간응답에 대한 내용을 배워 PID 제어기의 설계를 위한 기초지식이 될 것입니다.

로봇공학에서 수강하는 대표 과목은?

Ⓠ 재난구조로봇대회를 구경해보니 생각보다 로봇이 재난 상황에서 제대로 이동하지 못하는 것을 봤는데 이런 문제를 해결하기 위해서 필요한 과목은 무엇인가요?

Ⓐ 센서공학과 동역학을 배워야 합니다. 물리량에 관련한 신호를 발생하는 센서(트랜스듀서)의 특성, 발생된 신호의 처리와 변환, 전송, 응용방식 등을 이해하고 재난 상황을 빠르게 판단하고 헤쳐 나갈 수 있는 제어공학에서 여러 가지 기계적인 시스템의 수학적 모델링을 통해 원활하게 움직이도록 하면 이런 문제를 해결할 수 있습니다.

Ⓠ 전쟁 시 군인들이 너무 위험한 상황에서 죽을 수도 있는데, 배틀로봇을 만들어 이를 대신하면 좋을 것 같아요.

Ⓐ 여러 나라에서 로봇이 인간 대신 전쟁에 참여하여 다양한 정보를 사령부에 전달할 수 있도록 연구하고 있습니다. 배틀로봇설계라는 과목을 통해 전쟁에서 필요한 다양한 경우의 수를 조사하고 이를 로봇에 적용해보고 설계방법과 전략에 대해 배운다면 배틀로봇을 현장에 적용할 수 있을 것입니다.

Q 휴머노이드 로봇설계는 무엇인가요?

A 사람의 모습으로 인간처럼 움직이는 의인화 로봇을 휴머노이드 로봇이라고 합니다. 보스턴 다이내믹스의 '펫맨'이 가장 대표적인 사례죠. 이전에는 동물의 행동 방식을 모방한 4족 보행 로봇 개발을 했는데 이제는 2족 보행 로봇을 연구하여 러닝머신 위에서 뒤뚱거리며 균형을 잡을 정도로 기술이 발전했습니다. 휴머노이드 로봇은 인간과 디지털 사회의 가교 역할을 하는 것으로 이를 이해하기 위해서는 휴머노이드 로봇설계 과목과 마이크로프로세서, 엑츄에이터 등을 배우는 것이 중요합니다.

Q 로봇이 명령한 대로 움직이기 위해서는 사전에 프로그래밍되어 있어야 하는 데 이런 지식은 어디서 배울 수 있나요?

A 마이크로 컨트롤러 보드를 먼저 학습해보길 권합니다. 특히, 아두이노를 통해 쉽게 관련된 지식을 익히고 배울 수 있습니다. 그런 다음 임베디드 시스템 과목이 있어, 하드웨어/펌웨어 디자인의 기초 및 응용에 대해서 다루고, 하드웨어 및 펌웨어 파티셔닝, 회로 설계, 회로 디버깅, 임베디드 프로세서 사용법 및 구조에 대해서 공부한다면 로봇을 원하는 대로 움직일 수 있을 것입니다.

자동차공학에서 수강하는 대표 과목은?

Q 최근 자동차 디자인이 세련되면서도 가벼운 구조를 통해 에너지 소비량을 줄일 수 있는 연구들이 많이 진행되고 있는데 이런 내용도 배울 수 있나요?

A 자동차 디자인 실습, 자동차 기능 실습, 자동차 재료학을 통해 관련된 지

식을 배울 수 있습니다. 샤시구조, 휠 얼라인먼트, 엔진구조 및 분해조립, 동력전달 장치의 구조 등 자동차의 정비 및 검사에 관련된 기본적인 실습을 통해 자동차 구조를 이해할 수 있습니다.

자동차 재료학은 금속, 세라믹 및 탄소나노 복합재료를 활용하여 가벼우면서도 높은 온도에서 잘 작동할 수 있도록 최적의 부품을 찾고 관련된 재료 응용 사례를 배울 수 있습니다.

Q 최근 자율주행차가 많아지고 있는데 이런 내용을 배우기 위해서는 어떤 지식이 필요한가요?

A 객체지향프로그래밍은 모든 처리 부분을 객체(object)라는 작은 단위로 표현하는 프로그래밍 기법으로 프로그램이 단순하고 높은 신뢰성을 얻을 수 있는 장점을 지니고 있어 응용프로그램 개발에 널리 사용됩니다.

객체지향프로그래밍 언어로 가장 많이 사용되고 있는 Java와 Python의 언어를 익히고 실습을 통하여 객체지향프로그래밍 능력을 개발한다면 자율주행차를 이해하고 부족한 점을 보완할 수 있을 것입니다.

Q 최근 자동차에서 미세먼지 등 다양한 배기가스를 배출하여 전기자동차, 수소연료자동차 등이 보급되고 있는데 이런 연료에 대한 지식도 익혀야 하나요?

A 물론 에너지공학과에서 관련된 내용을 깊이 다루겠지만, 자동차공학과에서도 연료에 따라 사용되는 부품이 달라지기에 자동차 연료에 대한 지식도 같이 배웁니다.

바이오 에탄올, 천연가스, 수소, 전기 등 미래형 친환경 자동차 대체에너지의 효율적 이용, 에너지 정책 및 전망 등에 대해 토론하고 학습한다면 친환경자동차를 개발하는 자동차 연구원의 꿈을 이룰 수 있을 것입니다.

Q 더 배우면 도움이 되는 좋은 과목은 무엇이 있나요?

A 파워트레인설계 (Power-Train Design) 과목이 있는데, 이는 엔진블록, 크랭크샤프트, 커넥팅로드, 밸브트레인, 피스톤 등 엔진구동시스템에 대한 구동 메커니즘을 다룹니다. 최근의 전자제어시스템의 적용으로 인한 이들 시스템의 고효율, 저 배기가스, 저소음 제어 구동을 위한 기술과 이론도 함께 배울 수 있습니다.

또한 동력전달의 효과적 활용을 위한 토크컨버터와 클러치 등의 동력 단속장치와 수동 및 자동 트랜스미션 및 무단변속기 등 변속장치의 지능화된 제어 및 구동 메커니즘을 배운다면 3D프린터를 통해 자신만의 자동차를 만들 수 있는 설계 능력을 기를 수 있을 것입니다.

항공우주공학에서 수강하는 대표 과목은?

Q 우주항공전문가가 되기 위해서는 수학이 매우 중요한가요?

A 선형대수 및 확률통계, 수치해석, 계측공학 및 실습 등 다양한 수학적 지식이 있어야 수업을 이해하기 좋을 것입니다. 물론 컴퓨터를 활용하여 보다 편하고 빠르게 계산할 수 있지만, 기본적인 개념과 응용능력이 있어야 프로그램을 이해하는 데 도움을 얻을 수 있습니다.

특히, 비선형방정식, 선형연립방정식, 여러 가지 보간법, 수치미적분 및 상미분방정식의 반복식 등을 알기 위해 Matlab을 활용하고 공부합니다. 또한 오실로스코프를 비롯한 계측장비의 기본구조를 이해하고, 기본적인 전자회로에 대해 학습합니다.

Q 최근 한국형 발사체를 개발하기 위한 많은 노력이 있는데 이를 개발하기 위해 필요한 과목은 무엇이 있나요?

A 로켓공학과 추진기관 설계 과목을 듣는다면 한국형 발사체에 관한 내용을 이해할 수 있습니다. 로켓의 기초적인 액체 및 고체 로켓의 이론적인 배경과 설계 능력 배양을 위한 교육에 적합한 로켓 설계 과제를 배워 가스터빈 엔진 시스템의 탈설계기법을 다룸으로써 시스템 설계과정을 완료하고, 세부요소부품, 즉 압축기, 연소기, 터빈에 대한 이론과 함께 실제 설계, 분석할 수 있는 모델링 기법을 익혀 가상적인 제트엔진을 설계하면서 기본설계 능력을 배양할 수 있습니다.

Q 우주에서 비행하기 위해 고려해야 할 것은 무엇인가요?

A 최근 자동차도 자율주행을 하는 것처럼 비행기도 자율주행 기술이 훨씬 빠르게 도입되었습니다. 따라서 자동제어 시스템을 공부하는 것이 중요합니다. 모델링은 전달함수와 상태변수를 사용하는 법을 배우고, 되먹임 제어의 개념, 안정도 해석과 근궤적, Bode plot, Nyquist diagram 등의 방법을 사용한 제어 시스템 설계법 등을 배우고, 제어기 설계는 간단한 수작업과 MATLAB을 같이 사용하여 실력을 쌓을 수 있습니다.

Q 소형로켓을 설계하기 위해서 필요한 과목은 무엇인가요?

A 항공우주구조물에 작용하는 힘과 이를 지지하기 위한 구조체 형상에 대해 학습합니다. 그리고 구조체를 이루는 판과 보 및 복합재료에 대해 학습하여 작은 크기이지만 기술의 발전으로 예전보다 더 높은 성능을 낼 수 있으며, 적은 비용으로 로켓을 제작하고 발사할 수 있는 시대가 왔습니다. 따라서 항공우주구조물을 설계/해석하는 과정을 학습하는 것이 중요합니다.

졸업해서
나아갈 수 있는 분야

의료 분야

➡ 수술용 로봇 제작자

외과수술 시스템에는 한 쌍의 수술용 로봇 팔(매니퓰레이터)과 카메라를 삽입하기 위해 환부에 8mm, 12mm로 작게 절개하여 의사가 수술 주조정장치(수술콘솔)를 통해 정밀하게 진행되는 개방형 수술을 직접 보며 감독할 수 있는 것이 있다. 3D영상을 통해 최소의 절개만으로 수술을 할 수 있도록 도와주며, 의사는 방향전환을 명령할 수 있다.

수술용 로봇을 선도하는 업체로는 인튜이티브 서지컬, 버브 서지컬, 오리스 서지컬 로보틱스, 메드로보틱스, 레스토레이션 로보틱스, 버추얼 인시젼, 씽크 서지컬, 메드텍, 트랜스엔터릭스, 타이탄 메디컬 등이 있다.

➡ 인공장기 제작자

앞으로는 신체 기능을 보강하거나 질병을 극복하기 위한 기술 융합이 일어날 것이다. 의학, 유전공학, 기계공학을 융합하여 신체 기능을 보조하고 인간의 육체적 한계를 뛰어넘는 과정에서 신체 부위별 인공 장기 제조 전문가, 생체 모방 로봇 개발자, 외골격 로봇 엔지니어 등의 직업이 나타날 것이다.

➡ 나노로봇 제작자

나노크기의 나노로봇을 인체에 주입하면 사람의 혈관 속을 마음대로 돌아다니면서 바이러스를 박멸하거나 세포 안으로 들어가서 손상된 부위를 복구한다. 또한 혈관 속에 쌓인 지방이나 혈전을 찾아내 분해하여 뇌출혈이나 심혈관 질환을 예방할 수 있다.

로봇학자들이 기대하는 나노로봇의 역할은 뇌에 들어가 고해상도의 뇌 지도를 만드는 것이다. 수십억 개의 나노 로봇이 모세혈관을 통해 고해상도의 뇌 지도를 만들면 인간의 뇌 활동을 구체적으로 파악할 수 있게 된다. 그렇게 되면 인간 뇌의 알고리즘을 컴퓨터가 촬영하여 인간 뇌에 대한 획기적인 정보를 파악할 수 있다.

또 인간 몸속의 암세포를 물리치기 위해서는 수백만 개 이상의 나노로봇이 필요한데 나노로봇이 스스로를 복제하도록 할 수 있다. 주어진 임무에 맞추어 만들어진 첫 번째 나노로봇은 자신과 똑같은 로봇을 복제하고, 이 복제한 로봇이 또 다시 다른 나노로봇을 복제하면 수백만 개의 나노로봇을 간단하게 만들 수도 있다.

국방 분야

➡ 무인항공기제작자

무인항공기는 조종사가 탑승하지 않고 지정된 임무를 수행할 수 있도록 제작한 비행체로써 독립된 체계 또는 우주/지상체계들과 연동시켜 운용한다. 활용 분야에 따라 다양한 장비(광학, 적외선, 레이더 센서 등)를 탑재하여 감시, 정찰, 정밀공격무기의 유도, 통신/정보 중계, EA/EP, Decoy 등의 임무를 수행하며, 폭약을 장전시켜 정밀무기 자체로도 개발되어 실용화되고 있어 향후 미래의 주요 군사력 수단으로 주목받고 있는 기술이다.

RQ-1 무인 정찰기를 확대 개량한 무인 공격기 MQ-1를 확장한 MQ-9 리퍼, 스텔스 무인 정찰기 RQ-170 센티넬, 지상의 인공위성이란 별명답게 '전략 자산'으로 분류된 RQ-4글로벌 호크 등이 있다.

🔜 인공위성제작자

센서의 발전으로 태양광 패널과 카메라를 장착하여 대기권 내 각종 기후변화와 자연재해 등을 모니터링할 수 있는 인공위성 발사 비용이 최저 1만1000달러(약 1176만원) 수준으로 떨어지면서 민간 인공위성 기업 플래닛랩은 200개가 넘는 소형 인공위성을 띄워 수집하는 여러 정보를 각국 정부, 농업기업, 투자회사 등에 판매하고 있다.

현재 대부분 소형 인공위성은 대형 인공위성을 발사할 때 이용되는 로켓에 함께 얹혀서 발사된다. 누구보다 적은 비용으로 짧은 기간에 로켓을 제작하는 업체, 인공위성을 궤도에 올리는 데 드는 시간과 비용을 줄이는 업체가 업계를 주도할 것이다. 그래서 인공위성을 제작하고 소형 인공위성 발사체를 개발하는 것이 더욱 중요하다.

🔜 드론택시제작자

미래형 개인비행체(PAV, Personal Air Vehicle)는 전기동력(모터·배터리 등)을 사용해 도심 상공에서 사람이나 화물을 운송하는 3차원 모빌리티 수단이다. 항공·자동차·정보통신기술(ICT)·인공지능(AI) 등 다양한 기술과 업종이 융합하는 신산업이자 혁신적 교통수단으로 상용화된다면 막대한 부가가치를 창출할 것으로 기대되는 산업이다. 이미 보잉·에어버스·아우디·도요타 등 세계 150여 개 기업이 PAV 개발을 추진하고 있다.

환경 분야

➡ 환경감시로봇 제작자

노스웨스턴대학 브라이언 헬무스 과학자는 온도측정기, 데이터 로거 등으로 이뤄진 혼합 로봇을 이용해 18년 동안 수집한 지구의 기후 변화 데이터를 공개했다.

이 결과를 바탕으로 기후변화 정책을 수립하거나 결정할 수 있으며, 특히 침식이나 물 산성화 등과 같은 현안에 직면한 생태계 보호에도 도움을 줄 수 있다. 또한 히말라야 만년설과 빙하가 녹으면서 산악 홍수와 쓰나미가 빈번하게 일어나고 있어, 수중 로봇을 투입하여 빙하 호수 바닥과 수중을 탐색함으로써 이 지역에 어떤 변화가 일어나고 있는지 예측하고 있다.

최근에는 미세플라스틱, 독성화학물질, 방사능물질 등으로부터 생명체를 보호해야 하기에 이런 환경을 감시하는 로봇이 더욱 보급될 것이다.

➡ 해양쓰레기 수거로봇 제작자

해양생태계를 파괴하는 플라스틱 등 해양 부유 쓰레기를 수거하는 비용을 절감할 수 있는 무인 청소 선박이 개발됐다. 소형 무인청항선은 상시적으로 환경 순찰을 하면서 부유 쓰레기를 회수할 수 있어 환경오염 예방과 해양 폐기물 수거 비용을 절감하는 장점을 지닌다. 해외에서도 해양을 청소하는 로봇에 대해서는 지속적인 모델들이 시연되고 있다. 최근 독일계 회사 란마린과 네덜란드 로테르담시는 양단체가 합작해 항구를 더 깨끗하게 효율적으로 운영할 수 있는 로봇이 개발되었다.

➜ 무인 방제 로봇 제작자

무인 방제 로봇은 바다 위에서 기름에 오염된 유착포를 알아서 회수해오는 기능을 갖췄다. 영상 인식 시스템을 통해 해상에 뒤덮인 기름 위치를 파악하고 최대 100㎏ 무게의 유착포를 로봇 안에 회수해 선박으로 되돌아오는 시스템이다. 기름으로 인한 바다 생물의 오염이 심각한데 이를 효과적으로 제거하는 로봇은 더욱 필요할 것이다.

➜ 원전감시 및 청소로봇 제작자

극한 환경에서 임무를 수행할 로봇의 필요성을 느끼고 원자로실 점검 로봇, 원자로 용기 검사용 수중 로봇팔, 원전해체로봇 등이 필요하다. 특히 30년 이상 된 원전이 사용 정지되면 이를 해체하기 위해 로봇이 활용되는데 전 세계 원전 해체 시장은 2014년 기준 440조 원으로 예측되고 있으며, 앞으로 더 많이 늘어날 것으로 예상되고 있어 관련된 기술을 확보하는 것이 무엇보다 중요하다. 이런 극한 환경에서 임무를 수행하는 로봇은 달 탐사나 화성 탐사 로봇으로도 활용이 가능하다.

➜ 수중건설로봇 제작자

2020년을 기준으로 전 세계 해양플랜트 시장 규모가 1000억 달러에 이를 것으로 기대되며, 국내의 경우 수중로봇 제조 시장은 올 한해 800억 원으로 성장할 것으로 예측되고 있다. 수중건설로봇의 로봇 팔, 암반파쇄 장치, 수중카메라, 자동화 항법 기술 등이 실제 해역 시험에서 성공해 기술력을 입증했다. 'URI-L'은 최대 2500m 수심에서 수중환경조사나 수중 구조물 시공 및 작업 지원, 유지 보수 등 경작업을 할 수 있는 로봇이다. 중작업용 'URI-T'는 최대 2500m 수심에서 해저 케이블을 매설하거나 중량이 큰 구조물을 설치할 수 있다. 가장 최근에 개발된 'URI-R'은 트랙기반 중작업용 로봇으로 최대 500m 수심의 단단한 지반에서 파이프라인을 매설하거나 암반파쇄, 지반 고르기 등의 작업을 높은 정확도로 수행할 수 있다.

제조 분야

➡ 하이퍼루프기술자(초음속철도차량기술자)

하이퍼루프를 달릴 포드(Pods)에 탑승 가능한 예상 인원은 28명이다. 고속 버스보다 적은 인원이지만 정비시간이 짧고, 잦은 운행이 가능하므로 비행기보다 많은 인원의 수송이 가능하다. 일론머스크의 계획대로라면 2022년부터 매년 1,500만 명의 승객이 이용 가능할 것으로 전망된다. 또한 일론머스크는 이동비용이 5만 원 이하로 항공료 대비 5배 이상 저렴하고 고속버스, 고속철도보다 저렴하다고 자신했다. 건설비용은 저렴하지만 고가도로에 제작하는 방식이기 때문에 지진 안정성 문제와 진공상태를 유지해야 하기 때문에 균열이 생겼을 때 문제가 있다. 하지만 초음속 철도차량의 개발은 앞으로 더욱 가속화될 것이다.

➡ 자율주행자동차설계자

자율주행자동차의 도입 이유 중 가장 중요한 것은 교통사고로 인한 사망자를 줄이는 것이다. 거의 모든 도로에서 자율주행자동차를 통한 무인주행이 이루어진다면, 오히려 운전자가 직접 자동차를 조종하는 행위가 금지될 수도 있다. 모든 차량이 서로 데이터를 주고받으며 규칙에 따라 운행되는 상황에서는 운전자 스스로의 주행이 위험요소가 될 수 있기 때문이다.

자율주행자동차의 가장 큰 혜택을 입게 되는 것은 대도시 외곽의 지역이 될 것으로 보인다. 비싼 집값에서 벗어나고, 전원의 생활을 누리면서 생활할 수 있을 것이다. 그리고 여유시간 또한 늘어난다. 한 조사에 따르면, 스스로 운전해야 될 필요가 없어지면 1일 50분의 시간을 더 사용할 수 있게 된다고 한다.

➡ 협동로봇설계자

협동로봇을 통한 생산성 향상 사례를 보면 협동로봇을 적용하여 리소스가 낭비되거나 부가가치가 낮은 작업을 자동화하여 인건비 부담을 줄일 수 있으며, 부가가치가 높은 작업 및 제조경쟁력을 확보할 수 있을 것이다. 협동로봇은 기존 산업용 로봇 대비 쉬운 운용, 안전성, 유연한 배치, 투자 회수 기간이 짧아져 4차 산업혁명과 연계하여 시장이 성장하고 있다.

➡ 입는 로봇설계자

입는 로봇은 점퍼처럼 착용하면서 근력을 보조받을 수 있는 '의복형 웨어러블 로봇'을 말한다. 웨어러블 로봇이란 착용자의 걷는 능력을 향상하거나 무거운 물건을 운반할 수 있도록 기계적인 힘을 더해주는 시스템을 뜻한다. 의복형 웨어러블 로봇의 무게는 유연 구동기와 배터리, 제어기 등을 모두 포함해 약 1kg에 불과하다. 이는 일반 성인이 입는 점퍼 수준이다. 의복형 웨어러블 로봇은 택배나 물류 등 신체 일부분을 반복적으로 사용하는 분야의 작업환경을 개선하고, 근로자뿐만 아니라 노약자의 일상생활을 보조할 수 있는 재활기구로도 사용이 가능하다.

엔터테인먼트 분야

➡ 가상현실 제작자

가상현실(VR) 게임은 의료와 접목되어 게임 속에서는 현실에서의 신체능력, 지능, 사회적 위치, 재력 등과 전혀 상관없이 무엇이든 될 수 있고, 할 수 있다. 또한 사람은 외부적 요인보다 내부적 요인에 의해 마음의 변화를 가져다준다. 선행을 하고 있는 영상만 봐도 몸 안의 면역항체가 생기는 일명 '마더 테레사 효과'가 나타난다.

➡ 홀로그램 제작자

홀로그램은 빛의 간섭현상에 의해 입체 영상이 구현되는 것으로 아날로그와 디지털 방식이 있다. 2개의 레이저 광선을 하나는 반사경에, 다른 하나는 피사체에 쏘아서 피사체에 난반사된 빛과 반사경에서 반사된 빛이 겹쳐지면 빛의 간섭현상이 일어난다. 이것을 간섭무늬라고 하는 데 아날로그 방식은 이를 기록하여 정지 입체 이미지를 만드는 것으로 우리가 흔히 보는 올록볼록한 3D이미지가 담긴 책받침이나 지폐의 위조방지 표식에서 볼 수 있다. 디지털 방식은 수학적 계산과 처리를 통해 간섭무늬를 만들고 데이터로 기록하여 3D 영상을 재생할 수 있다.

핵심 키워드로 알아보는 기계공학

Q 핵심 키워드를 보면 로봇, 나노, 센서 등 다양한 내
  용을 공부하는 것 같은데 기계공학과라도 졸업
  후 여러 분야로 취업할 수 있겠네요?

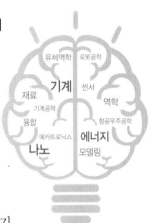

A 네~ 기계공학이라고 해서 단순히 기계공
  학에만 취업하는 것이 아닙니다. 발전소,
  로봇, 반도체, 전자, 전기회사 등 다양하게
  취업할 수 있습니다.

  또한 최근에는 학과보다 직무 위주로 채용하기
  때문에 어떤 직무로 취업하기를 원하는지 사전에 파악하고 관련된 자격증
  과 인턴경험을 하는 것이 많은 도움을 얻을 수 있습니다.

Q 기계지능과 인공지능이 어떤 차이가 있나요? 그리고 인공지능을 보완할 수 있
  는 기계지능에 대해 설명해주세요.

A 데니스 홍 교수의 '기계적 지능(mechanical intelligence)'이란 로봇의 구성
  요소인 감각과 계획, 그리고 행동 중에서 SW 및 전자제어장치가 주관하던
  감각과 계획의 영역까지 기계적인 영역으로 대체하는 것을 말합니다.

그는 "로봇을 SW만으로 제어하려고 하면 많은 비용과 시간이 소요된다"라고 지적하며 "복잡한 센서나 SW를 기계적 메커니즘으로 대체하여 로봇을 통제하고 작동하도록 만드는 것이 기계적 지능의 개념"이라고 소개했습니다.

이처럼 로봇은 사람의 모습을 닮은 형태가 아니라 사람에게 유익을 주는 형태로 발전하게 되는 것을 기계적 지능이라고 합니다.

핵심 키워드로 알아보는 로봇공학

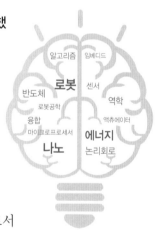

Q 저는 로봇 만들기를 좋아해서 로봇공학에 지원했는데 이산수학, 수치, 정역학 등 수학에 관한 내용을 많이 배우는데 수학이 중요한가요?

A 간단한 로봇을 만들 때는 수학적 지식이 필요 없어도 충분히 만들 수 있습니다. 하지만 자신이 원하는 기능을 추가하고 문제를 해결할 때에는 수학적 지식이 바탕이 되어야 하므로 수학을 잘하는 것이 로봇공학자로서 성공할 수 있는 비결입니다.

Q 최근 로봇과 사람이 함께 협업하여 일하는 경우가 많아지고 있습니다. 이런 지식을 쌓기 위해서는 어떤 공부를 하는 것이 좋은가요?

A 이런 로봇을 협동로봇이라고 합니다. 협동로봇은 로봇과 사람 사이에 안전 펜스 없이 함께 작업이 가능한 로봇으로 작업자의 효율성과 생산성을 증대

시키는 이점이 있습니다. 협동로봇의 적용 사례는 방송 카메라 로봇, 영상 통신로봇, 반도체이송로봇, 의학수술 로봇 등 다양한 분야에 활용이 되기에 어떤 로봇을 제작하는지에 따라 관련된 지식과 센서공학, 통신공학 등을 익히는 것이 중요합니다.

Q 나노로봇으로 질병 치료도 가능하다고 하는 데 어떻게 가능하지요?

A 사람의 몸속에 나노로봇을 주사기로 투입하고, 신체 외부에서 전자기장을 이용해 암세포에 정확하게 다가가도록 유도합니다. 암세포에 반응하는 엽산(folic acid)을 연결하면 암세포를 찾아가서 암세포만 선택적으로 제거합니다.

또한 열을 머금는 금 나노입자와 '폴리 도파민'을 코팅해 주입한 뒤 신체 외부에서 근적외선을 쪼이면 원하는 위치에서 약물이나 열을 방출해 암을 치료합니다.

다른 생체 분자의 접근을 막는 폴리에틸렌 글리콜(PEG) 분자를 나노로봇에 붙이면 약효를 더욱 향상할 수 있으며, 환자 몸에 투여된 후 CT나 MRI 등 의료 영상 장비로 몸속에서의 치료과정을 모니터링한다면 부작용을 최소화한 국소 암 치료에 큰 효과를 얻을 수 있습니다.

핵심 키워드로 알아보는 자동차공학

Q 최근 자율자동차 보급률이 높아져서 보다 높은 수준의 자율주행차 개발에 대한 연구가 한창인데 어떤 지식이 이런 자동차를 가능하게 하는가요?

A 자율주행차는 환경인식, 위치인식, 판단, 제어, 인터랙션 기술로 구성됩니

다. 레이다, 라이다 등으로 정적 및 동적 장애물을 파악하고, 도로표식과 신호 등을 인식합니다. 자동차의 정확한 위치를 파악하기 위한 위치 정보와 목적지까지의 경로, 장애물 회피 경로, 주행 상황별 행동을 판단하여 상황에 맞게 기어, 조향, 액츄에이터를 제어합니다. 다양한 정보를 운전자에게 제공할 인터랙션 기술이 있어야 가능합니다.

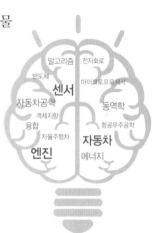

Q 최근 하늘을 나는 자동차도 개발되었다고 하는 데 이것은 자동차공학과에서 배우나요? 항공공학에서 배우나요?

A 플라잉카(하늘을 나는 자동차)에 사용할 배터리 개발, 수직 이착륙할 수 있는 기술, 도로와 하늘을 동시 이용할 수 있는 교통체계, 배터리충전기술, 가벼우면서도 튼튼한 새시, 공중 자율주행시스템 등 다양한 부분까지 고려해야 합니다. 그렇다고 항공공학과에 꼭 진학하지 않더라도 자동차공학 또는 기계공학에서도 관련된 지식을 쌓으면 가능합니다.

Q 완성차 기업이 하나도 없는 이스라엘이 자동차 강국이 되었다는 말은 무슨 뜻인가요?

A 이스라엘은 자동차 강국입니다. 하지만 우리가 주위에서 흔히 접할 수 있는 자동차들의 강국은 아니지만, 자율주행자동차처럼 현재가 아닌 미래의 이동수단으로 주목받는 스마트모빌리티(smart mobility) 분야의 강국입니다. 모빌아이(Mobileye)는 ADAS에 탑재되는 카메라와 반도체 칩, SW 통합 디바이스를 개발하는 스타트업입니다. 다른 차량이 너무 가까이 접근하거나,

신호 없이 불쑥 차선을 변경할 경우 경고음을 보내주는 장비 분야에서 세계 최고의 기술 수준을 가진 업체로 평가받고 있어 스마트모빌리티 분야의 자동차 강국이 되었습니다.

핵심 키워드로 알아보는 항공우주공학

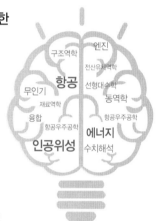

Q 인하대는 항공산업 융합 캠퍼스를 만들어 다양한 기업문제를 해결하는 프로젝트와 창업활동을 할 수 있도록 지원하고 있다고 하는 데 미래 비전이 좋은가요?

A 네~ 인하대 항공산업캠퍼스는 항공우주 공학과, 기계공학과, 메카트로닉스학과, 재료공정공학전공 등 2개 학부, 3개 대학원 510명이 2020년부터 송도에서 수업을 시작합니다. 현재 항공우주시스템과 유도탄 개발 분야에 참여하고 있으며, 2014년부터 국토교통부와 항공진흥협회 지원을 받아 항공우주기술 인력 양성과정을 운영하여 항공교통 분야, 공항 관제 시스템도 배울 수 있습니다. 또한 우주 발사체, 다목적 인공위성 사업 연구도 진행하고 있어 타 대학과 차별성 있는 실무교육을 받을 수 있어 미래 비전이 높을 것으로 판단됩니다.

Q 항공대는 다양한 산학협력단을 가지고 있다고 하는 데 구체적으로 어떻게 되나요?

A 항공대에는 첨단무인기 연구센터, 로봇연구센터, 국방광역감시 특화연구센

터, 항공전자연구소, 항공우주산업기술연구소, 교통물류연구소, 유비쿼터스기술응용 연구센터, 항공기 인증/시험평가에 이르기까지 폭넓은 연구실과 인증센터를 가지고 있어 산업체, 국방부, 국책연구소 등 다양하게 산학협력을 하고 있습니다.

국내 대학 최초로 나노 위성을 독자 개발한 경험을 가지고 있으며, 위성 감시 정찰정보 기술을 개발하여 국방부와 제휴하여 연구하고 있으며, 항공관제, 공항설계 및 운영 연구 등의 능력을 키울 수 있습니다.

Ⓠ 항공우주학 키워드를 보면 선형대수학, 수치해석 등 수학적 능력이 많이 필요한 것 같은데 수학이 매우 중요한가요?

Ⓐ 제트엔진의 개발과 유지 보수를 하기 위해서도 수학은 매우 중요하다고 생각합니다. 가스는 터빈을 지나고 냉각이 되면서 노즐을 통하여 배출이 됩니다. 여기에서 기계적인 에너지, 열에너지, 압력에너지로 변환되면서 에너지의 총합은 불변하며 열역학 제1법칙인 에너지 불변의 법칙이 적용될 수 있습니다. 터빈엔진의 효율은 소비된 연료량에 대한 추력의 비로 정의되기에 수학은 중요합니다.

또한 오일러 방정식으로 수력터빈을 설계하고, 수치해석의 편미분방정식의 원리로 시뮬레이션하여 안정적인 해를 도출할 수 있습니다. 또한 수치해석으로 소음을 제어할 수 있기에 수학적 능력이 우수하면 이런 내용을 이해하기 매우 좋습니다.

계열별 연계 도서와
동영상을 추천해주세요

기계공학계열 추천도서와 동영상

💬 추천도서

도서명	지은이	출판사
기계는 어떻게 생각하고 학습하는가?	넬로 크리스티아니니	한빛미디어
공학이란 무엇인가?	성풍현	살림
AI의 미래 생각하는 기계	토비 월시	프리뷰
뇌를 바꾼 공학, 공학을 바꾼 뇌	임창환	MID
알기 쉬운 기계수학	에구치 히로후미	동양북스
공학기술 복합시대	이기준 외	생각의나무
전통 속의 첨단공학기술	남문현	김영사
도구와 기계의 원리	데이비드 맥컬레이	크래들

Q 추천도서 중 어떤 것을 먼저 읽는 것이 좋은가요?

A 우선순위는 없습니다. 가장 관심 있는 책부터 읽으세요. 처음부터 본문을 읽기보다는 목차를 보고 가장 궁금한 부분부터 읽고 그 내용을 이해하기 위해 추가적으로 자료를 찾아보면서 읽는 것도 추천해 드립니다.

인문학 서적이 아니기에 처음부터 끝까지 읽어야 한다는 부담감을 가지고 읽게 된다면 1년에 한 권을 읽는 것도 힘들 수 있습니다. 또한 전문적인 내용이 들어있어 이해하기 힘들 수 있기에 궁금한 부분을 선택해서 읽은 후 지식을 확장하는 것이 좋습니다.

💬 추천동영상

Erica Frenkel
에리카 프렌켈: 범용 마취 기계

Posted Feb 2012

John Graham-Cumming
존 그레이엄-커밍: 제작되지 못한 최고의 기계

Posted Jul 2012

Frederic Kaplan
어떻게 정보 타임머신을 만들었는가

Posted Jan 2014

Matt Beane
어떻게 인공지능과 함께 일할 수 있을 까요?

Posted Feb 2019

Anthony Goldbloom
기계에게 빼앗길 직업과 그럴지 않은 직업

Posted Aug 2016

Anthony Atala
안소니 아탈라: 인공 장기 배양

Posted Jan 2010

기계안전공학 ▶️

한국교통대학교 | 김의수 | 2018년 1학기

이 교과목은 기계 생산성 향상 및 인간의 능률 향상을 위해 사용되는 기계 작업 및 설비에서 발생할 수 있는 여러 가지 형태의 위험을 예측하는 기술을 습득할 수 있도록 한다.

📺 차시보기 | 📄 강의담기

기계공학도를 위한 전기전자공학 Ai

금오공과대학교 | 박상희 | 2018년 1학기

전기전자공학의 동영상 콘텐츠는 기계공학과에서 2학년 1학기에 개설되는 정규교과목에 이용하며, 이 과목에서 배운 기초 지식인 옴의법칙, 직렬저항, 병렬저항, 직병렬저항, 전자기, 커패시터, 인덕터, RCL 회로설계 등을 활용...

📺 차시보기 | 📄 강의담기

Q 기계공학 대학 강의가 너무 어렵지는 않나요?

A 물론 어려울 수 있습니다. 모든 내용을 다 알아야 한다는 부담감은 갖지 말고 강의자료를 제공하니 관심 있는 부분부터 강의를 들으며 공부하면 됩니다. 모르는 부분은 친구들과 스터디하면서 전공적합성을 심화시킬 수 있습니다. 관련된 부분을 이해하기 위해서는 수준 높은 과목도 추가적으로 공부해야 할 것이 필요하기에 꼬리에 꼬리를 무는 공부를 할 수 있습니다.

로봇공학계열 추천도서와 동영상

💬 추천도서

도서명	지은이	출판사
공학이란 무엇인가?	성풍현	살림
로봇 공학의 기초	카도타 카즈오	성안당
로봇이 온다	일라 레자 누르바흐시	레디셋고
로봇시대에 불시착한 문과형 인간	다카하시 도루	한빛비즈
에너지 절감형 미니모바일 로봇	김성진, 심승환, 오도봉	충북대학교편집부
4차 산업혁명 로봇산업의 미래	고경철, 박현섭, 황정훈, 조규남	크라운출판사
휴보, 세계 최고의 재난구조로봇	전승민	예문당
로보스케이프	김기홍, 김명석, 김윤명, 김진택, 박상준	케포이북스
로봇은 인간을 지배할 수 있을까?	이종호	북카라반
로봇시대, 인간의 일	구본권	어크로스

Ⓠ 로봇이 인간의 일자리를 위협하고 있는 거 같아요. 인간과 로봇이 공존할 수 있을까요?

Ⓐ 몇 년 전만 해도 인간의 육체노동 부분만을 대신하던 로봇이 오늘날에는 지식의 영역까지 넓히고 있습니다. 기술이 발전함에 따라 갈수록 진화하는 로봇은 어느새 우리의 삶에 파고들어 편의를 제공하는 한편 불안감도 심어 주고 있죠. 하지만 우리는 로봇이 위험성을 가지고 있다는 이유만으로 지양하고 배척해서는 안 됩니다. 로봇을 통해 삶의 질을 향상시키고 인간의 부족한 부분을 보완해 같이 협업하여 일을 할 수 있도록 공존할 수 있는 방안을 찾는 것이 중요합니다.

💬 추천동영상

David Lang
나의 수중 로보트
Posted Dec 2013

Leila Takayama
로봇이 되면 어떤 기분일까요?
Posted Jan 2018

Jonathan Rossiter
오염물질을 먹어치우는 로봇
Posted Feb 2017

David Hanson
데이빗 한슨의 "마음을 보여주는" 로봇
Posted Oct 2009

Daniel Suarez
로봇이 살상권을 가져선 안 됩니다
Posted Jun 2013

Auke Ijspeert
도롱뇽처럼 달리고 헤엄치는 로봇
Posted Jan 2016

로봇 동역학 이론 및 응용 AX ▶
금오공과대학교 | 조백성 | 2012년 2학기
기계공학의 필수 전공과목 중의 하나인 동역학과목은 기계공학을 비롯한 공학계열 전반에 걸쳐 두루 응용될 수 있는 과목이며, 로봇공학 과목은 첨단 IT융복합 연구가 되어, 두 과목의 연계를 더욱 실용적인 학문을 습득하는 발판이 ...
☰ 차시보기 | ⏏ 강의담기

로봇공학 ▶

목포대학교 | 윤열재 | 2014년 1학기

기존의 로봇공학 이론을 휴머노이드 로봇에 접목하여 로봇공학의 이론과 실무적 적용을 이해하는 강좌이다

🔲 차시보기 | ⤓ 강의담기

Q 로봇공학 강의를 들어가 보니 행렬을 이용한 기구학, 휴머노이드 로봇의 기구학 등이 있는데 이를 이해하기 위해 수학·과학 공부를 철저히 해야 될 것 같네요.

A 네~ 대학 강의를 먼저 들어봄으로써 수학공부를 깊이 해야 할 필요성을 깨달은 매우 뜻 깊은 시간이었군요. 공학을 공부하기 위해서는 수학과 과학이 매우 중요합니다.

이 경험을 바탕으로 수학과 연계된 속도 전파, 회전 속도 전파에 관한 내용을 세부능력 특기사항에 기록할 수 있으며, 과학에는 MATLAB을 이용하여 기구학을 입체적으로 확인해보면서 이해하는 과정을 보여주는 내용을 세부능력 특기사항에 기록하여 전공적합성을 보여줄 수 있습니다. 그래서 대학 강의를 들어보는 것을 추천드립니다.

자동차공학계열 추천도서와 동영상

💬 추천도서

도서명	지은이	출판사
공학이란 무엇인가?	성풍현	살림
도구와 기계의 원리	데이비드 맥컬레이	크래들
자동차 구조교과서	아오야마 모토오	보누스
미래자동차 모빌리티 혁명	정지훈, 김병준	메디치미디어

자동차 에코기술교과서	다카네 히데유키	보누스
자동차에 미치다	황순하	C2미디어
자동차 정비교과서	와키모리 히로시	보누스
자동차 첨단기술교과서	다카네 히데유키	보누스
인공지능과 자율주행자동차, 그리고 법	명순구	세창출판사
누가 미래의 자동차를 지배할 것인가	페르디난트 두덴회퍼	미래의 창
2020 누가 자동차 산업을 지배하는가?	다나카 미치아키	한스미디어

Q 자동차를 설계하고 원리를 이해하기 위해선 자동차 정비에 관한 공부가 필요한
가요?

A 의사도 우리 몸을 이해하고 해부학을 배워 근육과 뼈의 구조를 이해합니
다. 마찬가지로 자동차를 잘 설계하기 위해서는 자동차의 구조를 이해하
고 부품의 배치를 잘못했을 경우 잦은 고장의 원인이 될 수 있기에 고장이
나지 않을 부품의 배치와 정비방법을 이해할 때 설계도 잘할 수 있습니다.
따라서 자동차의 구조와 정비에 대한 이해가 매우 중요합니다.

💬 추천동영상

Larry Burns
래리 번즈의 미래의 자동차
에 대해
Posted Dec 2008

Paul Moller
폴 몰러의 스카이카
Posted Jan 2009

Robert Full
로버트 풀 : 공학과 진화
Posted Jun 2008

Toby Shapshak
따로 어플리케이션이 필요 없어요

Posted Mar 2014

Chris Bangle
Chris Bangle이 말하는 예술로 승화된 최고의 차들

Posted Apr 2007

Kevin Kelly
케빈 켈리가 전하는 기술의 진화

Posted Nov 2006

자동차공학 ▶ 💬

조선대학교 | 홍명석

📖 차시보기 | ↪ 강의담기

친환경 자동차 이해하기 ▶

동아대학교 | 이모연 | 2017년 2학기

친환경 자동차의 구조 및 작동 원리를 이해하고, 기본적인 설계 및 부품 설정에 대한 지식 획득 및 이에 관한 세부적인 내용을 이해한다.

📖 차시보기 | ↪ 강의담기

Q 최근 친환경 자동차 보급이 점점 늘어나고 있는데 전기자동차는 발전소에서 생산된 전기를 이용하는 데 과연 이것이 친환경적인지 궁금합니다.

A 네~ 그래서 태양광 발전 등 신재생에너지로 생산된 전력을 이용한 충전에 대한 연구를 하고 있습니다. V2G(Vehicle to Grid)시스템을 통해 생산된 전기를 효과적으로 자동차에 충전할 수 있는 연구와 이렇게 생산된 전기로 충전하는 소비자들에게 온실가스 감축효과를 돌려주는 방안, 충전요금 인하, 연간 자동차세를 감면해주는 방법 등 다양한 방법을 도입하여 이산화탄소 배출을 줄이기 위한 노력을 하고 있습니다.

항공우주공학계열 추천도서와 동영상

💬 추천도서

도서명	지은이	출판사
공학이란 무엇인가?	성풍현	살림
하늘에 도전하다	장조원	중앙북스
부시파일럿, 나는 길이 없는 곳으로 간다	오현호	한빛비즈
파일럿이 궁금한 당신에게	조은정	행성B
비행의 시대	장조원	사이언스북스
블랙 이글스에게 배워라	김덕수	21세기북스
비행기 구조교과서	나카무라 간지	보누스
드론 제작노트	양정환	정보문화사
드론, 생명을 살리다	이병석, 권희춘	글로벌

Q 한국형 추진체에 관심을 가지고 관련된 자료를 찾아보고 싶은데 관련된 정보를 얻기 힘들어요. 이를 확인할 수 있는 방법을 알려주세요.

A 1993년에는 1단형 고체추진 과학로켓인 KSR-I (Korea Sounding Rocket-I), 1998년에는 2단형 고체추진 과학로켓인 KSR-II, 그리고 2002년에는 우리나라 최초의 액체추진 과학로켓인 KSR-III를 독자적으로 개발하고 성공적으로 발사하여 우리나라 과학기술의 우수성을 널리 알렸습니다.

관련된 정보는 한국과학기술정보연구원에서 운영하는 NDSL 사이트에서 한국형발사체, 액체추진과학로켓 등을 검색하면 관련된 논문, 특허, 보고서에서 다양한 정보를 얻을 수 있습니다. 비록 조금 어렵지만 관심 있는 부분이기에 읽어본다면 충분히 궁금증을 해결할 수 있을 것입니다.

💬 **추천동영상**

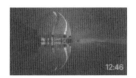

Siamak Hariri
어떻게 신성한 공간을 지을 수 있을까요?
Posted Apr 2017

Moriba Jah
크라우드소싱으로 구축된 세계 최초의 우주 교통 모니터링 시스템
Posted Jul 2019

Natalie Panek
지구를 선회하는 우주 쓰레기를 정리합시다
Posted Dec 2016

Will Marshall
변화하는 지구를 거의 실시간으로 보여주는 작은 위성
Posted Nov 2014

Xavier De Kestelier
다른 행성에서의 건축을 위한 모험
Posted Dec 2017

Lisa Dyson
잊혀진 우주 시대의 기술로 곡물 생산하기
Posted Jul 2016

우주로의 여행 🔇 ▶
충북대학교 | 김용기 | 2018년 1학기
우주로의 여행을 하여 어떻게 우주의 신비를 인간이 알아나는지를 이해하고, 지구와 달에서 시작하여, 태양계, 별, 은하 그리고 활동하는 은하까지 여행해서 얻어진 결과들을 소개한다
📖 **차시보기** | ↳ **강의닫기**

항공우주학개론 ▶
한국항공대학교 | 고준수 | 2014년 2학기
대기권을 비행하는항공기와 우주비행체에 관한기초원리와 관련계통의 개념을 습득하게함으로써 앞으로의 전공분야에 대한 기반을 구축하게 함.
📖 **차시보기** | ↳ **강의닫기**

Ⓠ 영화 '마션(The Martian)'을 보면 화성에서 감자 농사를 짓는데 이것이 정말 가능한가요?

Ⓐ 유타주립대 농작물생리학과의 브르스 버그비(Bruce Bugbee) 교수는 화성에서 농작물 경작이 가능하다고 말했습니다. 1982년부터 NASA 지원을 받

으며 33년간 우주에서 농작물을 어떻게 경작할 것인지 연구하여 우주에서 필요한 질량과 에너지의 밸런스를 계산하면서 무와 양상추 등을 키우고 있다고 밝혔습니다.

이 식물들은 현재 우주정거장에서 60분 동안 밝은 빛을 받았다가 30분 동안 어두워지는 90분짜리 사이클, 즉 '궤도 광주기'를 이용하여 흙 없이 키우는 수경재배에 물을 최대한 아끼는 점적관개(trickle irrigation) 방식으로 식물들을 키우므로 가능하다고 합니다.

PART
2

컴퓨터 SW & 전기전자계열
진로 사용설명서

내 진로를 위한
고등학생 때부터 준비할 것들

어떤 성향이 이 계열(직업)에 잘 맞을까?

우선 고등학교 때는 대학에서 배우는 과목들을 잘 소화하기 위해 수학의 미적분학과 삼각함수, 벡터 등에 대해서 기본적인 개념 교육이 필요하다. 그리고 물리교과에서는 기본적인 역학과 전자기에 대한 이해도가 중요하다. 또한 대학 진학 시 교재나 각종 자료들이 원서로 된 것이 많으므로 고등학교 때부터 심화 영어 학습을 해두어야 한다.

대학에서는 전자공학부 학생들에게 우수한 학업성취도와 재능, 잠재력을 보유하여 자기주도적 학습을 바탕으로 한 자기계발을 원하고 있다. 아울러 진취적인 사고와 도전정신을 바탕으로 한 글로벌 리더로서 성장할 수 있는 능력이 중요하다. 여기에 배려심과 공동체 의식 함양도 요구된다.

전기공학부는 우선 전기 및 에너지(ET) 분야의 이해와 기초 과학 능력이 필요하며, 과학적 공학적 문제 해결력이 요구된다. 그리고 타인과의 협업능력과 자신의 진로에 대한 열정이 중요하게 작용된다.

마지막으로 컴퓨터(SW)학부의 경우에는 다른 학과보다 논리적 사고력을 바탕으로 한 과학적, 공학적 문제해결력이 중요하다. 소프트웨어 및 프로그래밍에 대한 호기심은 기본이고, 새로운 소프트웨어 기술 및 산업 발전에 대한 지속적인 관심이 필요하다. 이런 자질을 갖추기 위해 학업 역량도 중요하지만 자신의 진로를 바탕으로 한 시사적인 문제에 대한 관심과 생활 속에서 응용할 수 있는 부분들의 아이디어도 중요하다. 때로는 혼자서, 아님 모둠학습이나 동아리에서 스스로 진로에 대한 심화 탐구가 뒷받침되어야 할 것이다. '

선배들의 진로 로드맵을 들여다보자!

컴퓨터 SW 계열 진로 로드맵

구 분	초등	중등1	중등2	중등3	고등1	고등2
자율활동					과제연구발표	
동아리활동	과학실험탐구	과학실험동아리 활동			인문학 토론 동아리	
		과학 시사 활동			프로그램 알고리즘 동아리	
봉사활동	장애인 목욕봉사	장애인 목욕 봉사 및 지역마라톤 운영			영재교육원 멘토링	
					지역아동센터 실험 봉사	
진로활동	기계/로봇과학 대회 준비	창의력 발명대회 참가			다양한 컴퓨터공학 및 코드 강의 학습	
		정보융합 교육	코딩교육		컴퓨터 공학 세미나 진행	
특기활동	정보 영재 교육원 이수	과학/정보영재교육원 이수			정보처리기능사자격취득	
			정보올림피아드 준비			

Memo 자유학년제나 자유학기제를 운영할 때 관심 있는 분야의 공학 프로그램을 신청한다. 방학 때는 대학에서 운영하는 다양한 체험센터에 참가하여 진로를 확장할 수 있다. 이때는 공학 중 관심 있는 전문 분야의 도서를 읽으며 꿈을 확장할 필요가 있다.

공학계열의 진로를 희망하는 경우 영재고나 과학고를 진학하면 유리하겠지만 일반고에서도 자신의 진로에 대한 로드맵만 확실하다면 더 좋은 결과를 얻을 수 있다. 특히 과학중점학교의 중점반에서 과제연구나 심화 학습을 통해 자신의 의지를 보일 수 있다.

우선 고등학교 입학 전 학교 알리미를 통해 진학할 학교의 동아리나 연간일정을 확인하여 자신의 포트폴리오를 먼저 작성하는 것이 좋다. 월별 학교 활동들과 시험계획, 봉사활동 계획을 세워 실천해 나가는 것이 중요하다.

만약 공학계열 중 컴퓨터 SW나 전기전자계열을 원한다면 항상 생활 속에서 아이디어를 얻어야 한다. 우리 주변에는 전기가 안 쓰이는 곳이 없고, 제품들은 노후가 되거나 디자인의 유행이나 성능 향상으로 교체하기 때문에 전기공학이 필요하다. 또한 에너지 문제가 이슈가 되고 있는 시점에서 전기자동차, 스마트그리드 등 다양한 곳에 활용할 수 있다.

전자공학 또한 스마트폰, 컴퓨터, TV, 로봇, 의료장비 등 우리의 일상생활을

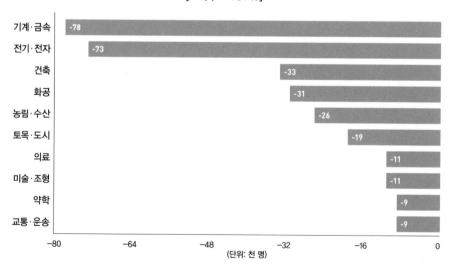

2014~2024
대학 전공별 인력수급 전망
[초과수요 TOP10]

기계·금속 -78
전기·전자 -73
건축 -33
화공 -31
농림·수산 -26
토목·도시 -19
의료 -11
미술·조형 -11
약학 -9
교통·운송 -9

-80   -64   -48   -32   -16   0
(단위: 천 명)

출처 :고용노동부

편리하게 만드는 제품들에 다 쓰이는 학문이다. 최근에는 자동차 또한 전자제품이라고 이야기할 정도이니 전자공학은 산업 전반으로 확산되고 있음을 알 수 있다. 정보화 시대에 컴퓨터 SW계열만큼 중요한 학문도 없다. 기술과 사람의 삶을 연결시킬 수 있는 진로를 가질 수 있어 앞으로 계속 발전되고 미래 전망이 좋다.

90쪽 표를 보듯이 2024년까지 기계금속계열과 전기전자(컴퓨터 SW)계열의 인력 수급률이 절대적으로 필요하다.

2015개정 교육과정 컴퓨터 SW 전기전자계열 전공을 위한 과목선택 로드맵

컴퓨터 SW 전기전자계열 진로를 위한 3년간 교육과정						
구분	1-1	1-2	2-1	2-2	3-1	3-2
기초	국어 수학 영어 한국사	국어 수학 영어 한국사	문학 수학Ⅰ 영어Ⅰ	언어와 매체 수학Ⅱ 영어Ⅱ 확률과 통계	독서 미적분 기하 영어독해와 작문	화법과 작문 미적분 기하 영어독해와 작문
탐구	통합사회	통합사회	생활과 윤리			
	통합과학 과학탐구실험	통합과학 과학탐구실험	물리학Ⅰ 화학Ⅰ	지구과학Ⅰ 생명과학Ⅰ	물리학Ⅱ 화학Ⅱ 지구과학Ⅱ	물리학Ⅱ 화학Ⅱ 지구과학Ⅱ
체육·예술	체육 음악 미술	체육 음악 미술	운동과 건강 미술감상과 비평	운동과 건강 미술감상과 비평	운동과 건강	운동과 건강
생활·교양			한문Ⅰ	일본어Ⅰ	환경 공학일반	환경 공학일반

나의 꿈을 위한 나만의 교육과정 작성해보기

학년/학기	1-1	1-2	2-1	2-2	3-1	3-2
기초						
탐구						
체육·예술						
생활·교양						

Memo 작성시 각 학교의 작년 교육과정을 참고하는 것도 좋음

창의적 체험활동을 구체화하자!

진로를 위한 창의적 체험 활동 및 봉사 활동 추천

학교	창의적 체험 활동	봉사활동
모바일 공학과	• 영어 원서 읽기 활동 • 수학 및 과학 관련 교내 경시대회 및 탐구대회 • 리더십과 공동체 의식을 보여줄수 있는 활동 • 컴퓨터 응용프로그램 활동	• 학습도우미(아동센터, 복지관, 방과후 학교 등) • 환경정화(청소 및 분리수거) • 업무 보조활동(교내, 도서관, 기관 등) • 초등학생 코딩기초 봉사
전기공학과	• 독서토론활동, 창의성교육, NIE교육 • 수학 및 과학 관련 교내 경시대회 및 탐구대회 • 과학 관련 동아리활동(과학탐구 실험반, 수리탐구논술반)	• 교내외 지역사회의 환경 정화(청소 및 분리수거) • 자선봉사활동(캠페인, 불우이웃돕기, 기아아동돕기) • 학습도우미(복지관, 방과후학교 등)
전자공학과	• 독서토론활동, 창의성교육, NIE교육 • 수학 및 과학 관련 교내 경시대회 및 탐구대회 • 과학 관련 동아리활동(과학탐구 실험반, 수리탐구논술반, 발명반)	• 리더활동 및 봉사활동 경험 • 교내외 지역사회의 환경 정화 (청소 및 분리수거) • 자선봉사활동(캠페인, 불우이웃돕기, 기아아동돕기) • 학습도우미(복지관, 방과후학교 등)

| 컴퓨터공학과 | • 무엇이든 스스로 완성품을 만들어본 경험(조사보고서, 로봇, 프로그램, 발명품, UCC, 소책자 등)
• 독서토론활동, 창의성교육, NIE교육
• 수학 및 과학 관련 교내 경시대회 및 탐구대회
• 과학 관련 동아리활동(과학탐구 실험반, 수리탐구논술반, 발명반) | • 공공 및 민간단체에 대한 사회봉사 활동
• 돌봄활동(환우, 장애인, 독거노인, 도시락 배달 등)
• 업무보조활동(교내, 병원, 도서관, 공공기관 등)
• 자선봉사활동(캠페인, 불우이웃돕기, 기아아동돕기 등) |

➜ 진로 로드맵을 이용하여 진로계획 세우기

💬 전기공학

Q 혹 1학년 때 진로가 공학계열이 아니더라도 전기전자공학으로 진학이 가능한가요?

A 네~ 가능합니다. 희망 진로는 항상 변할 수 있습니다. 아래 소개하는 친구는 영화감독을 꿈꾸다가 전기공학(신재생에너지공학)으로 진로를 변경했습니다.

구 분	1학년	2학년	3학년
자율활동	뮤지컬 및 영화 보고서	과학의 달 행사 바이오 테크놀로지	과학의 달 행사 미세먼지 전기에너지로 제거
동아리활동	시사 토론 동아리		
	영상속사회	M.M.S	M.M.S
봉사활동	마라톤 지원 봉사 및 교내 컴퓨터실 관리		
진로활동	진로탐색강연 및 진로진학캠프	학술제 참여 에너지의 효율성 및 미래에너지	수소 및 전기 에너지 연구논문 학습
진로독서	파인만의 여섯가지 물리이야기 / 물리법칙으로 이루어진 세상		

이 학생의 동아리활동이 돋보인다. 진로를 기계전기전자공학으로 융합적 공학인이 되고 싶은 학생으로 먼저 마이더스 기계공학동아리에서 미사일 발사대, 드론코딩 프로그램이용, 인명구조와 관련된 창작품 만들기 및 천체망원경에 사용된 부품을 다른 곳에 활용하는 등 틀을 벗어나 다양한 곳에 활용하는 활동을 했다.

Mechanics에서는 각종 센서를 이용하여 공학적 융합 관련 부분에 활용도를 높였다. 공학 관련 학생들이 진로에 관계되는 활동을 하는 경우가 많은 데 이 학생은 인문학 독서나 시사 등을 통해 인간과 하나되는 공학도를 꿈꾸었다.

💬 전기전자공학

Q 진로를 전기전자공학으로 정해서 활동하고 있는데 학교생활에서 다른 활동들은 할 필요가 없나요?

A 현재의 공학은 융합적 인재를 원하기 때문에 인문학적 학습과 진로에 대한 심화 활동이 필요합니다. 아래 소개하는 친구는 인문학시사토론동아리와 공학 동아리, 독서와 학교 모둠에서 다양하게 활동했습니다.

구 분	1학년	2학년	3학년
자율활동	학급 부반장 교내독서토론대회 작가초청강연회	학급반장 경남 중등수학체험전	대학입시 상담 센터 운영 과학의 달 행사
동아리활동	마이더스 (기계공학동아리) & Mechanics (융합과학동아리)		
	인문독서동아리	인문 시사 동아리	융합시사동아리
봉사활동	학교 축제 및 행사 준비 위원회 활동		
진로활동	진로캠프 및 전문인특강 Human Library	찾아가는 과학 특강 대학진학박람회	성공한 공학인 특성 갖추기 자율동아리 발표
진로독서	물리학자는 영화에서 과학을 본다. / 뉴턴도 놀란 영재들의 물리노트 일용할 양식 / 소금 / 황만근은 이렇게 말했다.		

💬 컴퓨터공학

Ⓠ 컴퓨터 관련 분야를 공부하고 싶은데 고등학교 때는 어떤 활동을 하는 게 좋을
까요?

Ⓐ 우선 컴퓨터 관련 동아리를 알아보고 없으면 직접 만들어도 됩니다. 정보
나 과제연구 과목을 수강하여 학업역량을 높이는 것도 필요합니다. 다양
한 독서 활동과 시사를 통해 융합적 창의력을 키우는 활동이 필요합니다.

구 분	1학년	2학년	3학년
자율활동	인문학주간 과제연구발표대회		
동아리활동	Comphile (프로그래밍동아리) & 온지마루		
	동동	상상실현	BURST
봉사활동	수학과학정보페스티벌 보조 & 초등학교 실험봉사		
진로활동	국내우수대학탐방 DREAM Lecture	컴퓨터공학세미나실시 진로특강 및 선배특강	과학연구 분야 및 진로특강 진로콘서트
진로독서	파이썬 라이브러리를 활용한 머신러닝 / 케라스 창시자에게 배우는 딥러닝 / 빅데이터 & 인공지능 with 생물학정보		

➡️ 자율활동

일자	주제	진로연관성
3월 11일	자살 예방 및 생명 존중 교육	
3월 18일	미세먼지 대응 요령 교육	미세먼지 제거를 위한 대책
3월 25일	학생 성폭력 예방 교육 및 정보 통신 윤리 교육	인터넷상 개인정보 관리
4월 1일	감염병 예방 교육	
8월 5일	또래 성폭력 예방 교육	
10월 5일	인문학 콘서트(나를 찾아 떠나는 여행)	인문학과 공학과의 만남

10월 12일	과학 수학 한마당 행사	과학 행사 참가

Memo 특히 각종 교육들은 시간이 지나면 기억이 나지 않으므로 즉시 메모해 정리해두는 습관이 필요하다.

📋 메모 예시

날짜	교육명	내용 및 감상
10월 5일	인문학 콘서트	내용) 참가하는 작가들의 책을 감상하는 시간을 가짐. 다양한 부스를 통해 인문학을 가까이서 체험할 수 있었음. 감상) 최근 '82년생 김지영'이라는 영화를 보면서 다시 책을 찾아 읽어보고, 힘들었던 어머니들의 삶을 돌아보는 계기가 되었고, 인문학이라는 게 힘든 삶과 행복한 삶을 다 가지고 있다고 느낌. 도서관 관리 위원들이 참가한 학생들에게 인문학에 대한 다양한 내용을 이야기하는 것과 책에 대해 궁금한 점을 질문하면서 색다른 경험을 함. 공학에서 필요한 인문학적 소양을 확인하고 공학윤리를 조사함.

👉 여기서 잠깐!!

'인문학 콘서트'는 공학계열과 어떻게 연결할 수 있을까요?

• 공학이 단순히 인간의 편리성만을 위한 것이 되지 않아야 한다는 것을 알게 되어 '공학과 인간과의 만남'이라는 주제의 보고서를 작성함.
• 도서 '침묵의 봄'을 읽고 과학의 발전과 인류의 양심을 이야기한 내용을 토론함.

자율활동 특기사항 예시 ①

학년	창의적 체험 활동상황		
	영역	시간	특기사항
1	자율활동	46	학생간부 리더십 교육(2020.03.12. − 2020.06.18.)를 통해 리더십 교육이 무엇이라는 것을 알게 되었고, 학교 현장에서 어떤 일을 해야 하는지 생각하는 계기가 되었음. 차후 다양한 활동으로 반을 이끄는 모습이 보임.

⇓

1	자율활동	46	학생간부 리더십 교육(2020.03.12. – 2020.06.18.) 학급 간부로서 리더십 교육에 참가하여 간부가 갖추어야 할 자질과 역할에 대해 배움. 교육받은 내용을 바탕으로 학급 반장의 진정한 역할은 단순히 전달사항을 전달하고 면학 분위기를 조성하는 것뿐만 아니라 교사와 학생, 나아가 학교와 학생을 연결하는 살아 있는 친구라는 점을 깨닫고, 소통의 힘을 만듦. 평소 친구들 사이의 고민, 학업문제 등을 익명의 톡을 이용하여 고민을 해결하고자 함. 이 교육을 통해 반장으로서 학급일 뿐 아니라 학생들과의 소통 고민을 해결하는 학급, 학교라는 커다란 공동체와 조화를 이루는 데 기여함.

Memo 반장, 부반장, 학생회장 및 동아리 회장이 되어야 리더십에 대한 내용을 기록한다고 생각하는 학생들이 많다. 하지만 학교생활의 모든 활동에서 리더십을 발휘할 기회는 많다. 모둠 학습이나 학교의 행사에서도 의견을 내고 친구들을 설득하여 문제를 해결하는 경우도 리더십에 해당한다.

자율활동 특기사항 예시 ②

학년	창의적 체험 활동상황		
	영역	시간	특기사항
2	자율활동	46	과학의 달 행사 (04.30): 행사에 참가하여 영화 속에 있는 과학 원리에 관심을 가지고 다양한 도서를 읽음. 마지막 친구들과 토론하는 과정에서 자신이 몰랐던 이론에 대해서도 관심을 가짐. ⇓ 과학의 달 행사 (04.30): '영화로 보는 바이오 테크놀로지', '물리학자는 영화에서 과학을 본다' 두 도서를 통해 영화 속 과학 원리를 설명하여 친구들의 호응을 얻음. 불가능하게만 보였던 영화 속 상상이 과학기술의 발달로 현실이 되어가는 예들을 친구들과 토론하면서 과학적 원리를 어떤 방식으로 실생활에 활용 가능한지 생각해보는 시간을 가지며, 미래의 공학도는 호기심과 상상력을 갖춘 인재가 필요하다는 내용으로 마무리함. '생활 속 과학의 원리' 주제가 주어진 프로젝트에서 '아이언맨슈트'를 소개함.

Memo 유튜브나 영화 혹은 드라마 속에서 관심 있는 부분이 생기면 그 부분을 깊이 있게 탐구하는 학생들이 많아지고 있다. 교과 발표 시간이나 진로시간에도 많이 이용한다. PPT를 만들어 발표할 때도 영상을 넣기가 좋아 다른 학생들의 반응도 좋다. 평소 스트레스가 쌓일 때는 관심 있는 분야의 영화 한편도 좋을 것 같다.

학년	창의적 체험 활동상황		
	영역	시간	특기사항
3	자율활동	46	백의 종군로 답사활동(2017.06.03. – 2017.06.04.) 산청군 일대를 걸으면서 남명 조식선생님의 정신을 깊이 새김. ⇩ 백의 종군로 답사활동(2017.06.03. – 2017.06.04.)으로 산청군 일대를 걸으면서 남사예담촌, 송덕사, 덕산 남명 조식선생님 기념관을 방문함. 남명 조식 선생님이 강조한 '敬'과 '義'의 의미를 생각해보았으며 왕에게 소신 있는 직언과 실천을 강조하는 모습을 본받고자 함. 또한, 향교 인성교육에서 배운 조식 선생님의 사상에 대한 기본적인 이해를 바탕으로 입지(立志)의 중요성을 깨달음. 백의 종군로 답사를 통해 학문을 공부하고 실천하는 방법에 대해 생각해볼 수 있었으며 과학도의 올바른 윤리성에 대해 배울 수 있는 기회가 됨. 'AI속 생활'이라는 주제에 공학 윤리를 언급함.

Memo ▶ 학교의 다양한 체험 행사 중 인문학에 관련된 행사들이 많다. 인문학 작가 초청 강의 및 문학 기행 등. 공학계열 학생들이 이런 행사들은 자신과 상관없다는 생각을 많이 한다. 하지만 그 속에서 사람의 마음을 읽는 방법이라든지 생활 속 공학 윤리를 배울 수 있다. 1학년의 경우는 다양한 체험을 하는 것도 중요하다.

➔ 동아리활동

일자	주제	활동내용
3월 6일	동아리 프로젝트 소주제 정하기	자율자동차 구현을 위해 기계공학, 전자공학, 소프트웨어공학 파트별 역할분담 및 프로젝트 구상하기.
3월 20일	TED 강의 듣고 보고서	'자율 주행 자동차의 인식'을 통해 원리와 방식 이해 후 보고서 작성 및 발표.
4월 3일	비트브릭 센서 이용	각종 센서 익히기 후 조별 모임가지기.
5월 15일	주행차 소프트웨어 완성	거리센서, 음향센서, 광센서 이용하여 구현.
6월 17일	자율주행차 거리 시연	직접 시연, 어린이 안전을 위해 노란색에 반응하는 색깔센서 사용 후 경적 추가.
....		

7월 7일	동아리 발표대회	6개월의 시험 과정 정리 실제 다양한 주행차를 만들어 선보임.

Memo ▶ 특히 각종 교육들은 시간이 지나면 기억이 나지 않으므로 즉시 메모해 정리해두는 습관이 필요하다.

📋 메모 예시

날짜	교육명	내용 및 감상
6월 17일	자율주행차 거리 시연	내용) 자율주행차 거리시연을 통해 장애물에 어떤 반응을 보이는지 확인함. 특히 노란색 어린이집 차를 보고 색깔센서를 추가하여 어린이집 차에는 더 빨리 반응하는 자율주행차를 구현함. 감상) 다양한 센서를 이용하여 코딩 작업을 하다 보니 서로 간의 마찰이 생기는 것을 알수 있었음. 센서들이 굉장히 민감하므로 시간차를 두어야 될 것 같아 중요한 센서들이 먼저 반응할 수 있도록 다양한 방법으로 코딩을 진행함. 움직이는 모든 것에는 프로그래밍이 사용된다는 것을 알고 있기에 컴퓨터 공학의 진로는 밝다는 것을 동아리 발표대회에 미래 직업으로 한 파트를 구성할 예정임.

👉 여기서 잠깐!!

동아리활동을 기계로봇공학과 어떻게 연결할 수 있을까?
• 자율주행차 구성을 위한 프로그래밍
• 다양한 센서를 이용하여 미래 안전을 책임질 수 있는 물건을 만들 수 있음.

동아리활동 특기사항 예시 ①

학년	창의적 체험 활동상황		
	영역	시간	특기사항
2	동아리 활동	68	(소프트웨어동아리)(34시간)에서 C언어와 파이썬 등 프로그래밍 언어를 배움. 그 외 창의적인 생각으로 다양한 과제를 수행하면서 컴퓨터공학자의 꿈을 키워나감. ⇩ (소프트웨어동아리)(34시간) 동아리 세미나 활동을 통해 C언어 및 파이썬과 같은 다양한 프로그래밍 언어를 익혔음. C언어를 처음 접하는 후배들에게 C언어의 기초 문법을 가르쳐 주고 다양한 알고리즘을 소개한 후 이를 활용한 문제 풀이 방법을 설명함. 또한 파이썬을 이용한 해킹 방법에 대해 공부하여 세미나를 개최함. 많은 친구들이 C언어 공부에 도움을 요청할 정도로 다양한 문제에 대한 해법을 간결하게 설명할 수 있음. 친구가 발표한 인공지능에 관한 내용에 관심을 가지고 자신도 관련 자료를 찾아보고, 자신이 발표한 해킹과 연관지어 '인공지능 보안을 배우다(프로젝트로 익히는 정보 보안과 머신러닝)'를 읽고 보고서를 제출함.

Memo ▶ 자신의 진로와 관련하여 동아리가 개설되어 있는 경우 선·후배와 함께 동아리 계획을 짜서 활동을 하면 문제가 없다. 하지만 진로 관련 동아리가 없는 경우는 자율동아리를 만들어 활동하면 된다. 자율동아리는 학기 초 3월에 만들 수 있고, 학교에 따라서는 2학기 9월에 만들기도 한다.

동아리활동 특기사항 예시 ②

학년	창의적 체험 활동상황		
	영역	시간	특기사항
2	동아리 활동	24	(인문하길) 다양한 지리학적 인문학 도서를 읽고 감상문을 제출함. 과제 연구 '고전의 숲 과학의 길'을 제작함. ⇩ (인문하길) '택리지'와 '왜 지금 지리학인가'를 읽고 '함께 깊게 둥글게 읽기' 활동에 적극 참여하였으며, 지리학적인 관점에서 '과연 살만한 곳은 어디인가'라는 주제로 깊이 있게 토론함. 관련 특강을 듣고, '택리지'와 관련된 다양한 지리학적인 요소를 배우며, 지리학에 관한 지식을 넓힘. 활동을 바탕으로 감상문과 과제 연구를 엮어 활동집 '고전의 숲 과학의 길'을 제작함. 미래 과학의 발달에 따라 지역의 변화 모습을 시뮬레이션으로 만들어 주위 환경과의 조화를 만들어냄.

Memo ▶ 자신이 원하는 동아리가 없어 진로와 상관없는 동아리에 가입을 했다고 고민하는 친구들이 많다. 이 친구는 독서토론 동아리에 가입하여 지리도서를 읽고 미래의 숲을 공학적으로 풀어 활동집을 제작했다. 이처럼 책에서는 미래 공학적인 부분을 활용할 수 있는 다양한 예가 존재한다.

학년	창의적 체험 활동상황		
	영역	시간	특기사항
3	동아리 활동	26	(상상현실)(26시간) 평소 가지고 있던 아이디어로 창업을 위한 동아리를 만듦. 다양한 제품에 대한 아이디어를 프로그래밍으로 구현함. ⇓ (상상현실)(26시간) 평소 가지고 있었던 아이디어를 실현하기 위해 동아리를 직접 만들고 동아리 부원들과 함께 발명창업활동을 진행함. 환자와 간호사 모두를 위한 링거 개발, 3D 프린터를 다루기 위한 모델링 프로그램 공부, 아두이노를 이용한 치매환자를 위한 냉장고 개발 등의 활동을 진행함. 머신러닝, 딥러닝을 공부하여 더 나은 결과물을 만들기 위해 힘씀. 아이디어를 제품으로 제작하는 것에 그치지 않고 이를 창업으로 연결하기 위해 힘씀.

Memo ▶ 자율동아리를 이용하여 자신의 진로 활동을 했다. 컴퓨터 프로그램을 이용하여 창업을 희망하기 때문에 실생활에 활용될 수 있는 아이디어를 많이 구상했다. 이 밖에도 발명에 대한 논문이나 심화 학습을 할 수 있는 곳으로 활용했다. 자율동아리는 소규모로 이루어지는 경우가 많아 학생들의 진로에 맞게 효율적으로 활용할 수 있다.

➡ 진로활동

일자	주제	진로연관성
4월 5일	찾아가는 독서프로그램	'오감으로 나의 꿈을 상상하라' 자신의 꿈을 이루기 위한 긍정적인 마인드 가지기
6월 14일	작가 초청강연	'이해와 공감의 글쓰기'를 통해 보고서 작성 및 프로젝트 수업에 전달성이 강한 글을 쓰기 위해 노력
7월 11일	이공계 전문가 초청강연	'안면인식장애, 얼굴인식 기술'
8월 8일	명사 초청강연	'청년 동주, 만 27년 2개월의 삶과 시'
9월 12일	과학 수학 모둠별 창의체험활동	기본적인 프로그래밍 학습
9월 18일	MBL 사용법 및 활용 실험	MBL 센서를 이용한 실험
10월 10일	인문학 기행	

Memo ▶ 각종 교육들은 시간이 지나면 기억이 나지 않으므로 즉시 메모해 정리해두는 습관이 필요하다.

📑 메모 예시

날짜	교육명	내용 및 감상
5월 24일	체험학습	내용) 안면인식 장애와 얼굴인식 기술에 대해 알게 됨. 특히 안면인식 장애를 가진 사람은 상대방의 머리 스타일, 목소리, 신체특징을 통해 구별한다는 사실을 알게됨. 감상) 아직 안면인식장애에 대한 치료법이 없다는 사실에 안타까움을 느낌. 드라마 '뷰티 인사이드'를 예를 들어 실생활에서 많이 일어날 수 있다는 것을 확인함. 그리고 안면 인식 시스템에 대해 알아봄.

☞ 여기서 잠깐!!

체험학습은 컴퓨터공학과 어떻게 연결할 수 있을까요?
- 안면인식시스템을 조사함(디지털 이미지를 통해 각 사람을 자동으로 식별하는 컴퓨터 지원 프로그램).
- 보안프로그램에서 사용되는 지문이나 동공인식 시스템과는 다른 프로그램이며 더 생체인식보다 정확하다는 내용을 보고서로 제출.

진로활동 특기사항 예시 ①

학년	창의적 체험 활동상황		
	영역	시간	특기사항
1	진로활동	34	공학계열의 진로를 결정하고 '디지털 시대의 바람직한 인간상 알파고 현상이 주는 의미'로 진행된 진로 특강을 들음. ⇩ 공학계열의 진로를 결정하고 '디지털 시대의 바람직한 인간상 알파고 현상이 주는 의미'로 진행된 진로 특강을 듣고 인공지능이 불러오는 사회변화를 수용해야 한다고 생각함. 과학 발전은 인간의 선의에서 출발한 만큼 활용목적에 맞도록 엄격하지만 지속가능한 발전을 도모하며 문화지체 현상이 일어나지 않도록 국가의 지원이 필요하다고 생각함. 미래는 IT사회이므로 사람만이 할 수 있는 노하우와 비전을 가진 공학인이 필요하다고 느껴 공학을 이용한 의료기기 프로그래밍과 화학반응 프로그램을 만들고 싶다는 꿈을 가짐.

> **Memo** 진로 활동을 통해 자신의 가치관을 정리하는 계기가 되었다. 미래 공학자들은 단순히 개발에 목적을 두는 만큼 최우선의 가치를 인간에 두는 것이 필요하다. 그리고 미래 공학자들에게 어떤 역량이 필요한지 생각할 필요가 있다.

진로활동 특기사항 예시 ②

학년	창의적 체험 활동상황		
	영역	시간	특기사항
2	진로활동	34	현장연구(2017.05.10.–2017.05.11.)를 통해 한국기초과학지원연구원에서 다양한 장비들을 분석하고 흥미를 느낌. 미래 컴퓨터 공학도가 되어 다양한 연구가 하고 싶다고 느낌. ⇓ 현장연구(2017.05.10.–2017.05.11.)를 통해 한국기초과학지원연구원에서 ICT-AES, XRF, IC 등 여러 가지 분석 장비들과 각 장비들의 원리 등을 배움. 다양한 분석 장비의 사용법을 배워보고 물질분석을 위한 표준 용액 제작 및 농도 계산법에 대해서 설명을 듣고 학교에서 채취해간 시료를 분석해본 화학 연구에서 다양한 장비와 컴퓨터 프로그램을 이용하는 것을 보고 컴퓨터 과학의 중요성을 깨닫고, 융합적 컴퓨터 과학 연구를 하고 싶다는 생각을 가짐. 이후 과제 연구 시 화학 반응 예측 프로그램을 만들고 싶다는 구체적인 꿈을 가짐. 화학반응을 더욱 빠르고 정확하게 예측하게 된다면 신약 개발 속도가 더욱 빨라지게 되고 이를 통해 소외되고 있는 희귀병 환자들의 치료제를 개발하고 싶다고 함.

Memo ▶ 공학계열은 진로활동으로 실험을 하는 경우가 많다. 이 경우 미리 인터넷을 이용하여 자료를 수집하고 실험 계획을 세워 예비 실험을 해보는 것도 좋다. 원하는 결과가 나오지 않는 경우 문제점을 확인하고 본 실험에서 대조하면서 선생님이나 친구들과 의논하는 것도 좋은 방법이다.

진로활동 특기사항 예시 ③

학년	창의적 체험 활동상황		
	영역	시간	특기사항
3	진로활동	34	진로콘서트(2019.05.24.–2019.05.31.)를 통해 지금의 진로가 바뀔 수 있다는 이야기에 공감하며 융합적인 연구가 필요하다고 생각함. 창업 시 유의해야 할 점 및 방법 등 관련 질문을 함. ⇓ 진로콘서트(2019.05.24.–2019.05.31.)를 통해 지금의 진로가 바뀔 수 있다는 이야기에 공감하며 융합적인 연구가 필요하다고 생각함. 전공의 구별이 모호해지는 현대 사회에서 컴퓨터 프로그램과 다양한 분야의 융합을 통해 이를 발전시키기 위해서는 AI 연구가 필수적이라 느껴 딥러닝과 머신러닝에 대해 공부하며 AI를 자신의 연구와 자신의 창업 아이디어에 구현시키기 위해 노력하는 모습이 보임.

다양한 창업에 대해 질문을 하며, 연구를 진행한 연구팀이 함께 창업을 시작하고, 경영자를 영입하는 것이 창업 성공률을 높일 수 있다는 사실을 알게 됨. 심폐소생술 보조기구, 스마트 링거 시스템 개발을 하고 시제품을 제작하고 시장 출시를 위해 노력함.

Memo ▶ 컴퓨터 공학이라는 진로만 생각하던 친구가 진로콘서트를 통해 AI 연구의 필요성을 느껴 융합적인 진로에 도전했다. 이후 전문가 강의 때마다 궁금한 점을 하나씩 해결해 나가는 열정을 보였다.

나만의 진로 로드맵

구 분	1학년	2학년	3학년
자율활동			
동아리활동			
봉사활동			
진로활동			
진로독서			

Memo ▶ 자신의 로드맵을 짜기 위해서는 그 학교의 활동을 알 필요가 있다. 아직 고등학교에 진학하지 않은 학생들은 학교홈페이지나 학교알리미를 이용하면 좋다. 지금 재학생이라면 동아리 선배나 아님 자신이 가고 싶은 학과를 간 선배들이 했던 활동들을 참고하는 것도 좋다.

교과 세부능력 특기사항으로 융합적 지식을 보이자!

구분		세부내용 특기사항
1학년	윤리와 사상	동양사상을 학습하여 자신의 삶과 진로에 적용하려는 모습을 보여줌. 불교사상을 학습한 후 집착은 고통이라는 명제를 바탕으로 성적에 대한 집착으로서의 공부가 아닌 자기 성장과 단련을 위한 공부의 필요성에 대해 성찰하게 되었음을 발표하여 학우들로부터 호응을 얻음. 또한 도가 사상의 '상선약수'의 의미 중 하나인 이만물(利萬物)과 제물론을 통해 모든 생명을 존중하는 자세를 배우게 되었다고 함. 이를 바탕으로 자신의 진로인 공학자가 갖추어야 되는 윤리의식이 성장하는 모습을 보여줌.

1 학 년	윤리와 사상	공리주의의 '최대 다수의 최대 행복(유용성의 원리)'을 보며 '과연 소수의 희생은 정당화될 수 있는가? 인간을 위한 동물 실험은 정당화될 수 있는가?'에 대한 의문을 품고 있던 중 싱어의 '이익 평등 고려의 원칙'을 통해 도가의 '이만물', '제물론'의 의미와 상통한다는 것을 깨달았다고 함. 듀이의 사상에서 '생물은 끊임없는 성장과 발전을 중시해야 한다.'는 부분을 통하여 자신이 전공하고 싶은 공학 서적과 논문을 더 탐구해야겠다고 다짐함. 듀이를 통해 수동적으로 공부했던 자신의 모습을 반성하며 무엇이든지 능동적으로 해결할 것을 다짐함.

Memo 공학계열이지만 사회 과목에서도 진로에 대한 역량을 드러낼 수 있다.

구분		세부내용 특기사항
2 학 년	독서와 문법	주요 음운 변동 현상에 대한 이해가 뛰어나고 표준발음법과 기출문제 자료를 분석하여 친구들이 알기 쉽게 설명하는 모습이 돋보였음. '서평쓰기'활동에서 '유진과 유진(이금이)'을 읽고, 아동 성폭력 문제와 관련하여 성범죄 피해자들을 위한 복지 정책, 성범죄자들에 대한 강력한 처벌이 필요함을 역설함. '이카로스의 속뜻을 유진의 아픔과 극복 과정과 연결 지어 섬세하게 생각한 부분이 특히 인상적이었음. '인공지능의 유익함'에 관한 찬반토론에서 인공지능이 인간관계에 큰 영향을 미칠 수 있다는 내용으로 찬성 측의 의견에 반박을 함. 다른 사람의 말을 기울여 듣고 성실하게 토론에 임함.
	화법과 작문	수업 시간 중 "https 차단은 적절한가?"라는 주제로 최근 주목받고 있는 시사 현안에 대해 요지문을 작성 및 발표한 뒤 급우들과 토의함. 특히 https 차단이 가진 사적 자유 침해 가능성을 지적한 뒤 https 차단이 아닌 다른 방법으로 불법 정보를 차단할 방법을 모색하는 논지 전개 과정이 인상 깊었음. 파워포인트를 비롯한 자료 활용 능력이 뛰어나 복잡한 개념들을 이미지화해서 간단명료하게 제시함. 그리고 평소 흥미를 가지고 있던 주제에 대해 다양한 측면에서 심도 있게 분석한 뒤 자신의 관점을 바탕으로 매력적이면서도 논리적인 글을 씀.

Memo 국어 교과는 지문을 이용하거나 찬반 토론에서 자신의 역량을 드러내자.

구분		세부내용 특기사항
2학년	기하	교사의 설명을 잘 듣고 모범적인 수업 태도를 보이며 때로는 수업 외에 재치 있는 입담으로 수업 진행에 반전을 유도하여 수업 분위기를 재미있게 하는 경우가 많았음. 질문을 많이 하여 친구들의 궁금함도 해결하며 또한 교사가 스스로 피드백할 수 있도록 도움을 주고 있음. 수업 외의 쉬는 시간 등에 자주 수학 질문을 하는 모습에서 수학 공부에 대한 관심과 노력을 볼 수 있었음. 일반적으로 알려져 있는 기하학과는 다른 '택시 기하학'을 찾아보고 현재 일상에서 배우고 있는 '유클리드기하학'과의 차이점을 연구함으로써 호기심이 많고 자신이 그것을 직접 해결하려는 적극적인 태도를 보임. 그래프를 통한 적분 문제에서 그래프 해석에 어려움을 겪었으나 자신의 힘으로 문제들을 분석하며 해결하고자 노력하는 모습을 보임.
	수학	친구들과 함께 수학문제 해결 스터디 모임을 하며 과제로 제시된 여러 가지 문제에 대해서 스스로 해결방법을 찾기 위해 노력하는 모습을 확인할 수 있었음. 이러한 과정을 통하여 자신의 수학적 사고과정을 논리적으로 표현하는 역량이 향상됨. 하나의 복소수 근이 주어진 4차 방정식 문제에 해를 대입하여 해결하게 되면 계산이 복잡해지기 때문에 주어진 해를 제곱하여 식의 변형을 통해 간단하게 해결하는 방법을 선보임. 수열의 합을 구할 때, 홀수 번째 항과 짝수 번째 항을 구분해야 하는 복잡성을 극복하기 위해 두 항을 합한 새로운 수열을 생각하여 해결함. 수업에 대한 집중도를 높이기 위해 계획을 세워 꾸준히 실천하기 위해 노력함. 피타고라스 정리를 이용하여 복잡하게 푸는 문제를 헤론의 공식을 이용하여 해결함. 대칭식과 교대식을 접한 후 개인적으로 자료를 찾아보고 이를 이용한 뒤 항등식의 성질을 이용하여 문제를 간단히 해결함. 수학적 논리와 증명에 대한 수업에 관심과 열의를 갖고 최선을 다해 생각해보려는 모습이 돋보임.

Memo 수학교과는 공과계열의 학습에 기본이므로 심화 학습을 하자.

구분		세부내용 특기사항
2학년	영어독해와 작문	과학적 호기심을 가지고 스스로 질문을 만들어 탐구하는 모습이 친구들의 귀감이 됨. '인공지능은 미래의 재앙이다.'라는 지문을 읽고 개요쓰기를 한 후, 토론을 진행함. 또한 '잘해야 한다는 부담감은 자기가 자기 자신에게 지우는 것'과 관련된 지문을 읽고 입시에는 약간의 부담감이 학업에 대한 긴장과 목표 달성에는 도움이 되지만, 대학에서는 편안한 마음으로 목표 달성에만 매진하겠다는 자신의 생각을 말함. 지문을 읽고 핵심 내용을 파악하는 능력이 뛰어남. 내용상 대립관계, 관점의 차이를 관계도로 정리하여 한눈에 파악할 수 있도록 공부하며, 숙어는 본래의 뜻을 가지고 유추해보는 등 생각하는 공부를 실천하는 학생임. 질문하는 내용이 추론과 의구심에서 출발하는 수준 높은 것들로, 문어체와 구어체의 혼용으로 인해 문법 부분에서 생기는 의문사항들을 질문하여 자신이 헷갈리지 않고 정확하게 알아가는 것이 인상적임. 상당한 수준의 영어 능력을 가지고 있어 대학에 진학하여 무리 없이 원서를 볼 수 있는 실력을 가지고 있다고 판단됨.

2 학 년	영어 II	영어에 대한 관심도가 높고, 언어적 감각이 남달라 복잡한 구문을 쉽고 직관적으로 이해하고 자신의 언어로 설명하는 데 능함. 모둠 활동 시 대충 문장을 해석하고 넘어가지 않고 보다 자세히 이해하고 의문점에 대해 논의를 이끌어내는 등 주도적 역할이 돋보임. 'Artficial Intelligence Crowdsources Data to Speed Up Drug Discovery' 지문 학습시 MAT에서 AI를 훈련시킨 과정을 인공지능 훈련법 머신러닝 방법을 예시로 들면서 설명하여 친구들의 이해를 도움. 차시에 자신이 따로 학습해온 딥러닝 등 다양한 인공지능 훈련법을 소개하기도 함.

Memo ▶ 다양한 영어 지문 속에서 진로 관련 탐구 학습을 진행하고, 영어 학습 역량을 높이자.

	구분	세부내용 특기사항
2 학 년	물리 I	수행평가나 발표할 문제가 있으면 먼저 나서서 수업에 적극적으로 참가하는 학생임. 수학여행을 다녀온 뒤 놀이기구에 숨겨진 과학의 원리에 호기심이 생겨 수업시간 주제발표를 함. 공중에서 빠르게 회전하는 예측 불허의 입체 회전형 스릴 라이드 렛츠트위스트에는 4가지 방향의 회전 운동이 존재하며, 썬더폴스에는 역학적 에너지 보존법칙과 작용반작용 법칙이 숨어 있음을 발표함. 범퍼카의 전기에너지 공급 방법, 충돌 시 운동량 보존법칙과 더블 락스핀의 원심력과 유압장치, T-익스프레스에 대해 발표하면서 강화 나무 소재, 역학적 트러스 구조, 그리고 역학적 에너지 보존에 대해 발표함.
	화학 I	수업을 단지 받아들이기만 하기보다는 내용과 문제에 대해 다시 한 번 생각하면서 궁금증을 해결하는 학생임. 반응속도론을 처음 배울 때에는 반응 속도와 화학 평형을 연결지어 생각하면서 오개념을 가지고 있었으나, 친구들과 스터디를 통해 온도변화에 따른 속도와 평형의 이동에 따른 개념을 스스로 정립해 나가는 모습을 보임. 과산화수소 분해 반응 실험에서 반응 속도를 측정할 때 반응이 폭발적으로 일어났을 때도 당황하지 않고 조원들과 토의를 통해 원인을 분석하고 단위 부피에 도달하는 시간을 측정하여 속도를 측정할 수 있다는 아이디어를 제시함. 그에 대한 추가적인 실험을 설계하여 예측한 가설이 맞는지 확인하는 등 꼼꼼한 모습을 보임. 반도체와 관련된 과제연구를 진행하면서 스스로 관련 이론을 찾아서 개념을 명확히 하기 위해 노력하는 학생임. 특히 반도체 소자인 LED에 관심을 가지고 단일항 상태, 삼중항 상태, 형광, 인광 등에 대해 스스로 공부하고, 세미나 활동을 통해 친구들과 지식을 나누는 모습을 보임. 이산화탄소와 수산화나트륨의 반응에서 지시약의 색깔변화를 르 샤틀이에 원리를 이용하여 논리적으로 설명함.

Memo ▶ 과학 교과에서 자신의 진로 역량을 뽐내자.

구분		세부내용 특기사항
2 학년	정보	수업 시간 외에도 시간을 활용하여 기초 100제를 풀어보며 정보의 기초를 다지고 배운 내용을 바로 문제풀기에 적용하여 항상 다른 학생들보다 빠르고 정확하게 푸는 모습을 보임. 풀던 문제는 쉬는 시간까지 이용하여 문제를 해결하는 등 과제에 대한 집착력이 우수함. 학우들에게 설명하기 위해 기본적인 개념을 확실히 이해하기 위해 노력하는 모습을 보임. 특히 비트 연산이나 재귀함수 같은 개념에서 처음에는 잘 이해하지 못하는 모습이었지만 저지사이트에서 안내된 내용을 확실히 자신의 것으로 만들고 이를 바탕으로 문제를 해결하고 학우들에게 설명함. 배운 정보교과 내용을 바탕으로 화학에서 나오는 산화 환원 반응식의 계수를 맞추는 코드, 다양한 물리 문제의 답을 구하는 코드 등 다른 과목과 융합해서 문제를 스스로 만들고 푸는 모습도 보임.
	정보	코딩에 관심이 많아 스스로 문제를 풀어보며 실력 향상에 많은 노력을 기울이는 모습을 보여줌. 다 풀지 못한 문제들을 시간을 내어 풀어보고 C언어를 활용한 팀별 프로젝트에서 조장을 맡아 팀원을 이끌어 나감. 조원들과 함께 사진의 제목을 입력하면 해당 BMP 사진이 나오는 프로그램을 만드는 부분에서 주체적으로 과제를 진행하는 등 리더로서의 모습도 엿볼 수 있음.

Memo 정보 수업이 개설되어 있는 학교에서는 그 수업을 최대한 이용하자.

구분		세부내용 특기사항
2 학년	과제 연구	화학적 분석에 관심이 높으며, 분석기기의 원리를 조사하여 적극적으로 공유함. 조장으로 조원들이 협력하여 적절한 역할분담으로 실험을 잘 수행할 수 있도록 이끌어 감. 컬러푸드에서 추출한 천연색소를 pH 지시약 등 다양한 정보를 알 수 있는 만능 지시약으로의 활용 가능성을 검증하고 색으로 알아보는 만능 분석 앱 개발에 관한 연구를 수행함. 카로티노이드, 안토시아닌 등 식물 속 천연색소 추출법을 스스로 관련 선행 연구를 성실히 조사함. 회전농축기 등 실험 기자재를 잘 다루어 색소를 추출하는 역할을 성실히 수행함. 라이코펜 추출을 위해 적절한 유기용매를 선택하여 추출법을 찾는 창의적 문제해결력을 높임. UV-VIS 분광계로 측정한 흡관도 및 천연색소 분자의 에너지를 계산하는 Gaussisn 프로그램을 연구 활용함. 전문가들과 소통하며, 컴퓨터 프로그램으로 설계한 유기 합성에도 참여함. 실험을 통해 얻은 데이터를 수집하고 분석한 정보를 활용하여 '색으로 알아보는 만능 분석 앱'의 기본 바탕을 설계하여 제작하고, 추가 기능을 개선하는 데 협력하고 주도적임. 결론 도출에 대한 보고서 작성에도 정성을 다하며 연구자로서의 열정을 보임.

	구분	세부내용 특기사항
2 학 년	과제 연구	'색으로 알아보는 만능 App 개발' 연구를 직접 추출한 안토시아닌 색소와 BTB 지시약으로 수행함. 동결건조기, 회전농축기, UV-Vis Spectrometer와 MBL 센서 같은 다양한 실험 기구와 분석기기를 적절히 활용하여 pH와 온도에 따른 흡수 스펙트럼을 분석하여 자료를 얻음. 부피 플라스크를 이용하여 표준용액을 제고하고, 지시약을 직접 제조함. 적정 실험과 다양한 천연 색소의 추출 실험 방법 등을 잘 이해하고 있으며, 과학적 탐구 능력이 우수함. 개발 App의 기능 향상을 위해 파이썬을 주도적으로 공부하고, 분석화학 책을 찾아 Beer-lambert 법칙에 대해 조사하여 적용함. Gaussian 프로그램의 사용법을 익혀 분자구조를 그리고, 분자의 에너지를 계산하고, 분자의 특성을 이해해봄. 다양한 분자들의 발색 원리를 이해하고, 엽록소의 발색 원리에 대해 적용하여 이해함. pH, 흡광도, 온도별 측정한 데이터를 바탕으로 관련 식을 유도해 봄. 우유가 상했을 때의 색변화를 관찰함. 이를 이미지 파일로 얻어 RGB값을 분석하여 우유가 상하였는지, 상하지 않았는지를 판별해주는 프로그램을 C언어를 이용하여 제작하는 창의융합적 아이디어를 제시하여 적극적으로 탐구를 설계함.

Memo▶ '과제 연구'를 통해 심화 학습을 하자.

	구분	세부내용 특기사항
3 학 년	기술 · 가정	바이오 기술의 원리를 핵이식 기술을 예로 들어 수업시간에 발표하면서 자신의 관심 분야를 보였음. 센서를 통한 정보인식, 마그네틱 카드의 정보 기록 및 재생 원리를 조사하여 보고서를 제출함.
	과학 융합	인공지능 관련 독서를 진행하거나, 텐서플로우, 병렬 프로그래밍, 리눅스 등을 공부하면서 자신의 최종 목표 프로그램을 구현하기 위해 노력하는 모습이 보임. 특히 빠르게 변화하는 4차 산업 혁명 시대의 AI 최신 기술 동향을 알아보고 공부하기 위해 주말에 최신 논문을 읽어 보는 등 인공지능 개발 관련 분야에 열정적인 모습을 보임.

Memo▶ 다양한 교과를 활용하자.

구분		세부내용 특기사항
3 학 년	음악과 생활	뮤지컬 '레미제라블' 중 'One day more'의 마라우스 역을 맡아, 음정의 높고 낮음이 많아 어려운 선율이 많았던 마리우스 파트를 훌륭하게 선보였음. 초반에는 음정이 어려워 힘들어하는 모습을 많이 보였지만, 전문가가 부른 곡을 반복해서 감상하고 부분 연습하는 열정을 보인 결과 풍부한 발성으로 가창하는 등 발전된 모습을 보였음. 이탈리아 칸초네, 프랑스 상송 곡들을 감상하며 각 나라에서 가곡이 대중음악으로 발전된 사례들을 조사하여 꼼꼼하게 발표하였으며, 다양한 질문에도 센스 있게 대답하는 모습이 인상적이었음.
	스포츠 문화	농구 드리블이 자연스러우며 레이업을 위한 스텝이 정확하고 리듬감 있게 실시하고 슈팅 시 점프가 높으며 자세가 부드러움. 플로어볼 드리블을 연습할 때 속도보다 정확하게 연습하려고 함. 공이 나갈 때까지 끝까지 따라가며 상대방을 수비하는 근성을 보임. 교사를 도와 수업준비 및 정리를 잘함.

Memo▶ 예체능 활동도 신경을 쓰자

컴퓨터 SW
전기전자계열 학과

공학계열 학과별 유사학과 분류표

학과	관련 학과
건축공학과	건축학과 건축과 실내건축학과 친환경건축학과
건축·설비공학과	건축공학과 건축기계설비과 건축시스템공학과
조경학과	조경학과 생태조경디자인과 녹지조경학과 환경조경과
토목공학과	토목공학과 건설시스템공학과 건설환경공학과 철도건설과 토목과
도시공학과	도시공학과 도시건설과 도시정보공학전공
지상교통공학과	교통공학과 철도운전시스템과 드론교통공학과 교통시스템공학과
항공학과	항공우주공학과 항공시스템공학과 항공정비학과 항공기계과
해양공학과	해양공학과 선박해양공학과 조선해양공학과 조선해양플랜트과 조선기계과 해양학과
기계공학과	기계공학과 기계설계공학과 기계시스템공학과 기계융합공학과 자동화시스템과 지능로봇과 컴퓨터응용기계과 기계과
재료·금속학과	금속재료과 재료공학과 제철산업과 나노재료공학전공
자동차공학과	자동차공학과 미래자동차공학과 스마트자동차공학과 자동차튜닝과 자동차과
전기공학과	전기공학과 디지털전기공학과 전기전자과 철도전기과
전자공학과	전자공학과 전자전기공학과 디지털전자과 스마트전자과
제어계측공학과	제어계측공학과 전기전자제어과 전기제어과 스마트시스템제어과
메카트로닉스(기전)공학과	메카트로닉스공학과 로봇공학과 스마트팩토리과 전기자동차과 항공메카트로닉스과
(안경)광학과	안경광학과 광공학과 레이저광정보공학전공
에 너 지 공 학 과	에너지자원공학과 원자력공학과 미래에너지공학과 바이오에너지공학과 환경에너지공학과 신재생에너지과

환경공학과	환경공학과 지구환경과학과 환경보건학과 환경생명공학과 환경과학과 환경시스템공학과 환경학과
반도체·세라믹공학과	반도체공학과 반도체디스플레이학과 반도체장비공학과
섬유공학과	섬유소재공학과 섬유시스템공학과 바이오섬유소재학과
신소재공학과	신소재공학과 나노신소재공학과 신소재응용과 융합신소책학과 화학신소재학과
컴퓨터공학과	컴퓨터공학과 멀티미디어공학과 컴퓨터시스템공학과
응용소프트웨어공학과	디지털콘텐츠과 소프트웨어공학과 스마트소프트웨어과 융합소프트웨어학과
게임공학과	게임공학과 게임컨텐츠과 게임학과 멀티미디어게임과
정보·통신공학과	정보통신공학과 전자정보통신공학과 e−비지니스과 ICT융합학과 스마트IT학과
정보보안·보호학과	정보보안학과 정보보호학과 사이버보안과 융합보안학과
산업공학과	산업공학과 산업경영공학과 산업시스템공학과 산업설비자동화과
화학공학과	화학공학과 고분자공학과 생명화학공학과 화공생명학과
소방방재학과	소방방재학과 소방안전관리학과 안전공학과 재난안전소방학과

전기공학과

Q '전기공학'과 '전자공학'은 어떤 차이가 있나요?

A 대학에 따라서 전기공학, 전자공학으로 나누는 경우도 있고, 전자전기로 결합한 학부, 혹은 학과로 운영되기도 합니다. '전기공학'이 전기 및 자기의 흐름에 대해 탐구하고 이것을 실생활에 응용하기 위한 분야라면, '전자공학'은 고체, 기체. 진공 내에서의 전자운동을 탐구하여 반도체, 전자회로, 통신 등에 대한 연구를 하는 분야입니다. 이들 모두 서로 밀접한 관련을 맺고 있기 때문에 대학에서 배우는 과목도 중복되는 경우가 많습니다.

Q 그럼 '전기공학과'를 진학하기 위해서 갖추어야 할 자질이 있나요?

A 복잡한 수식이나 계산능력을 갖추고 수학과 물리학에 흥미가 있는 학생이

나 빠르게 발전하고 있는 전기·전자 분야의 특성을 이해하고 항상 새로운 것에 호기심과 열정이 있는 학생이면 충분합니다. 고등학교 시절에는 수학 과목과 과학 과목의 성적 관리가 필요합니다.

Q 대학에서는 주로 어떤 교과목을 공부하나요?

A 대학마다 학과목 구성은 조금씩 차이가 있습니다. 정확하게 알고 싶으면 그 대학 홈페이지를 이용하는 것도 좋은 방법입니다. 우선 기초 과목으로는 전기회로, 회로이론, 전자기학, 자동제어, 배전계통운용, 신호 및 시스템, 디지털회로, 제어공학, 전자기장 등을 배웁니다.

심화과목으로는 반도체공학, 전기에너지공학, 로봇공학, 전기설비, 신호처리, 전력기기실험, 디지털시스템 설계 등을 배우며 전공지식을 쌓아갑니다.

Q 위에서 소개한 교과목 몇 가지만 소개해줄 수 있을까요?

A

	전자회로 및 설계	반도체회로의 근본 동작 원리 및 응용인 BJT, FET로 구성되는 회로의 소·대 신호 특성과 각종 증폭기의 작동 원리 및 주파수 응답 특성 학습
	회로이론	기초전기이론에 관계되는 각종 원리와 법칙, 저항, 코일 및 콘덴서로 구성된 수동소자 회로에서의 공진현상, 회로망해석법, 다상회로, 상태변수 학습
	전자기학	전계, 전속밀도, 전위, 정상전류, 자계와 자성체 등의 전기공학의 기초가 되는 전계 및 자계에 관한 이론을 소개하고, 실제 응용 분야에의 적용 방안 학습
기초과목	디지털회로	디지털 전자회로의 설계에 필요한 기본적인 디지털 논리회로 설계와 디지털 회로의 해석에 필요한 이론 및 실험을 체계적으로 공부하여 디지털 신호를 다루기 위한 회로의 설계 기술 학습
	제어공학	제어공학의 역사와 피드백 시스템의 원리, 연결 및 이산 시스템의 특성과 제어 시스템의 모델링, 라플라스 및 Z-변환, 상태 공간 표현법 학습
	전자기장	아날로그 증폭기의 기본 특성 및 구조, 집적회로 아날로그 증폭기, 여파기, 발전기 등의 동작을 이해하여 이를 이용한 전자회로의 설계 및 해석 학습

	전기공학 실험	전기공학의 실험교육 강화를 위한 기초적인 각종 소자 원리, 기초회로정리 및 실험을 익히며 각종 측정기기의 조작방법 및 특성 등 학습
심화과목	임베디드 제어시스템	효과적인 임베디드 시스템 설계를 위한 이론을 소개하고, 실습을 통한 이론 학습
	회로이론	기초전기이론에 관계되는 각종 원리와 법칙, 저항, 코일 및 콘덴서로 구성된 수동소자 회로에서의 공진현상, 회로망해석법, 다상회로, 상태변수 학습

전기공학과 (커리어넷 학과정보)

Q **졸업 후 어떤 곳에서 일을 하나요. 혹시 공공기관에 취업이 가능한가요?**

A 전기공학과 출신들은 다양한 곳에 취업이 가능합니다. 왜냐면 전기는 안 쓰이는 곳이 없으니까요. 우선 각종 전기나 전자 관련 제조업체나 전기공사, 통신업체, 건설회사, 전력 및 설비제조업체, 전자부품설계 및 제조업체, 전자기기 설계 및 제조업체, 각종 전자 장비 운영 및 유지보수업체, 음향기기, 화상기기, 유무선 통신 장비업체, 첨단의료장비제조업체, 이동통신, 위성통신 및 위성방송 관련업체, 반도체소자, 마그네트 레이저 등 전자소자 제조업체 등 다양합니다.

공공기관에도 취업이 가능합니다. 공무원 시험을 통해 중앙정부 및 지방자치단체(전기직, 전산직, 전송기술직)에서 일을 할 수도 있고, 한국전력공사, 한국전기안전공사, 기초전력연구원, 한국전기전자시험연구원, 한국전력기술주식회사, 한국전파연구원, 한국전기연구원, 한국전자통신연구원, 한국전력거래소, 정보통신정책연구원 등과 같은 공공기관에서도 근무가 가능합니다.

그럼 고등학교 때는 어떤 과목을 공부하는 것이 좋을까요?

A

교과영역	교과(군)	공통과목	선택 과목	
			일반선택	진로선택
기초	국어	국어	화법과 작문, 문학, 언어와 매체, 독서	
	수학	수학	수학I, 수학II, 미적분, 확률과 통계	기하, 수학과제탐구
	영어	영어	영어회화, 영어I, 영어II, 영어 독해와 작문	
	한국사	한국사		
탐구	사회 (역사,도덕)	통합사회		
	과학	통합과학 과학탐구 실험	물리학I, 화학I	물리II, 화학II, 융합과학
생활 교양			제2외국어I, 기술·가정, 정보	공학일반, 창의경영, 지식재산일반

전기공학과 전공 공부에 도움이 되는 교과

Q 전기공학과가 개설된 학교를 소개해주세요.

A 많은 대학에 전기공학과가 개설되어 있습니다. 이 외에 대학들도 홈페이지를 이용하면 그 학과의 특징을 자세하게 알 수 있습니다.

한국산업기술대학교 [에너지전기공학과]	• 취업률: 85% , 중도탈락률: 2.5% • 창의융합 커리큘럼 개발: 교육콘텐츠개발 위원회 및 전인적 인재양성 커리큘럼 구성 • 우수교육 인프라 구축: 연구개발 성과의 교육 및 실습기자재 구입 활용의 극대화 • 대학 주도의 산학협력 추진: 산학협력위원회가 구성되어 있고 기업 애로 기술해결 프로젝트 진행

서울대학교 [전기·정보공학부]	• 국제화 프로그램: 우수한 외국인 교수 및 학생 유치에 힘쓰며, 국제적인 인재 활성화를 위해 노력 • 산학연계프로그램: 교육의 질적 향상과 산업체가 요구하는 현장감 있는 수용 지향적 인재 양성 • 삼성전자, 하이닉스 등 국내 주요 전자 산업체와 공동 프로그램 운영 중이며, 앞으로도 지속적으로 프로그램 확대 및 개발 • 공학실무계획: '공학실무교육 파트너십'을 통해서 국내의 기업들과 연계하여 '공학지식의 실무응용'이라는 산학교육과정 운영 • 산업체가 요구하는 현장감 있는 수요 지향적 인재 양성
인하대학교 [전기공학과]	졸업생의 취업률은 매년 거의 100%에 이르고 있으며, 대학원 진학 및 관련 전공 분야로 취업 주로 전자 분야, 반도체 분야 또는 기간산업 분야의 국가기관연구소나 각종 기업체의 연구소 또는 개발현장으로 진출 • 전자·전기 부문: 삼성전자, 삼성전기, SDI, 삼성 테크윈, LG전자, LG 이노텍, LG디스플레이, LG화학, LS산전, LS전선, SK하이닉스반도체 등 • 중공업·건설 부문: 삼성중공업, 현대중공업, 효성중공업, 두산중공업, 삼성엔지니어링, 현대엔지니어링, 삼성건설, GS건설, 현대건설, 대림산업, 포스코건설 등 • 자동차 부문: 현대자동차, 기아자동차, 한국GM • 정부 기관: 한국전력공사, 한국수력원자력, 한전기공, 코레일, 인천지하철공사 등
서울과학기술대학교 [전기정보공학과]	전력 발생, 변환, 전송 기술 및 전력 전자와 함께 전자정보통신 분야에서 중추적 역할을 하는 임베디드 시스템, 정보통신, 멀티미디어, 지능형 로봇에 관한 교육과 연구에 전념해오고 있으며 또한 최근에는 미래 신성장 동력 기술 분야에 해당하는 신재생 에너지, 디스플레이, 바이오 공학 분야로 그 범위를 확대 **정부 및 공공기관** • 한국전력공사, 한국토지주택공사, 한국철도공사, 서울메트로, 도시철도공사 등의 공기업 • 서울시청, 인천 시청 등의 정부 기관 **대기업 및 중소기업** • 삼성전자, LG전자 등 국내외 대기업 및 연구소 • 반도체 및 전기전자 부품, 생산자동화 엔지니어링, 센서 및 계측, 메카트로닉스 분야의 제조업체 • 임베디드 시스템, 통신 및 계측, 정보 및 유통, 미래 에너지 기술 등과 관련된 첨단 IT 분야 기업
건국대학교 [전기·정보공학부]	졸업 후의 진로가 가장 광범위한 분야로서 대기업을 비롯한 산업체에 매년 최상위의 취업률을 보임 • 전력 및 에너지 산업체, 반도체 산업체, 정보통신 산업체, 가전기기 산업체, 중전기 산업체, 전력전자 응용 산업체, 건설업체, 컴퓨터 및 소프트웨어 개발 업체, 정유업체, 철도산업 등

건국대학교 [전기·정보공학부]	• 삼성전자, 한국전력공사, 삼성전기, LG반도체, LG 산전, 에너지관리공단, 한국 수력원자력(주), 삼성중공업, 효성중공업, 한국 IBM, 벤처기업 등 • 연구소에도 다수 취업을 하고 있으며 대표적으로는 한국전기연구원, 삼성종합 기술원, 한국철도연구원, 원자력연구소 등 • 7급 및 5급 공무원의 전기 분야로 취업할 수 있으며, 대학원에 진학하여 관련 학문을 연구하여 교수, 연구원 등으로 활동

전자공학과

Q **전자공학은 미래 어떤 역할을 하며, 진학 시 어떤 내용을 공부하나요?**

A 전자공학은 컴퓨터, 반도체, 이동통신, 가전, 로보틱스, 영상 등 다양한 분야의 기술 발전을 주도하며 정보화, 자동화시대의 핵심 분야입니다. 따라서 전자공학 관련 학과에서는 산업체, 연구기관, 교육 분야 등에서 필요로 하는 능력과 전문기술을 갖춘 인력을 양성하며, 많은 대학에서 최근의 융·복합 IT시대에 부합하는 학과와 교육과정을 운영 중이라 취업률도 높고 다른 공학계열과도 연계성이 높습니다.

Q **'전자공학과'에 필요한 인재상이 있을까요?**

A 우선 수학과 물리학에 흥미가 있고, 기본적으로 복잡한 수식을 계산할 수 있는 능력을 갖춘 학생이면 됩니다. 그리고 항상 새로운 것에 대한 창의적인 생각과 호기심, 열정이 필요합니다. 그리고 최근 전자공학의 발전 속도가 빠르기 때문에 그에 발맞추어 전자 분야의 특성을 이해하는 능력도 필요합니다.

Ⓠ '전자공학과'에 들어가서도 수학과 물리 과목을 많이 배우나요?

Ⓐ 네. 수학은 대학에서 공부할 과목들이 계산 부분을 담당합니다. 물리는 고등학교 때 배운 내용들의 전공별 심화 과목들을 많이 배웁니다. 대학에서 배우는 과목들을 정리해보면 기초과목으로는 회로이론, 전자기학, 전자회로, 전자기장, 디지털신호처리, 제어공학, 컴퓨터프로그래밍언어, 설계프로젝트 등을 배웁니다. 교과목들이 물리교과서에서 본 단어들이라 낯설지 않을 겁니다. 그리고 컴퓨터 관련 언어들을 공부합니다.

심화과목으로 반도체소자공학, 센서공학, 통신공학, 무선공학, 집적회로, 디스플레이공학, 멀티미디어시스템, 컴퓨터구조, VLSI시스템설계 등을 배워 자신의 진로와 연관된 학문들을 심화학습 합니다.

Ⓠ 위에서 나열한 과목들을 구체적으로 어떤 내용을 배우는지 설명해주세요.

Ⓐ 여러 과목 중 몇 가지만 정리해보았습니다.

기초과목	논리회로	컴퓨터 시스템의 구성 요소인 각 디지털 모듈의 동작 해석과 설계 방법 학습
	전자기학	전계, 전속밀도, 전위, 정상전류, 자계와 자성체 등의 전기공학의 기초가 되는 전계 및 자계에 관한 이론을 소개하고, 실제 응용 분야에의 적용 방안 학습
	회로이론	기초전기이론에 관계되는 각종 원리와 법칙, 저항, 코일 및 콘덴서로 구성된 수동소자 회로에서의 공진현상, 회로망해석법, 다상회로, 상태변수 학습
	신호 및 시스템	연속 또는 이산 신호 및 시스템을 정의하고 미분 방정식이나 차분 방정식을 이용하여 각 시스템의 특성을 분석하며 시스템 해석 학습
	컴퓨터 프로그래밍	C 언어의 기초 문법을 배워 기초 프로그래밍 능력 학습
심화과목	통신 네트워크	통신 네트워크는 이더넷(Ethernet)에 기초하거나 이와 유사한 여러 통신망들을 체계적으로 연구하는 과목으로서, 각종 랜구조, 이더넷 접속 방법, 스위칭, 라우팅 등의 특성을 소개하고 이들을 이용하여 통신 네트워크를 구성하는 다양한 방법 학습
	물리학 및 실험	주로 전자기학, 물성, 원자물리학, 초보적인 입자물리학 등에 대하여 강의 및 실험 학습

심화과목	물리전자 공학	전자의 물리적 현상을 이해하기 위해 양자역학과 양자통계를 다루고, 고체에서의 밴드 이론 기초와 세미컨덕터의 물리적 현상 학습
	디지털 통신	불규칙 신호론, ASK, FSK, PSK 등 디지털 변조 방식, 디지털 복조 방식의 성능 분석, 다원 접속 학습

전자공학과 (커리어넷 학과정보)

Q 전자공학과를 졸업하면 어떤 분야에서 일을 하나요?

A 앞에서 이야기한 전기공학과와 비슷한 곳에 취업을 하지만 통신계열이나 전파 관련 계열에서 많은 일을 합니다.

보통 각종 전기 또는 전자 관련 제조업체, 전기공사, 통신업체, 건설회사, 전력 및 설비제조업체, 전자기기 설계 및 제조업체, 각종 전자장비운영 및 유지보수업체, 음향기기, 화상기기, 유무선통신장비업체, 첨단의료장비제조업체, 반도체소자 등의 곳에 취업을 많이 합니다. 공무원이나 공기업 시험을 봐서 공공기관에서 일을 하기도 합니다. 중앙정부 및 지방자치단체(전기직, 전산직, 전송기술직), 한국전력공사, 한국전기안전공사, 기초전력연구원, 한국전기전자시험연구원, 한국전력기술주식회사, 한국전파연구원, 한국전기 연구원, 한국전자통신연구원, 한국전력거래소, 정보통신정책연구원 등이 있습니다. 특히 자신의 지역에 공공기관이 있는 경우는 눈여겨 볼 필요가 있습니다.

Q '전자공학과'를 진학하기 위해 고등학교 때는 어떤 과목을 공부하는 것이 좋을까요?

A

교과영역	교과(군)	공통과목	선택 과목	
			일반선택	진로선택
기초	국어	국어	화법과 작문, 문학, 언어와 매체, 독서	
	수학	수학	수학I, 수학II, 미적분	기하, 수학과제탐구
	영어	영어	영어I, 영어II	
	한국사	한국사		
탐구	사회 (역사,도덕)	통합사회		
	과학	통합과학 과학탐구 실험	물리I, 화학I	물리II, 화학II, 융합과학
생활 교양			제2외국어I, 기술·가정, 정보	공학일반, 창의경영, 지식재산일반

Q 전자공학과 중 몇 개 대학을 소개해주세요.

A 많은 대학에 전자공학과(부)가 개설되어 있습니다. 이 외에 대학들도 홈페이지를 이용하면 그 학과의 특징을 자세하게 알 수 있습니다.

국민대학교 [에너지전자융합전공]	졸업생들은 국내외 전자·정보통신 분야의 연구/개발/생산/비지니스 부문에서 활동 • 삼성전자, LG전자, LG디스플레이, SK하이닉스, SK텔레콤, KT 등의 종합 제조업체 • 현대기아자동차, 현대모비스, 현대오트론, 만도 등의 자동차 관련회사 • 삼성중공업, 삼성엔지니어링, 삼성물산, GS건설, 대림산업, 현대건설, 대우건설 등의 플랜트기업 • 한국전력공사, 한국전자통신연구원, 전자부품연구원, 한국전기전자시험연구원, 한국전자파연구원 등의 연구소 및 공공기관 • 자신의 소질과 적성을 살려서 국내·외 대학원으로 진학하여 석사 및 박사학위 취득 후 전문직, 국책 및 기업 연구소의 연구원, 대학의 교수로 진출하는 졸업생 수도 증가하고 있으며, 최근에는 관공서로 진출하는 비중도 높아지고 있음.

한양대학교 [융합전자공학부]	다이아몬드 특성화 학부로 풍성한 장학 및 특전 프로그램 • 한양대학교 다이아몬드 특성화 학부로서 국내외 유수 기업의 후원을 받아 우수 신입생들에게 입학금 및 등록금 지급, 졸업 시 산학협력기업 취업 연계, 전일제 기숙 영어캠프 제공, 영어캠프 성적 상위자의 경우 미국 대학 어학연수 등을 제 공하고 있으며, 우수 재학생들에게는 산학연계프로그램을 통한 4년 전액 장학 금 지급, 본교 대학원 석·박사 통합과정 지원, 졸업 시까지 전액 장학금 지급 등 의 지원 프로그램을 제공 • 국내 정보기술 분야를 선도하는 연구실적과 국내외 최우수 학생 • 각 학교의 연구력을 가능할 수 있는 BK21 사업단 평가에서 정보기술 분야 대 형사업단 6차년도 평가 중 모두 4번의 1위 평가를 받았으며, 교수 1인당 특허 및 기술이전 실적도 1위의 성과를 보이고 있고 재학생들도 각종 국가고시에서 우수한 성과를 내고 있음. • 2014년 행정고등고시 기술직 통신직렬에서 수석 합격자를 배출하였으며 특히 2011년 기술고등고시에서는 학부 재학생의 통신직 수석 및 전국 최다합격자(총 5명 중 3명) 배출, 전산직 최연소 합격자 배출 등 명실상부한 IT 분야 국가대표 의 위상을 보이고 있음.
고려대학교 [전기전가공학부]	• 창의적인 교과 과정으로 전기 전자 분야 인재를 양성하고, 나노 및 반도체, 통신 네트워크, 컴퓨터공학, 집적회로, 신호처리 및 멀티미디어, 제어 로봇 및 시스템, 전기에너지 분야 연구를 선도함. • 전기전자 분야 산학연 여러 기관에서 공학 및 사회의 리더로서의 역할을 훌륭히 수행하고 있으며 매년 여론조사를 통해 졸업생 평판도 1위. • BK 사업, WCU 사업, 다수의 국가지정연구소 등을 유치하여 세계 유명대학과 함께 국제적인 수준의 연구 프로젝트를 수행하고 있으며, 연구의 질을 평가하는 연구논문 수, 논문 인용 수 등은 국내 최상위권을 유지
성균관대학교 [전기전자공학부]	각 연구 분야 별로 우수한 교수진과 최고의 시설 및 실험실습 장비를 보유하고 있 어서 이를 바탕으로 국내 최고수준의 교육과 연구가 이루어지고 있으며, 국내 정상 의 연구력을 국내외적으로 인정받고 있다. 현재 세계적으로 권위를 인정받는 우수 한 논문들이 현격하게 증가하고 있으며, 세계적 수준의 연구중심 대학으로의 발전 • 성균관대 재단 삼성그룹이라 삼성SDI, SDS, 전기, 네트웍스, 중공업, 에버랜드, 삼성물산, 삼성 테크윈 등에 입사 • 정보통신연구소에서 직류배전용전력기기설계기술인력양성센터, 그린카전력기 술센터, 무선에너지하비스팅통신융합연구센터, IT가속기공학연구센터, 전력 IT인력양성센터, 게임기술개발지원센터, 휴먼ICT융합연구센터, 아날로그RF 회로및시스템연구센터를 운영
연세대학교 [전기전자공학부]	• **학부생인턴십프로그램** 학부생들에게 각 연구실 단위로 대학원 수준의 연구를 경험할 수 있는 프로그 램을 운영 • **전기전자 종합설계** 학부생들에게 학부교육을 바탕으로 심도 있는 대학원 수준의 연구에 참여하는 프로그램을 운영

연세대학교 [전기전자공학부]	• **국제화 프로그램** 미국/캐나다를 포함하는 미주권, 유럽권, 그리고 아시아권으로 크게 나누어 세계유명 대학 및 산업체와의 교류를 통하여 활발하게 진행. 또한 스탠퍼드 대학, 일리노이 주립대, 케임브리지대, 홍콩대, 싱가포르 국립대 등과의 교류 및 벤치마킹을 통하여 세계적인 수준의 전기전자공학 연구 및 교육 프로그램을 운영 • **산학연계프로그램** 삼성 디스플레이 산학협동 교육과정 / 삼성전자-연세대 산학협동 교육과정 / SK 하이닉스 / Telecomm • **연세대 산학협동 교육과정** LG 전자 Members / 마이크로소프트 / KT / 삼성전자/ 삼성 디스플레이 / LG 전자/ LG 디스플레이 / SK 텔레콤/ SK 하이닉스 / 한국전력공사/ 한국전기연구원/ 한전 KDN / 현대 중공업 / 효성 중공업 / 두산 중공업

컴퓨터공학과

Ⓠ 컴퓨터와 관련된 다양한 학과가 있는데 '컴퓨터공학과'는 어떤 학과이고, 비슷한 학과는 어떤 게 있나요?

Ⓐ 컴퓨터공학은 컴퓨터하드웨어, 소프트웨어, 멀티미디어, 임베디드시스템 등 컴퓨터와 관련한 지식과 기술을 익히고 다양한 분야에 적용하는 분야로 관련 학과에서는 프로그래밍 언어를 비롯해 네트워크, 컴퓨터시스템 운영체제, 인공지능 등을 공부합니다. 비슷한 학과는 컴퓨터와 프로그램을 다루는 '응용소프트웨어공학과', '게임공학과', '정보통신공학과'와 '정보보안학과'가 있는데 각 학과마다 차이점은 있습니다. 위의 학과들은 다음 학과소개에서 자세하게 살펴보겠습니다.

Ⓠ '컴퓨터공학'을 공부하기 위해서 어떤 자질이 필요할까요?

Ⓐ 기본적으로 컴퓨터 하드웨어와 다양한 응용소프트웨어에 대한 관심과 흥미가 높아야 하며 공학 및 과학에 근거한 논리적 추리력과 창의력이 필요

합니다. 다른 공학 분야에 비해 발전 속도가 빠르므로 새로운 것에 대한 호기심과 관심과 수리능력·논리적인 사고력과 함께 물리학 등의 기초과학 분야에 관한 흥미와 재능이 요구됩니다.

Q 대학에 진학하면 '컴퓨터공학과'에서는 어떤 과목을 공부하나요?

A 보통 대학마다 다를 수 있지만 기초과목을 1~2학년 때 배우는데, 디지털 공학, 소프트웨어공학, 프로그래밍언어, 논리회로, 컴퓨터구조, 운영체제, 마이크로프로세서, 컴퓨터실험, 설계프로젝트 등을 공부합니다. 2~3학년 때 배우는 심화과목으로는 컴퓨터보안, 네트워크, 멀티미디어공학, 멀티미디어실험, 데이터베이스시스템, 임베디드 시스템 프로그래밍, 컴퓨터그래픽스, 모바일소프트웨어, 인공지능 등의 심화과정을 공부합니다.

Q 대학에서 배우는 과목들을 구체적으로 설명해줄 수 있나요?

A

기초과목	소프트웨어 공학	소프트웨어를 공학적으로 생산, 문서화, 수정 및 유지·보수하고자 하는 추세에 관련된 동향 및 이론 배경 학습
	컴퓨터 구성	디지털 컴퓨터의 하드웨어적인 구성과 그 동작 원리를 이해할 수 있도록 컴퓨터 구조의 기초 개념 학습
	운영체제	컴퓨터를 실제 사용하기 위해서 필수적인 운영체제에 대해서 구체적인 구조와 구성, 그리고 발생하는 문제를 해결하기 위한 해결법 학습
	정보기술 개론	정보기술 분야의 세부 전문 분야를 개괄적으로 이해할 수 있도록 컴퓨터 시스템, 컴퓨터 네트워크, 정보처리 기술, 멀티미디어와 응용 등의 기초 개념 학습
	정보 검색	정보 시스템에서 데이터를 가공하여 파일이나 데이터베이스에 저장하고 필요에 따라 정보를 검색하여 제공하는 기능 학습
심화과목	데이터 베이스	실세계의 다양한 정보원들을 조직화하여 통합 저장하는 데이터베이스와 이를 중앙 관리하는 데이터베이스 관리 시스템 및 관련 이론과 기술 학습
	임베디드 시스템	임베디드 시스템에 많이 사용되는 마이크로프로세서의 구조를 살펴보고 임베디드용 운영체제 학습

심화과목	디지털신호처리	음성, 음향, 영상 등의 디지털 신호 처리에 관하여 그 근본 이론으로부터 기초와 응용 전반 학습
	자료구조와 실험	주어진 문제를 효과적으로 해결하는 데 자주 사용되는 여러 가지 자료 구조를 살펴보고 이를 실제적으로 구현하는 방법과 기본적인 알고리즘 학습

컴퓨터공학과 (커리어넷 학과정보)

Q 졸업 후에는 컴퓨터 관련업체에 취업하나요?

A 컴퓨터 관련업체에 취업하는 경우도 많지만 그 외 보안이나 게임, 디자인을 하는 회사에도 취업을 많이 합니다. 가상현실전문가, 기술지원전문가, 네트워크관리자, 네트워크프로그래머, 데이터베이스개발자, 변리사, 시스템소프트웨어개발자, 애니메이터, 웹디자이너, 웹마스터, 웹엔지니어, 웹프로그래머, 응용소프트웨어개발자, 정보시스템운영자, 컴퓨터보안전문가, 컴퓨터시스템감리전문가, 컴퓨터시스템설계분석가로 활동을 하는 경우가 많습니다. 그 외에도 국정원, 사이버수사대, 국방부에서 보안이나 데이터 분석을 하는 경우도 있습니다.

Q 고등학교 2학년 때부터는 과목을 선택하라고 하는 데 어떤 과목을 선택하는 것이 좋을까요?

A

컴퓨터공학과 전공 공부에 도움이 되는 교과

교과영역	교과(군)	공통과목	선택 과목	
			일반선택	진로선택
기초	국어	국어	화법과 작문, 문학, 언어와 매체, 독서	
	수학	수학	수학I, 수학II, 미적분, 확률과 통계	기하

기초	영어	영어	영어I, 영어II	
	한국사	한국사		
탐구	사회 (역사,도덕)	통합사회		
	과학	통합과학 과학탐구 실험	물리I	물리II, 융합과학
생활 교양			제2외국어I, 기술·가정, 정보	공학일반

Q 컴퓨터공학과 중 몇 개 대학을 소개해주세요.

A 많은 대학에 컴퓨터공학과가 있습니다. 이 외에 대학들도 홈페이지를 이용
하면 그 학과의 특징을 자세하게 알 수 있습니다

서울대학교 [컴퓨터공학부]	• 벤처기업을 창업할 수 있을 뿐만 아니라 시스템엔지니어, 보안전문가, 소프트웨어개발자, 데이터베이스관리자 등 많은 IT 전문 분야로의 진출이 가능 • 바이오, 전자전기, 로봇, 기계, 의료 등 이공계 영역뿐만 아니라 정치, 경제, 사회, 문화의 다양한 분야와 결합되어 미래 지식정보사회에 대한 새로운 가능성을 제시하고 새로운 학문적 과제가 지속적으로 생산되기 때문에 많은 전문연구인력이 필요 • 학부 졸업생 절반 이상이 대학원에 진학해 여러 전공 분야 중 하나를 선택하여 보다 깊이 있는 지식의 습득과 연구과정을 거치게 되며 그 이후로는 국내외 관련 산업계, 학계에 주로 진출하며, 새로운 아이디어로 벤처기업을 창업
서울과학기술대학교 [컴퓨터공학부]	**[진출 분야]** • 정부 및 공공기관 연구소, 대학원, 관공서 및 공공기관 • 대기업 및 중소기업 대기업 및 중소기업, 외국기업, 금융업체, 방송국 • 멀티미디어 콘텐츠 웹 디자인, 애니메이션, 멀티미디어 콘텐츠 개발 업체, 게임 업체, 영상물제작, 사이버교육, e-Book, 홈페이지 개발/관리 업체, 컴퓨터디자인 • 컴퓨터 기업 외국 컴퓨터전문 기업, 업무 S/W 및 H/W 개발업체, 네트워크 업체, 보안 관련업체, 백신개발업체, 데이터센터, IT업체 • 정보통신업: 유선 및 무선 통신업체, 무선 네트워크 및 인터넷 업체, IT융합기업 • 스마트S/W업체 웹개발, 클라우드 컴퓨팅, e-커머스, 벤처기업, 정보 컨설팅, 인터넷 방송국, 인터넷 홈쇼핑 및 쇼핑몰 업체,유비쿼터스 컴퓨팅업체 • 기타업체 : 항공, 선박, BT/NT업체

서울시립대학교 [전기전자컴퓨터공학부 컴퓨터과학과]	**[특성화 과정]** • 최신 기술과 현장 실습을 경험할 수 있도록 30개의 대학원 연구실을 운영 • 융·복합 전공교과목을 운영(IT융합응용, 융합반도체기술, 초고속소자및시스템 설계) • 해외 대학 및 기관과의 학술 및 인적자원을 교류 • 방학기간에 다양한 IT기업에서 인턴십 프로그램 • ICT 학점연계 프로젝트 인턴십 교과목을 운영(정규교과과정 외 실무현장 경험 제공) • 전자전기컴퓨터공학세미나를 진행(전자전기컴퓨터 국내외 학계 및 산업계의 연구 동향 및 결과 소개) • 전자전기컴퓨터공학부 학·석사 연계과정을 통해 4+1년에 석사학위 취득 가능
한국외국어대학교 [컴퓨터· 전자시스템공학부]	• **컴퓨터공학 트랙** 모바일 등 제반 분야의 임베디드 시스템에서부터 일반 응용 소프트웨어, 빅데이터 처리 및 웹 서비스에 이르기까지 전반적 소프트웨어 개발 능력을 함양 • **전자시스템공학 트랙** 디지털시스템 설계, 스마트 센서기술, 로봇 및 제어, 영상 및 신호처리 분야를 다루는 트랙 제공 • **취득가능한 자격증** 컴퓨터활용능력(PCT) / 정보처리기사 / 전산기사 / 전자기사 / 전기기사 / 디지털제어산업기사 / 자바프로그래머인증(SCJP) / 마이크로소프트인증(MOUS/MCSE) /국제공인웹마스터자격(CIW) / 웹프로그래머자격인증시험(WPC)
경희대학교 [컴퓨터공학부]	• **공학교육인증 교육프로그램(컴퓨터공학 전문 프로그램)** 공학교육인증이란 인증된 프로그램을 이수한 학생들이 실제 현장에서 성공적으로 투입될 수 있는 준비가 되었음을 보증해주는 제도 • **졸업생 진출 분야** 국내의 수많은 정보통신, 컴퓨터, 인터넷, 멀티미디어, 게임, 애니메이션, 전자상거래 관련기업, 산업체, 금융기관, 국공립 연구소에 진출 벤처기업을 창업

응용소프트웨어공학과

Q 응용소프트공학과는 구체적으로 어떤 학과인가요?

A 응용소프트웨어 관련 학과에서는 다양한 소프트웨어를 개발하거나 응용 하는 데 필요한 이론과 기술을 배웁니다. 스마트 어플리케이션을 비롯해

웹, 컴퓨터그래픽, 그리고 가상현실, 증강현실, 인공지능 등 점차 다양하고 첨단화되는 소프트웨어를 학습하며, 대학에 따라서는 각각의 소프트웨어를 중심으로 심화교육을 운영하기도 합니다.

Q 응용소프트공학과에 진학하기 위해서는 창의력이 필요할 것 같습니다. 그 외 중고등 시절 쌓아야 할 자질이 있나요?

A 네. 이 학과는 창의력을 필요로 합니다. 그 외에도 공학 및 과학의 기초지식을 바탕으로 한 논리력도 필요합니다. 컴퓨터에 대한 제반 지식과 기능을 다루기 때문에 기계 및 컴퓨터에 흥미가 많은 학생일수록 대학에서 다양한 프로젝트를 소화시킬 수 있습니다. 소프트웨어 응용 및 게임 개발 등을 위한 창의적인 발상과 새로운 분야에 대한 호기심도 중요합니다.

Q 대학에서는 어떤 교과목을 배우나요?

A 기초 과목은 컴퓨터공학과와 거의 유사하게 컴퓨터구조론, 데이터구조론, 프로그래밍언어실습, 운영체제 등을 배우며 '응용소프트웨어공학과'는 멀티미디어개론, 비주얼 프로그래밍 등을 배웁니다. 심화과목으로는 소프트웨어공학, 프로그래밍언어, C프로그래밍, 디지털신호처리, 웹 프로그래밍, 컴퓨터시스템, 시스템분석설계, 디지털영상편집, 가상현실 등을 배워 졸업 후 진로와 연계시킵니다.

교과목들이 낯설지 않지만 구체적으로 어떤 것을 배우는지 모르겠어요.

A

기초과목	컴퓨터 운영체제	운영체제의 기초 개념, 운영체제 실제 설계, 운영체제의 성격 및 기능 학습
	컴퓨터 개론	컴퓨터 하드웨어, 소프트웨어, 동작 원리 등 컴퓨터에 관련된 지식 학습
심화과목	모바일 응용 프로그래밍	모바일 소프트웨어의 특성을 이해하고 모바일 애플리케이션의 개발 능력 학습
	멀티미디어 프로그래밍	비디오 및 영상신호 처리의 알고리즘 등 멀티미디어 시스템 기술 학습
	컴퓨터 네트워크	데이터 통신을 위한 제어 소프트웨어 및 통신 시스템의 전반적인 개념과 설계 사항 학습
	컴퓨터 프로그래밍	C 언어의 기초 문법을 배워 기초 프로그래밍 능력 학습

응용소프트웨어공학과 (커리어넷 학과정보)

Q 졸업 후에는 어떤 곳에서 근무하나요. 재택근무도 가능할까요?

A 가상현실전문가, 게임프로그래머, 공학계열교수, 네트워크관리자, 네트워크프로그래머, 데이터베이스개발자, 디지털영상처리전문가, 모바일콘텐츠개발자, 변리사, 시스템소프트웨어 개발자, 애니메이터, 웹디자이너, 웹마스터, 응용소프트웨어개발자, 정보시스템운영자, 컴퓨터보안전문가, 컴퓨터프로그래머 등을 원하는 기업들은 취업이 가능합니다. 그리고 공공기관으로는 행정자치부, 미래창조과학부, 한국인터넷진흥원, 한국정보화진흥원, 소프트웨어정책연구소가 있습니다. 또, 한국전자통신연구원이나 국가보안기술연구소에 근무할 수도 있습니다.

소프트웨어 개발자들은 프로젝트를 위해 주기적으로 만나 회의를 하지만 주어진 일을 혼자서 하는 경우가 많아 재택근무를 하는 사람들도 늘어나고 있습니다.

고등학교 때는 컴퓨터 관련 과목이 많이 없는 걸로 알고 있습니다. 어떤 과목 위주로 공부하는 것이 좋을까요?

A

교과영역	교과(군)	공통과목	선택 과목	
			일반선택	진로선택
기초	국어	국어	화법과 작문, 문학, 언어와 매체, 독서	
	수학	수학	수학I, 수학II, 미적분, 확률과 통계	기하
	영어	영어	영어I, 영어II	
	한국사	한국사		
탐구	사회 (역사, 도덕)	통합사회		
	과학	통합과학 과학탐구 실험	물리I	물리II, 융합과학
생활 교양			제2외국어I, 기술·가정, 정보	공학일반

응용소프트웨어공학과 전공 공부에 도움이 되는 교과

Q **응용소프트웨어공학과 중 몇 개 대학을 소개해주세요.**

A 응용소프트웨어공학과 관련 학과입니다. 이 외에 대학들도 홈페이지를 이용하면 그 학과의 특징을 자세하게 알 수 있습니다.

경희대학교 [소프트웨어융합학과]	– 협력학과 및 기관을 통하여 융합적인 학습이 가능 • 컴퓨터공학과 (전자정보대학) • 전자공학과 (전자정보대학) • 생체의공학과 (전자정보대학) • 기계공학과 (공과대학) • 산업경영공학과 (공과대학)

	• 디지털콘텐츠학과 (예술디자인대학) • 산업디자인학과 (예술디자인대학) • 후마니타스대학
광운대학교 [소프트웨어학과]	• 학부생들의 컴퓨터 소프트웨어 및 응용 실험을 위하여 2개의 실습실과 공동으로 사용하는 임베디드 리눅스 실습실을 보유하고 있으며, 서버를 비롯하여 다수의 워크스테이션과 PC들을 구비하여 학생들의 소프트웨어 실습을 지원 • 트랙운영 2003학년도부터는 현재의 학부 교과과정에 최근 산업체의 수요 및 요구를 반영하여 컴퓨터 게임과 정보보안, 2005학년도부터는 정보통신의 심화 전공트랙을 추가하여, 학부생들이 각자의 선택에 따라 3학년 2학기부터 심화 전공 과정을 이수 • 공학인증제 실시 1학년부터 4학년까지 많은 학생들이 공학교육인증에 참여
단국대학교 [모바일시스템공학과]	• SW중심대학사업 2017년 정부의 SW중심대학사업에 선정되어 클라우드 기반의 교육 플랫폼을 기반으로 산학 프로젝트 의무화, 오픈소스SW 교육, 실전영어 강화, 다양한 SW 우수자 장학금 지원, 국내외 인턴십 지원, 실리콘밸리 해외 교육 지원 등을 시행 • 산업체 지원 프로젝트 전문적 실무(실용)능력 배양을 위하여 실습 위주 및 팀워크에 의한 문제해결 능력에 바탕을 둔 전공심화교과과정과 산업체 지원에 의한 프로젝트 중심의 교과과정을 운영 • 인턴 및 현장실습 창의적이고 유연한 사고력 및 실무 능력을 배양하기 위하여 현장경험이 풍부한 산업체, 학교, 연구소 등 다양한 분야의 전문가를 교수진으로 활용하여 기술의 변화에 따른 학생 개인의 적응력을 강화할 수 있도록 강의실 교육과 함께 산업체 및 연구소 현장실습, 인턴 파견 등의 다양하고 유연성 있는 교육을 실시 • 교환학생제도 국제화 감각을 가진 전문인 육성을 위하여 국외 대학과 교환학생 및 학점 교류 지원, 외국 유학생 유치 지원 등과 영어중심의 강의를 운영
가천대학교 [소프트웨어학과]	• 과학기술정보통신부 소프트웨어(SW) 중심대학 소프트웨어학과를 중심으로 운영되는 본 사업은 최대 6년간 110억 원을 정부로부터 지원 • 현장중심 SW 전공교육, 글로벌 역량강화 산업체 전문가 초청 특강, 산업체 견학, SW페스티벌, IT산업 세미나 등 산업체 교류 및 현장이해 프로그램 SW 전공수업 맞춤형 영어강의, 과제 문서 및 발표자료를 영어로 작성, 영어 졸업요건 강화 등 영어 의사소통 능력 강화 해외 유명 대학/기업과의 인턴 프로그램 및 공동 프로젝트

	• SW 기초/융합교육 SW 비전공 전교생을 대상으로 계열·학과별 특성을 반영한 3단계 SW기초교양 교육 SW융합 교육 과정 운영으로 복수/부전공 또는 연계전공을 장려 • 지역사회 SW교육 지역사회의 중·고등학교와 단체들을 대상으로 SW에 대한 이해를 증진하고 SW의 발전방향에 대해 강연을 진행하는 특강
세종대학교 [소프트웨어학부]	• 전공에 대한 기초지식 수학과 물리 과목을 통해 전공에 필요한 기초 지식을 쌓으며, C 프로그래밍, 알 고리즘, 데이터베이스, 운영체제 등의 과목을 통해 전공 학습 • 다양한 트랙 학생들 자신이 원하는 고급 프로그래머가 될 수 있도록 응용 소프트웨어 트랙, 가상현실 트랙, 인공지능 트랙 교과과정을 제공 • 인턴십 실무교육 문제해결 및 실습, Capstone 디자인, 오픈소스 과목을 통해 보다 더 실무에 강 해질 수 있도록 하며, 인턴십을 통한 실무 교육과 창업에 대한 교육을 제공 • 소프트웨어 융합대학 컴퓨터공학과, 소프트웨어학과, 정보보호학과, 데이터사이언스학과, 지능기전공 학부, 창의소프트학부 운영

게임공학과

Q 게임공학과는 게임을 만드는 학과 정도로 알고 있는데 어떤 것을 더 공부할 수 있나요?

A 게임공학과는 학생이 말한 대로 게임을 만드는 학과이지만 지금의 게임은 단순히 오락, 여가를 넘어 고부가가치를 창출하는 산업이자 문화로 자리 잡았습니다. 대학의 게임공학과 등 관련 학과에서는 게임개발과 제작을 위한 인력양성을 목표로 하고 있으며 졸업 후 게임프로그래머를 비롯해 마케터, 콘텐츠기획자 등 다양한 분야로 진출하고 있기 때문에 전망 있는 학과입니다.

Q 게임을 좋아하는 학생인데 게임공학과를 가기 위해 필요한 자질은 어떤 것이 있을까요?

A 게임을 좋아하는 것도 중요하지만, '게임공학과'는 게임에 전반적인 것을 만드는 학과이기 때문에 학생의 역량을 '레벨 업'할 필요가 있습니다. 게임콘텐츠에 대한 관심과 이해가 필요하고 다양한 프로그램을 활용하여 게임을 영상으로 표현 및 제작하는 것에 관한 흥미가 요구됩니다. 따라서 중고등 시절에 기초적인 컴퓨터 프로그램은 다루어 보는 것이 좋습니다.

그리고 게임 관련 프로그램을 기획하기 위한 다양한 컴퓨터프로그램을 다루는 능력과 논리적인 사고력과 게임 분야 진출을 위해서는 상상력과 아이디어를 갖춘 꼼꼼한 성격이 요구됩니다.

Q 게임을 만들기 위해서 대학에서는 어떤 교과목을 배우나요?

A 기초과목으로 콘텐츠기초, 전산학개론, C프로그래밍, 컴퓨터구조, 네트워크기초, 윈도우 프로그래밍, 자료구조, 게임기획, 운영체제, 알고리즘, 데이터베이스, 컴퓨터그래픽스, 2D게임프로그래밍 등을 배웁니다. 그리고 심화과목으로는 3D게임프로그래밍, 3D모델링, 게임인터페이스설계, 스크립트언어, 종합설계기획, 인공지능, 네트워크게임프로그래밍, 게임소프트웨어공학, 스마트폰게임프로그래밍, 게임서버프로그래밍, 게임엔진프로그래밍, 가상현실게임, 게임사운드 등 다양한 과목을 공부합니다.

Q 게임 기획, 컴퓨터그래픽스 등 위에서 이야기한 과목들은 뭘 배우는지 궁금합니다.

A

기초과목	게임기획	게임 기획 프로세스의 개괄을 정리. 팀을 구성하여 담당 분야를 정하고 기획 프로세스 순서에 따라 브레인 스토밍 기법 등을 활용하여 기획 아이디어를 도출, 기획서 작성 실무 연습	
	게임학기초	게임 제작의 기초 원리 및 여러 요소 학습	
	컴퓨터 그래픽스	티미디어 요소 중 시각적 효과 표현, 실무 제작 학습	
	컴퓨터구조	컴퓨터의 작동 원리에 관한 이론 학습	
	게임자료 구조	소프트웨어를 개발할 때 필요로 하는 다양한 자료구조를 실습을 통해 학습하여 효율적인 프로그래밍 학습	
심화과목	게임 소프트웨어 공학	프로그래밍 기법을 숙지한 후 대규모 소프트웨어를 실제 개발할 때 필요한 여러 가지 설계 기법과 절차, 도구에 대해 학습	
	게임 알고리즘	2D, 3D 게임에서 자주 사용하는 길찾기, 플로킹 등의 알고리즘과 자연스러운 게임을 제작할 수 있는 게임 인공지능 분야를 학습	

게임공학과 (커리어넷 학과정보)

 Q 졸업 후에는 어떤 직업을 가지나요?

A 게임그래픽디자이너, 게임기획자, 게임시나리오작가, 게임프로그래머, 게임프로듀서, 일러스트레이터, 시나리오 디자이너 등 다양한 직업을 가질 수 있습니다.

Q 고등학교 때는 어떤 교과목을 선택해서 공부를 해야 하나요?

A

게임공학과 전공 공부에 도움이 되는 교과				
교과영역	교과(군)	공통과목	선택 과목	
			일반선택	진로선택
기초	국어	국어	화법과 작문, 문학, 언어와 매체, 독서	

기초	수학	수학	수학I, 수학II, 미적분, 확률과 통계	기하
	영어	영어	영어I, 영어II	
	한국사	한국사		
탐구	사회 (역사, 도덕)	통합사회	사회·문화, 세계사	
	과학	통합과학 과학탐구 실험	물리I	물리II, 융합과학
생활 교양			제2외국어I, 기술·가정, 정보	공학일반

Q 게임공학과 중 몇 개 대학을 소개해주세요.

A 게임공학과는 다른 컴퓨터 계열보다 대학의 수가 적습니다. 컴퓨터 관련 공학계열에서는 게임공학과 수업과 유사한 수업을 들을 수 있습니다. 이 외에 대학들도 홈페이지를 이용하면 그 학과의 특징을 자세하게 알 수 있 습니다.

한국산업기술대학교 [게임공학부 (게임공학전공)]	• **특성화 분야** 2D/3D 환경의 게임 프로그래밍 및 네트워크 게임 프로그래밍 등 화려하고 복잡한 게임 세계를 효율적으로 구축하기 위한 C/C++, 2D/3D 프로그래밍, 네트워크 등의 교과목 구성 PC용 패키지 게임, 온라인 게임, 콘솔(Wii, PS3, XBOX360) 및 모바일 게임(스마트폰, 스마트패드, 태블릿PC, PSP) 등 다양한 게임 분야에 필요한 교육 과정을 개설 게임 서버산업현장과 연계 프로젝트를 강화 수학과 멀티미디어 이론에 기초한 2D/3D 그래픽스 및 2D/3D 애니메이션 전문가를 양성하기 위한 3D 모델링, 컴퓨터 그래픽스, 게임 애니메이션 등의 교과목을 개설하고, 산업현장과 연계 프로젝트를 강화

상명대학교 [게임학과]	• **실무 능력 배양** 산학협력프로젝트를 산업체와 공동으로 운영 산업현장인턴십을 통해 산업체에 인턴십 파견 산업체와 교류 활성화 산업체의 실무 인력과의 멘토링 제도 확립 • **창의 능력 배양** 교육과정에 문화예술, 인문학, 공학 분야를 모두 포함 프로젝트 제작을 통해 지식이 자연스럽게 융합 지식이 융합되면서 창의적인 사고능력 배양 • **소통 능력 배양** 프로젝트 수업을 통해 팀원 간 소통능력배양 대학원생 및 타과생과의 적극적인 교류 권장 인터넷을 통한 최신 외국자료 습득 및 활용 기회 제공
홍익대학교(세종) [게임학부 게임소프트웨어전공 (공학계)]	• 게임소프트웨어전공(자연계열)과 게임그래픽디자인전공(미술계열)은 게임제작에 필수적인 일부 교과목을 제외하고 기본적으로 각각 독자적인 교과과정을 운영 • 게임학부 교과과정의 특징 각 전공별로 독립성을 최대한 보장하면서 게임 제작에 필수적인 교과목은 공동 으로 개설하여 운영 정규 교과목 이외에 매학기 전 학부생을 대상으로 에세이를 작성하게 하고 우수 학생들을 시상함으로써 졸업 후 실무에서 필수적인 의사소통 능력 향상 학부 내에는 Exdio, O2Cube 등 게임제작 동아리활동이 활발하며, 매년 외부 게임공모전에서 다수 입상한 실적이 있음.
동명대학교 [게임공학과]	• 학생 맞춤형 소통 프로그램 교수 (학생–상급자–산업체 상호협력) 대학생활 및 학사, 취업 및 진로를 위한 각종 상담이 TU멘토링과 각 지원 센터 에서 상호 협력하여 유기적으로 운영되고 있음. 학생 인재육성(상담, 진로/취업, 학습) 지원 시스템은 분야별(TU멘토링, 대학생 활, 취업 및 진로, 학사 등)로 세분화되어 있는 각종 상담운영 프로그램을 통합 운영하여 모든 상담이 원스톱 프로세스로 관리되는 시스템임. 대학 차원의 학생상담을 기반으로 게임공학과 인성교육상담은 상급자멘토, 산 업체멘토와 함께 학년별/수준별 맞춤형으로 학생과 소통하는 프로그램을 통해 지도함.
동의대학교 [디지털콘텐츠 게임애니메이션학부]	• 문화체육관광부 산하 한국콘텐츠진흥원의 '한국문화원형 콘텐츠 개발지원사업' 을 수행 • '문화콘텐츠 특성화교육기관 지원사업'에 2년 연속 선정되어 2006년부터 교비 및 국비 10억 원 등을 지원받는 문화콘텐츠 특성화 전공 • 실무 중심의 게임기획자, 게임 프로그래머, 2D/3D 게임그래픽스/애니메이션 콘텐츠 개발자 등의 전문가를 양성

정보·통신공학과

Q 정보·통신공학과가 미래 필요한 인재를 양성하는 학과라고 들었습니다. 구체적으로 어떤 것을 배우며, 어떤 곳으로 진로가 결정되는지 알고 싶습니다.

A 정보·통신공학은 정보를 빠르고 안정적으로 전송하기 위한 방법을 연구하고 데이터 통신과 광통신 등을 연구하는 첨단 분야로 각종 인터넷이나 스마트폰 등을 비롯해 항공기, 자동차 등에 적용을 위한 것까지 포괄하는 학문입니다. 관련 학과에서는 통신공학에 대한 이론을 비롯해 정보수집 및 관리기술, 정보 분석, 정보처리, 컴퓨터시스템, 네트워크, 인공지능에 대한 다양한 과목을 통해 졸업 후 유무선 통신 관련 분야, 네트워크 관리 분야, IT기기 개발 분야 등으로 진출합니다.

Q 정보·통신공학과에 관심이 많은데 진학하기 전 어떤 역량을 쌓으면 좋을까요?

A 정보·통신공학과에 진학하기 위해서는 고등학교 때 수학·통계·물리 등에 대한 기본지식과 전기전자공학에 대한 기초지식이 필요합니다. 그리고 컴퓨터와 정보통신은 서로 밀접한 관련이 있기 때문에 서로의 영역에 대한 이해할 수 있는 능력과 논리적인 사고력, 과학적인 응용력 및 정확한 판단력, 기계나 사물의 원리에 대한 호기심과 탐구심이 중요합니다.

Q 대학 때는 어떤 교과목을 배우나요?

A 전자공학, 컴퓨터공학에서 배우는 교과목도 많이 배우며, 기초과목으로 회로이론, 마이크로프로세서, 정보통신개론, 디지털시스템, 디지털통신 등을 학습합니다. 그리고 심화과목으로는 프로그래밍언어, 고급논리회로, 컴퓨터구조, 컴퓨터네트워크, 디지털신호처리, 이동통신, 멀티미디어통신, 무선통신, 차세대인터넷, 정보 통신설계 등을 배워 다양한 곳으로 진학합니다.

Q 다양한 과목들을 많이 배우는데 그 과목들이 구체적으로 어떤 내용을 배우는지 궁금해요.

A

기초과목	디지털 시스템	기본적인 디지털 논리회로 설계 능력을 바탕으로 각종 디지털 시스템을 디지털 로직을 사용하여 설계하는 방법 학습
	정보통신 공학개론	정보통신공학 전반에 대한 기본 개념을 다루며 주요 내용은 데이터 통신 컴퓨터 통신망 신호의 개념과 변조 및 복조, LAN과 WAN, 그리고 인터넷 이용법 학습
심화과목	C 프로그래밍	실세계의 문제를 어떻게 컴퓨터를 이용하여 풀 것인가에 대해 일반적인 원칙과 이론을 학습하고, 효과적이고 효율적인 프로그램을 개발할 수 있는 기초 능력학습
	디지털논리 설계	컴퓨터 시스템 회로의 기본 구성 요소와 논리 게이트의 동작에 대한 이진논리 및 전반적인 디지털 논리 게이트 학습
	데이터 구조론	데이터 구조의 개념을 이해하고 S/W에서 데이터 구조가 중요성 학습
	신호변환	아날로그, 디지털 형태에서 신호의 기본적인 이론 그리고 신호 표현에 대한 기술을 소개하며 푸리에 시리즈, 푸리에 변환, 샘플링 이론, 선형 시스템 학습
	초고속 통신망	기존의 전화망과 데이터망의 통신 기술에 근거하여 현재 논의되는 고속통신망 기술과 고속 LAN 기술을 공부하며, 이에 관련된 통신 프로토콜과 표준화 동향학습
	지능형 시스템	지능학습의 기법을 활용하여 효율적인 통신 시스템을 구축하는 기법 학습
	정보통신 수학	시스템 해석의 기초를 익히기 위해, 주기 및 비주기 신호의 해석, 선형 시스템의 특성, 푸리에 해석, 라플라스 변환 등의 학습

정보통신공학과 (커리어넷 학과정보)

137

Q '정보·통신공학과'를 졸업 후 진로가 많다고 했는데 구체적으로 어떤 직업을 가지나요?

A 통신 분야, 컴퓨터 분야, 빅데이터 분야 등 다양한 곳에서 활동하고 있습니다. 가상현실전문가, 게임프로그래머, 네트워크관리자, 네트워크엔지니어, 네트워크프로그래머, 데이터베이스개발자, 디지털영상처리전문가, 모바일콘텐츠개발자, 방송송출장비기사, 사이버수사요원, 시스템소프트웨어개발자, 음성처리전문가, 응용소프트웨어개발자, 전자통신 장비기술영업원, 정보시스템운영자, 정보통신 관련 관리자, 정보통신컨설턴트, 지리정보 시스템전문가(GIS전문가), 컴퓨터보안전문가, 컴퓨터시스템감리전문가, 컴퓨터프로그래머, 컴퓨터하드웨어기술자, 통신공학기술자, 통신기기기술자, 통신기술개발자, 통신망운영기술자, 통신장비기사, 통신장비기술자, 풍력발전시스템운영관리자, 컴퓨터강사 등 우리가 익숙한 직업도 있지만 처음 접하는 직업도 보일 것입니다. 그리고 공공기관의 전산실이나 공학계열의 교수나 변리사 직업을 선택한 선배들도 있습니다.

Q 그럼 고등학교 때는 어떤 과목을 선택하면 좋을까요?

A

정보·통신공학과 전공 공부에 도움이 되는 교과				
교과영역	교과(군)	공통과목	선택 과목	
			일반선택	진로선택
기초	국어	국어	화법과 작문, 문학, 언어와 매체, 독서	
	수학	수학	수학I, 수학II, 미적분, 확률과 통계	기하
	영어	영어	영어I, 영어II	
	한국사	한국사		

탐구	사회 (역사, 도덕)	통합사회		
	과학	통합과학 과학탐구 실험	물리I, 화학I	물리II, 융합과학
생활 교양			제2외국어I, 기술·가정, 정보	공학일반

Q 정보·통신공학과 중 몇 개 대학을 소개해주세요.

A

건국대학교 [스마트ICT융합공학과]	• 교육부 산업수요 맞춤형사업(PRIME사업)의 대표대학 4차 산업혁명시대를 이끌어갈 분야인 미래에너지공학, 스마트운행체공학, 스마트ICT융합공학, 화장품공학 등 4개 학과로 특성화하여 신산업 수요에 적합한 우수인재 양성을 목표 • 교수연구역량, 전임교원 강의비율, 장학금 수혜율 및 교수대비 학생 수 등에서 건국대 내는 물론 및 전국에서 최고수준을 지향하고 있으며, 영어강의비율, 산업현장 연계과목, 4+1 대학원 연계 제도 등 새로운 학사제도를 적용하여 차별화된 교육을 진행
서울과학기술대학교 [전자IT미디어공학과]	전자정보공학과 미디어IT공학을 융합하여 설립. IT 기술은 현대 사회의 모든 부분을 근본적으로 바꾸어 놓고 있으며, 특히, 전자, 통신, 방송, 멀티미디어, 인터넷 등의 다양한 기술과 서비스가 융합 • **전자공학프로그램** 각 분야별 균형 있는 이론과 실습 교육, 세부 전공의 실습과 설계능력 배양을 위한 실용적인 교육과정, 엄격한 지도하의 졸업 작품 제작 그리고 연구실 및 실험실 활성화 라인트레이서, 로봇축구, 창의공학설계, 임베디드 시스템, 발명전시회 등의 각종 대회에서 우수한 성적으로 입상하고 있으며, 졸업생들은 전자산업 분야의 대기업과 공기업, 벤처기업, 대학원 등에서 주도적인 역할 • **IT미디어공학프로그램** 4차 산업혁명을 주도하는 전자공학 기반의 창의적 IT(정보통신) 미디어산업 인재양성을 목표로, 전자공학, 정보통신공학과 미디어공학 분야를 융합시킬 수 있는 창의적인 인재를 체계적으로 양성 전자공학과 정보통신(IT)공학 분야 및 미디어공학의 요소 학문인 통신공학, 반도체 집적회로, 전력전자, 빅데이터와 머신러닝, 마이크로프로세서, 실감 미디어 영상 신호처리, IT (정보통신) 융합기술, 컴퓨터 비전 등의 다양한 전문지식을 습득할 수 있는 교육과정

	나노IT디자인융합대학원–정보통신미디어공학 전공은 박사과정이 개설되어 있어서, 일반대학원–미디어IT공학 전공과 더불어 매년 다수의 석박사 고급 인력을 배출
광운대학교 [전자통신공학과]	• 전자통신 기본 이론의 논리적 이해력을 높이고, 최첨단 IT 교육 장비를 사용하는 이론형 실습 과목을 집중 배치하여 현장 친화적 실험 실습을 실시 • 컴퓨터 시뮬레이션 교육을 통해 각종 회로 해석 및 설계 능력을 배양하면서, 프로젝트형 심화 교육을 통한 창의적 기술 창조 능력 키우기 • 전자통신기술 분야의 전문이론과 공학적 문제를 능동적으로 해결할 수 있는 실무형 응용 능력을 갖춘 전문 기술인재를 양성
한양대학교 [정보시스템학과]	• '정보시스템학과' 경영학과 컴퓨터과학의 접목으로 이루어진 학과 조직에서 컴퓨터가 어떻게 활용되고 정보자원이 어떻게 하면 경영 성과를 높일 수 있는가에 관한 구체적인 학문 • 컴퓨터 공학, 전자공학과 VS 정보시스템학과 전자공학은 미시적, 컴퓨터 공학부는 거시적인 것과 미시적 영역의 중간이라면 정보시스템학과는 가장 거시적인 영역 어느 특정 영역에만 치우치지 않고 문·이과적 특성을 고루 갖춘 정보시스템학과는 간학문적인 통섭의 시대를 가장 잘 반영하고 있기 때문에 그 가치와 발전 가능성은 무궁무진하다고 할 수 있음. • '공과대학' + '상경계열' 정보시스템학과는 문·이과 융복합적인 학과로 다른 공과대학과 달리 학과 커리큘럼 내에 경영학 수업도 들을 수 있음. 경영학과 학생들과 경쟁할 필요 없이 경영학 수업을 들을 수 있고, 계열은 상경계열이고 편제상 공과대학 소속으로 두 가지의 타이틀을 얻는다는 장점이 있으며 진로도 상경계열과 이공계열로 다양하게 진출
인하대학교 [정보통신공학과]	졸업생들은 정보통신 분야의 대기업은 물론 국내 우수한 정보통신 분야의 대학원에 진학하거나 외국유학이 가능하며 정보통신 관련 국책연구소 및 기업체 연구소에서 연구 수행이 가능 기업체의 경우 유무선 전자통신, 멀티미디어, 광통신, 반도체칩, 디스플레이, 정보통신 소프트웨어 산업 등 다양한 기업체로 진출 • 통신 관련: SK텔레콤, KT, LG 유플러스 등 • 전자 및 반도체 관련: 삼성전자, LG전자, 삼성전기, 삼성SDI, SK하이닉스, LG 디스플레이, LG화학 등 • 자동차 관련: 현대모비스, 현대자동차, 현대오토론, LG전자 등 • 컴퓨터 관련: 삼성SDS, LG CNS, SK C&C, NAVER, 엔씨소프트, 티맥스소프트 등 • 국가연구소: 전자통신연구원(ETRI), 전자부품연구원, KIST 등

정보·보안·보호공학과

Q 시스템 보안설계자가 되고 싶은데 정보·보안·보호학과를 진학하면 되나요?

A 네. 그 외에도 시스템 보안을 다루는 학과는 상관없지만 정보·보안·보호학과도 적합한 학과입니다.

정보·보안·보호학과는 정보화사회, 혹은 점차 고도화되고 있는 IoT사회에서는 정보시스템과 정보자산을 보호하기 위한 것의 중요성도 커지고 있습니다. 정보·보안·보호 관련 학과에서는 이러한 정보자산을 보호하기 위한 암호기술, 프로그래밍, 네트워크보안, 시스템보안과 관련한 이론과 기술을 익혀 졸업 후 정보보안전문가로서 보안정책수립, 시스템운영관리, 침입차단 및 방지, 신속한 대응 및 복구와 관련한 업무를 수행합니다.

Q 그럼 평소에 어떤 역량을 키우면 될까요. 고등학교 때는 어떤 과목을 열심히 하는 게 좋을까요?

A 우선 수학, 통계학에 대한 학습이 필요합니다. 그리고 암호해독 등 정보보안 분야에 흥미가 있는 학생이면 좋습니다. 해킹이 갈수록 지능적이고 첨단화되고 있으므로 보안을 위해 지속적인 학습과 연구 자세가 필요합니다. 정보보호 및 보안을 위한 윤리의식과 책임의식이 필요하고 문제점을 찾고 해결하는 업무를 위한 분석적이고 꼼꼼한 성향의 학생이 적합하기 때문에 다양한 역량이 필요합니다.

Q 대학에서는 컴퓨터 공학에서 배우는 과목을 배우나요. 아니면 색다른 과목들을 많이 배우나요?

A 네. 컴퓨터 공학에서 배우는 교과목에 보안시스템에 대한 교과목을 배웁

니다. 기초과목으로는 정보윤리, 정보보호개론, 프로그램기초, 프로그램 응용, 정보보안일반, 운영체제론, JAVA 프로그래밍, 데이터베이스, 파일처리론, 현대암호론, 민간경비론, 디지털논리 등을 배웁니다.

심화과목으로는 보안 프로그래밍, 산업 보안관리, 시스템 보안, 네트워크 보안관리, 정보보안기술, 사이버범죄론, 보안망분석 등 보안시스템 과목을 공부합니다.

Q 대학에서 다양한 과목들을 배우는데 각 과목들이 구체적으로 어떤 것을 배우는지 알 수 있을까요?

A

기초과목	데이터베이스	실세계의 다양한 정보원들을 조직화하여 통합 저장하는 데이터베이스와 이를 중앙 관리하는 데이터베이스 관리 시스템 및 관련 이론과 기술 학습
	컴퓨터 네트워크	TCP/IP 프로토콜에 기반을 둔 컴퓨터 네트워크에 대한 기본 개념을 이해하고, FTP, SMTP, HTTP 등의 각종 네트워크 관련 응용 서비스의 동작 원리와 개념학습
	컴퓨터구조	컴퓨터의 작동 원리에 관한 이론 학습
	컴퓨터 프로그래밍	컴퓨터 언어를 이해하고 실용적인 프로그램을 작성할 수 있도록 프로그래밍 기법을 익히는 과목으로서 C언어를 중심으로 논리적인 문법을 배우고, 여러 가지 실제 프로그램 응용 예에 적용하는 방법을 학습함으로써 프로그램을 작성할 수 있는 기본 소양 학습
	컴퓨터 네트워크	TCP/IP 프로토콜에 기반을 둔 컴퓨터 네트워크에 대한 기본 개념을 이해하고, FTP, SMTP, HTTP 등의 각종 네트워크 관련 응용 서비스의 동작 원리와 개념을 배웁니다.
	이산수학	컴퓨터를 공부하는 데 필요한 수학적 내용 중에서 이산 수학에 대한 내용을 컴퓨터와 연관 지어서 다루며 수학적인 내용과 프로그래밍 기법 등 학습
	논리회로	컴퓨터 시스템의 구성 요소인 각 디지털 모듈의 동작 해석과 설계 방법 학습
심화과목	인터넷 보안	인터넷 보안 프로토콜인 IPsec과 SSL 프로토콜을 중심으로 배우고 Network와 Internet의 접속을 제한하고 패킷을 filtering하는 firewall, 침입을 검출하는 침입탐지 시스템의 기본 원리, 그리고 컴퓨터 virus의 분류, 발견 구제의 원리 학습

	보안관리	정보보안 관리와 거버넌스, 암호 기법, 통신 보안, 표준화 학습

정보보호학과 (커리어넷 학과정보)

Q 대학 졸업 후 진로는 어떻게 되나요?

A 네. 보통 네트워크엔지니어, 사이버수사요원, 정보통신컨설턴트, 컴퓨터보안전문가, 컴퓨터시스템 감리전문가로 활약을 많이 합니다. 그리고 국정원, 인터넷진흥원, 국가보안연구소, 금융보안원, 금융결제원 등 공기업에서도 많이 일하고 있습니다.

Q 대학에 가서 학업에 도움이 되기 위해서는 고등학교 때 어떤 교과를 학습해야 하나요?

A

정보보안·보호학과 전공 공부에 도움이 되는 교과

교과영역	교과(군)	공통과목	선택 과목	
			일반선택	진로선택
기초	국어	국어	화법과 작문, 문학, 언어와 매체, 독서	
	수학	수학	수학I, 수학II, 미적분, 확률과 통계	기하
	영어	영어	영어I, 영어II	
	한국사	한국사		
탐구	사회 (역사, 도덕)	통합사회	정치와 법, 생활과 윤리	
	과학	통합과학 과학탐구 실험	물리I, 화학I	물리II, 융합과학
생활 교양			제2외국어I, 기술·가정, 정보	공학일반

정보보안·보호학과 중 몇 개 대학을 소개해주세요.

A

아주대학교 [사이버보안학과]	• 정보보호 특성화 대학 선정 2015년 미래창조과학부의 'K-ICT 시큐리티 발전전략'의 중점 추진 과제 정보보호 특성화 사업대학 사업 선정(아주대, 고려대, 서울대) • 사이버보안학과 개설 정보컴퓨터공학과를 기반으로 정보보호 분야를 특성화하여 소프트웨어보안전공을 사이버보안학과로 확대 개편 국내 최고의 시설 Cyber War Room 구축과 국내의 우수 기업 및 해외대학과 인턴십 및 상호 교류 수행 • 다양한 정보보호 분야 체험형 현장학습 **WINS** 네트워크 보안 솔루션 분야 국내 시장점유율 1위 **MarkAny®** 세계 최초 DRM 솔루션 개발 및 국내 SW업계 최다 특허 보유 • **SECUVE** 국내 서버 보안(시큐어 OS) 분야 1위 **STEALIEN** 화이트 해커로 구성된 핀테크, IoT 보안 전문 **ebay** 글로벌 보안관제 제공 및 보안기술 적용
국민대학교 [정보보안암호수학과]	• 정보보안암호수학과 수학기반 암호학의 체계적인 교육을 바탕으로 정보보안 전문가 양성에 필요한 교육과정이 균형 있게 구성 수학, 컴퓨터공학 중심의 학과기초 과목부터 부채널분석, 금융보안, 디지털포렌식 등 전공 심화과정 • 암호기술 IT보안의 원천기술인 암호기술을 바탕으로 암호모듈의 개발능력, 스마트카드 안전성 분석 기술, 디지털 포렌식 증거 분석 기술 등을 보유 • 다양한 인턴십으로 전문 인재 양성 BK+ 미래금융정보보안 전문 인력 양성 사업을 비롯한 산학협력 선도대학(LINC), 수도권대학특성화사업(CK-II), 창업선도대학육성사업, SW 특성화대학 등을 통한 특별지원으로 현장실습, 국내외 기업 인턴, 해외 유명대학에서 교환학생 및 유학의 기회를 제공함으로써 사회에서 요구하는 창의성과 리더십을 겸비한 글로벌 융합형 정보보안/암호/수학 전문 인재 양성
세종대학교 [정보보호학과]	• 컴퓨터공학+정보보호계열 진로 컴퓨터과학의 기초와 정보보호의 기초를 골고루 익힘으로써 타 분야와의 큰 차별성을 갖추게 되어, 기존의 컴퓨터공학 졸업생과 진로를 함께 할 수 있을 뿐만 아니라, 정보보호 인력에 대한 시대적 요구에 부응하는 정보보호 관련 산업 분야에서도 신규 진로를 개척

	대학원에서 정보보호를 전공한 경우에는, 대학, 연구소 및 관련 기업에서의 진로를 더욱 넓힐 수 있다. 진로와 관련된 산업 분야는, 소프트웨어, 정보통신, 전자, 전기, 금융, 보험, 공항, 항만, 건물시설, 생산설비, 국방 등 정보보호 기술 인력을 요구하는 각종 분야를 포함
성신여자대학교 [융합보안공학과]	• '융합보안공학과'란? 정보보호, 정보통신, 컴퓨터 공학적 지식과 실무 능력을 갖춘 기술적, 물리적, 관리적 보안 전문 인력을 양성하는 학과 융합보안은 정보의 수집, 가공, 저장, 검색, 송신, 수신 중에 있을 수 있는 정보의 훼손, 변조, 유출 등을 방지하기 위한 기술적, 물리적, 관리적 수단 IT기술과 융합산업의 발전 속도에 맞춰 정보보호 기술, 표준, 제도를 발전시킬 수 있는 융합보안전문가 수요가 급증 • 다양한 보안 트랙 디지털보안트랙, 산업보안트랙, 융합보안트랙의 세 가지 트랙 구조로 이론과 실무의 균형 잡힌 커리큘럼을 바탕으로, 융합 프로젝트와 문제해결형 수업을 통해 산업체에서 요구하는 인재를 양성
서울여자대학교 [정보보호학과]	• 고품격 실무형 인재양성 (MOU 체결을 통해서 인턴십 프로그램 운영, 기업실무인력이 참여) 정보보안 산업 활성화를 위한 공동 정책 연구 수행 상호발전을 도모할 수 있는 공동 관심 분야를 확장 실무교육 현장실습과 관련하여 협력 실무교육 및 연구협력을 위한 인력의 교류 및 공동 세미나 개최 정보보호 분야 실무형 교육 인증 프로그램을 공동개발 및 운영 • 참여기업 금융보안연구원 / 네오위즈 / 라온시큐어 / 롯데정보통신 / 마이크로소프트 / 세븐코어 / 소만사소프트포럼 / 안랩 / 윈스 / SK인포섹 / A3 시큐리티 / 엘에스웨어 / 이지서티 / 코스콤 큐브피아 / 한국인터넷진흥원 / 한국정보산업협회 / 한국지식정보보안산업협회

졸업해서
나아갈 수 있는 분야

전기 분야

➲ 신재생 에너지 전문가

Ⓠ 어떤 일을 하나요?

Ⓐ 신재생에너지 전문가는 태양광, 풍력, 지열, 바이오 에너지, 연료전지, 수소 에너지 등을 이용하여 전기를 생산하고 이용하는 기술을 개발하고, 신재생에너지를 이용하여 보다 효율적으로 전기를 생산하고 공급할 수 있는 장비를 개발하고 관리하는 일을 합니다.
태양광발전, 풍력발전, 지열발전 등과 같이 신재생에너지를 생산하는 발전 시스템을 설치하고 운영하는 일도 합니다.

Ⓠ 관련 자격증은 어떤 것이 있나요?

Ⓐ 전기 관련 사업을 하기 위해서는 전기기사/ 산업기사/기능사, 전기공사 기사/산업기사 등의 국가 자격을 가지고 있으면 도움이 됩니다.

Ⓠ 미래 직업 전망은 어떠한가요?

Ⓐ 우리나라에서 신재생에너지 전문가가 할 일이 늘어나고 있습니다. 정부는

2030년까지 우리나라 에너지의 20% 정도를 태양광과 풍력 등과 같은 신재생에너지로 늘려 생산하겠다는 계획을 갖고 있습니다. 원자력은 줄이고 신재생에너지 생산을 늘리려는 정책이 앞으로 이어질 것으로 보입니다.

과거에는 신재생에너지가 다른 에너지보다 많이 비싸다는 단점이 있었습니다. 하지만 최근에는 기술 발전이 이루어지면서 신재생에너지를 이용하여 전기를 생산하는 비용이 많이 낮아지고 있습니다. 이러한 점에 비추어 보면 신재생에너지 전문가의 일자리 전망은 상당히 좋습니다.

➲ 무인자동차 엔지니어

Q 어떤 일을 하나요?

A 무인 자동차 엔지니어는 무인 자동차가 도로를 달리는 데에 필요한 전문 분야의 첨단 기술을 설계하고 개발하는 일을 합니다. 복잡한 여러 전문 기술들을 다양한 방식으로 결합하여 무인 자동차를 설계하고 만드는 업무를 수행하는 데 여기에 필요한 주요 기술에는 무인 자동차 주변의 상황을 파악하는 기술, 자동으로 무인 자동차의 움직임을 조절하는 기술 등 다양한 기술 분야가 필요합니다.

Q 필요한 자격증이 있나요?

A 무인 자동차 엔지니어와 관련된 자격으로는 자동차, 기계 제작, 전자, 정보 기술 분야의 국가 기술 자격이 있습니다. 자격증 외 사물인터넷 기술을 적용하여 스마트 차량 제작을 할 수 있도록 도와주는 훈련 과정이 K-ICT 디바이스 랩을 이용합니다.

Ⓠ **미래 직업 전망은 어떠한가요?**

Ⓐ 앞으로는 비디오카메라, 방향 표시기, 인공지능 소프트웨어, 위성 위치 확인 시스템(GPS) 등을 기반으로 작동하는 무인 자동차는 교통사고 예방, 운전자의 자유로운 시간 활용, 효율적 차량 운행을 통한 탄소 배출 등에 효과를 발휘할 것입니다. 미국뿐만 아니라 일본, 독일, 영국 등 여러 자동차 강국에서도 자율주행차 개발과 상업적인 활용을 지원하기 위해 정부가 직간접적으로 나서면서 자율주행차 시장은 계속 커질 것으로 보입니다.

➲ 스마트 그리드 엔지니어

Ⓠ **스마트 그리드 엔지니어는 어떤 일을 하며, 나중 취업은 어디에 하나요?**

Ⓐ 스마트 그리드 엔지니어는 전기를 생산, 운반, 소비하는 과정을 정보 통신 기술과 결합하여 지능형 전력망을 개발합니다. 효율적으로 전력을 관리하는 지능형 전력망(스마트 그리드)을 운영하고, 지능형 전력망에 필요한 전기기기, 각종 전력 제어용 센서, 네트워크 장비, 데이터 처리 장비 등 각종 제품을 개발합니다. 스마트 그리드 엔지니어는 전기공사 업체, 발전시설, 변전소, 전기 관련 연구소, 시공업체, 감리업체 등에서 일할 수 있습니다.

Ⓠ **이 직업은 어떻게 준비할 수 있나요?**

Ⓐ 스마트 그리드 관련 협회, 대학, 연구소 등에서 스마트 그리드 인력을 양성하기 위한 훈련 과정을 개설하고 있고, 한국스마트그리드협회, 제주테크노파크 등에서는 취업 지원자나 직장인을 대상으로 교육과정을 개설하고 있습니다. 또한 여러 대학에서는 청년들이나 관련 분야 직장인을 위한 훈련 과정을 개설하여 운영하고 있습니다. 스마트 그리드 엔지니어가 되기 위해

전기기능사·기사, 전기공사기사·산업기사, 발송배전기술사, 전기응용기술사, 정보통신기사·산업기사 등의 자격증은 도움이 됩니다.

Q 이 직업의 미래는 어떠한가요?

A 전기를 생산할 수 있는 발전소는 정해져 있는데 전기를 점점 많이 사용하게 되면서 보다 효율적으로 전기 생산자와 소비자를 연결시킬 필요성이 높아지고 있습니다. 스마트 그리드 기술은 전기를 생산하여 소비자에게 도착하기까지의 전력 시스템 전반과 관련이 있습니다.

우리나라에서는 2009년 제주에서 처음으로 스마트 그리드 시범 사업을 실시하였고, 정부에서는 스마트 그리드 활성화를 위하여 지속적으로 투자 계획을 세워 지능형 전력망을 설치할 계획이 있습니다. 스마트 그리드 엔지니어는 앞으로 더욱 주목받는 직업입니다.

➡ 해양 에너지 기술자

Q 해양 에너지 기술자는 어떤 일을 하며, 어떤 곳에서 근무하나요?

A 해양 에너지 기술자는 파도, 조류, 조력, 해수 온도 차를 이용하여 에너지를 얻는 기술을 연구하고, 바다의 자원을 활용할 수 있는 방법과 기술을 개발하는 일을 합니다. 바다에 넓게 존재하고 있는 파랑(파도), 조류, 바다의 온도 차이 등을 전기에너지로 바꾸는 기술을 연구하고 관련 기계나 설비를 개발하고, 바다를 조사하고 자원을 개발하기 위해 만드는 시설물(해양 구조물)을 설치하고 관리도 합니다. 그리고 해양 에너지 자원을 조사하고 해양 에너지를 이용할 경우에 환경에 어떠한 영향을 미치는지 평가합니다. 해양 에너지 기술자는 정부 산하의 연구 기관, 대학 부설 연구소, 기업의

기술 연구소, 한국해양과학기술원, 국립해양조사원, 한국에너지기술연구원 등에서 일합니다.

Q **어떤 준비과정이 필요한가요?**

A 대학에서 해양공학과, 해양학과, 에너지공학, 자원공학, 환경학, 전기공학, 전자공학, 기계공학 등을 선택하여 해양 에너지 기술자가 되는 데 필요한 전문적인 지식과 기술을 배울 수 있습니다. 해양 관련 협회, 한국기술사회 등에서는 해양을 이용하고 개발하는 데 필요한 기술에 관한 훈련 과정을 배웁니다.

해양 에너지 기술자에게 도움이 될 수 있는 자격으로는 해양자원개발기사, 재생에너지발전설비기능사·기사, 에너지관리기능사·기사, 자원관리기술사, 시추기능사 등이 있습니다.

Q **미래 직업 전망은 어떠한가요?**

A 해양 에너지는 발전 가능성이 많은 분야이지만 현재까지는 해양 에너지 전문회사가 많지 않습니다. 해양 에너지는 앞으로 자원이 빈약한 우리나라에서 에너지를 더 많이 확보할 수 있는 중요한 역할을 할 것입니다. 석유나 가스와 같은 화석연료는 없지만 3면이 바다로 둘러싸인 우리나라의 특성상 해양에서 전기를 얻으려는 노력을 할 것이라 예상되기 때문에 미래에 전망 있는 직업입니다.

전자 분야

➡ 의료기기 개발 전문가

Q 어떤 일을 하는지, 어느 곳에서 일하는지 궁금합니다.

A 의료기기 개발 전문가는 환자모니터, 초음파기기, X선 촬영(X-ray), 자기공명영상(MRI) 등의 의료 기기를 설계하고 개발합니다. 최신 과학기술을 접목하여 의료기기 개발 계획을 수립하고, 개발 방법에 대한 전략 수립 및 진행 방법을 기획합니다. 의료기기 개발을 위한 연구용 기자재 관리, 도면 관리, 품질 관리 등 전반적인 연구관리 업무를 수행하며, 개발된 의료 기기를 검사하고 점검합니다.

주로 전자 산업 분야에서 활동하며, 생명과학 정보 통신, 건강관리 등의 분야에서도 활동하고 있습니다.

Q 어떻게 전문성을 높일 수 있나요?

A 최근 ICT와 의료 분야를 융합한 건강관리 분야가 새롭게 출현하여 급속도로 성장하고 있습니다. 따라서 의료기기 전문가로서 경력을 개발하고 보다 높은 전문성을 쌓기 위해서는 의료지식뿐만 아니라 ICT 기술에 대한 지식을 쌓는 것이 필요하고, 미래에는 의료기기개발 기업이나 연구소 등을 창업하여 운영할 수 있습니다.

의료기기 전문가가 되기 위한 필수자격증은 없지만, 의료전자기능사, 전자 캐드기능사, 광학기능사 등의 자격증이 도움이 됩니다.

직업에 대한 미래 전망은 어떠한가요?

A 삶의 질에 대한 관심이 늘어나고 노인 인구가 점점 많아지면서 건강에 대한 관심이 높아지고 있습니다. 이러한 이유로 최근 최신 과학기술과 의료 분야가 융합되어 건강관리라는 분야가 새롭게 출현하였고, 자연스레 의료산업의 성장과 함께 의료기기산업이 발전하고 있습니다.

게다가 정부에서도 의료 기기산업을 육성하고 지원하기 위한 다양한 정책들을 내고 있기 때문에 앞으로 환자에게 다양하고 편리한 의료서비스를 제공하기 위하여 이 분야는 지속적으로 발전될 것으로 보이며 이에 따라 전문 인력도 점점 더 많이 필요해지는 상황입니다. 따라서 의료기기 분야에 대한 능력만 갖춘다면 비교적 쉽게 취업이 가능합니다.

➡ 홀로그램 전문가

Q 홀로그램이 무슨 뜻이고, 홀로그램 전문가는 어떤 직업인가요?

A 홀로그램(hologram)은 그리스어 holo(완전한)+gram(정보, 영상)의 합성어로 빛의 간섭 효과를 이용한 3차원 입체 영상 제작 기술을 말합니다.

홀로그램 전문가는 영상 콘텐츠를 기획하고 제작하는 분야에 진출하며, 홀로그램 콘텐츠 기획자, 문화 예술 공연 기획자, 스토리텔링 작가, 홀로그램 디자이너, 홀로그램 기술엔지니어 등으로 활동을 합니다. 최근에는 인공지능 기술과의 접목을 통해 관련 직업이 더 늘어날 것으로 예상됩니다.

Q 필요한 자격증은 무엇이며, 어디서 일하나요?

A 컴퓨터 그래픽 관련 자격증을 따면 됩니다. 홀로그램 전문가는 기술 개발과 연구와 관련된 분야인 연구소에서 일할 수도 있고, 콘텐츠 기획과 제작

을 하는 영상 제작업체, 전시 기획사, 공연 기획사, 멀티미디어 제작업체 등 다양한 곳에서 활동할 수 있습니다.

Q 홀로그램 전문가는 생소한 직업인데 미래 전망은 어떠한가요?

A 전 세계적으로 더 발전된 기술 개발을 위해 투자를 많이 하고 있는 상황이기 때문에 문화 콘텐츠와 관련하여 시장규모가 빠르게 늘어나고 있습니다. 우리나라에서도 2020년까지 홀로그램 산업 발전 전략을 세워서 단계적 핵심 기술을 개발하고 글로벌 표준화를 완성하기 위해 노력하며, 전문 인력을 양성하고 기술을 가진 기업을 지원하고 있습니다. 향후 활용 범위도 확대될 예정이라 전문가의 필요성이 절실합니다.

➡ 스마트 의류 개발자

Q 우리가 알고 있는 의상디자이너와는 어떤 차이가 있나요?

A 스마트 의류 개발자는 단순히 옷을 만드는 것이 아니라 쾌적하고 안전하며 편리한 스마트 의류를 개발합니다. 정보 통신 기술을 이용하여 옷을 입은 사람의 심박수, 체온 등을 감지하거나 음악을 들을 수 있는 멀티미디어, 현재 위치를 확인할 수 있는 위치기반서비스를 활용하여 사람들의 생활을 풍요롭게 만드는 스마트 의류를 연구하고 개발합니다.

섬유공학 기술자는 그동안 사용하던 섬유소재와 섬유 제품의 기능을 개선하기 위하여 연구하고 분석하고, 스마트섬유연구원은 패션, 헬스 케어, 의료, 스포츠 등 다양한 분야에서 사용되는 스마트섬유를 연구하고 개발합니다.

Q 스마트 의류 개발자가 되기 위해서는 어떤 과정을 거쳐야 하나요?

A 의류산업학과, 의상학과, 전기전자공학과, 섬유공학과 등에서 스마트 의류 개발자가 필요로 하는 학습을 할 수 있습니다. 섬유기사·산업기사, 의류기사·산업기사 등의 자격을 취득하면 의류제작에 관한 지식을 얻을 수 있고, 정보 통신과 관련된 다양한 자격도 스마트 의류 개발자에게 도움이 됩니다.

실력이 쌓이면 의류를 만드는 의류기업, 패션 관련 연구소, 생산기술 연구원, 기업 내 연구소, 대학 내 연구소 등에 취업할 수 있습니다.

Q 스마트 의류 개발자는 앞으로 어느 쪽에 비전이 있을까요?

A '아이언맨 슈트', '소프트 엑소 슈트' 등 스마트 의류는 이제 시작 단계입니다. 인공지능과 빅데이터, 사물인터넷 등의 첨단기술이 비약적으로 발전하면서 스마트 의류도 앞으로 크게 성장할 것입니다. 최근 스마트 의류와 관련된 특허출원이 늘어났고, 세계적으로 스마트 의류의 시장 규모가 앞으로 크게 확대될 것으로 예상됩니다.

컴퓨터 분야

➔ 블록체인 전문가

Q 아직 '블록체인' 용어도 낯설어요.

A 우선 '블록체인'은 누구나 열람할 수 있는 장부에 거래 내역을 공개적으로 기록하고 여러 대의 컴퓨터에 이를 복제하여 저장하는 기술입니다. 다수의

합의로 결정된 장부를 여러 대의 컴퓨터가 동시에 저장하기 때문에 해킹을 막을 수 있고 조작이나 변경이 불가능합니다.

블록체인 전문가는 블록체인 기술을 활용할 수 있는 분야나 산업을 찾고 이를 적용하기 위한 소프트웨어를 설계하고 개발하고 암호화폐 개발을 합니다. ('암호화폐'란 실물 없이 사이버 상에서 전자 정보의 형태로 거래되는 전자화폐로, 복제나 위변조를 막기 위해 암호 기술을 통해 만들기 때문에 암호화폐라고 부르기도 하며, 블록체인 기반 암호화폐는 각국 정부나 중앙은행이 발행하는 일반 화폐와 달리 처음 개발한 사람이 정한 규칙에 따라 가치가 매겨지기도 한다.)

Q 블록체인 전문가가 되기 위해서 어떤 능력이 필요한가요?

A 우선 일상생활 속 새로운 것에 대한 관심과 탐구 분석하는 자세가 필요하고, 논리적이고 합리적 사고를 할 수 있는 사람, 사람들의 다양한 생각이나 관점을 읽어 긍정적인 방향으로 생각을 할 수 있는 리더십이 강한 사람들이 어울립니다.

블록체인 전문가는 프로그래밍에 대한 이해를 바탕으로 블록체인 소프트웨어를 설계하고 개발하는 일을 하므로 체계적이고 논리적으로 사고하는 능력이 필요합니다.

Q 블록체인 전문가의 앞으로 비전은 어떠한가요?

A 블록체인 기술은 금융이나 거래 서비스 분야만이 아니라 정보산업, 제조, 유통, 사회, 문화 등 다양한 분야에 활용되고 있습니다. 우리나라를 포함한 주요 선진국에서는 블록체인 기술에 대한 많은 투자를 하고 있으며 이를 위한 전문 인력을 키우고 있습니다. 2009년 비트코인의 등장과 함께 처음 등장한 블록체인 기술은 아직 발전 초기 단계이기 때문에 기술의 완성

도가 높지 않고 해결해야 할 문제들이 많아 앞으로 이를 해결하기 위한 기술 개발과 연구, 정부의 투자는 더욱더 커질 것으로 예상되며 관련 일자리 수요도 크게 늘어날 것으로 예측됩니다.

➲ 사물인터넷 전문가

Q '사물인터넷'이 무슨 뜻이며, 사물인터넷 전문가는 구체적으로 어떤 일을 하나요?

A 기존의 인터넷이 컴퓨터와 무선 인터넷이 가능했던 휴대전화들이 서로 연결되어 구성되었던 것과는 달리, 사물인터넷은 책상, 자동차, 가방, 나무, 애완견 등 세상에 존재하는 모든 사물이 연결되어 구성된 인터넷이라고 할 수 있습니다.

사물인터넷 전문가는 우리 주변에 있는 사람, 사물, 공간과 관련된 데이터를 인터넷으로 연결하여 새로운 정보가 생성·수집·공유·활용되도록 하고, 이를 통해 새롭게 가치 있는 것을 만들거나 이전에 없던 편리함을 사람들에게 제공합니다.

Q 이 직업을 다른 직업과 관련성이 있는 직업이 있을까요?

A 앞으로는 연관된 다양한 직업이 필요할 것 같습니다. 사물인터넷 전문가는 정보 통신 기술(ICT) 분야의 직업인 컴퓨터 프로그래머, 컴퓨터 보안 전문가, 네트워크 시스템 개발자, 통신공학 기술자, 가전제품 개발자, 사물인터넷 표준 전문가 등의 직업과 관련성이 높습니다.

사물인터넷 기술은 다양한 분야의 기술이 융합되므로 스마트폰 애플리케이션 개발자, 빅데이터 전문가, 클라우드 컴퓨팅 개발자, 스마트 시티 개발자, 스마트 빌딩 개발자 등 여러 분야의 사람들과 함께 일을 하게 되는 경우가 많습니다. 그리고 시간에 구애받지 않고 일할 수 있는 직업이며 재택근무도 가능합니다.

Q 사물인터넷 전문가 직업이 10년 후에도 전망이 있을까요?

A 사물인터넷은 정부가 앞으로 키워나가야 할 신 성장 산업 중에 하나입니다. 현재 미국, 일본, 중국, 유럽 등 해외 주요 국가에서도 핵심 산업으로 육성하고 있고, 우리나라도 정부가 직접 나서서 사물인터넷 분야를 키우기 위해 노력하고 있습니다.

앞으로 다양한 분야에서 4차 산업혁명의 선두 역할을 할 것으로 보이기에 사물인터넷 전문가와 같은 전문성이 있는 인력은 앞으로도 계속해서 더 많이 필요해질 것입니다. 또한 다양한 아이디어를 가진 사물인터넷 전문가는 10년, 20년 후에도 인기 있는 직업이 될 것입니다.

➡ 인공지능 전문가

Q 인공지능 전문가는 무엇을 하는 직업인가요?

A 인공지능 전문가는 인간만이 갖고 있는 특징을 이해하고, 이를 바탕으로 컴퓨터와 로봇 등이 인간처럼 생각하고 결정을 내리도록 하는 기술을 개발합니다. 그리고 기존 지식을 기계가 배우도록 한 뒤에 기계가 사람 대신 일하게 만드는 기술, 저장한 지식과 여러 지식을 연결해 새로운 지식을 발견하는 기술 등 지식을 학습하고 다른 지식을 이끌어내는 기술을 개발합니다. 따라서 인공지능 전문가는 정보 통신 기술(ICT) 분야의 직업인 소프트웨어 개발, 시스템 설계 및 프로그램(응용 프로그램 개발자, 소프트웨어 엔지

니어, 시스템 개발자, 웹 디자이너, 컴퓨터 게임 디자이너 등) 등의 직업과 관련성이 높습니다.

Q 어떤 과정을 거쳐야 인공지능 전문가가 될 수 있나요?

A 대학에서 컴퓨터공학, 정보공학, 정보시스템, 정보처리나 이와 관련한 분야를 전공하는 것이 좋습니다. 그와 더불어 수학, 수리 논리학, 기초과학, 심리학, 신경생리학 등의 전공자들도 인공지능과 관련된 기초 분야를 연구하기 때문에 관련 전공을 선택하는 것이 좋습니다. 특히 인문학을 같이 공부하는 경우 인간의 활동 범위나 생각의 패턴을 알 수 있기 때문에 일을 하는 데 많은 도움이 될 것입니다.

Q 미래 전망이 좋다는 것은 알고 있습니다. 구체적으로 어떤 곳에서 일하나요?

A 인공지능 전문가는 다양한 분야의 연구소나 기업체에서 일할 수 있고 인공지능 기술은 과학, 공학, 심리학, 뇌과학이 만나는 융합 학문의 결정체이기에 관련된 분야가 많습니다. 로봇 설계뿐 아니라 게임, 재생에너지, 검색엔진, 빅데이터, 영상 및 음성 인식 등 다양한 영역에서 인공지능 기술은 활용이 가능하기 때문입니다.

최근 정부는 '4차 산업혁명'과 '인공지능'에 주목하면서 인공지능을 비롯한 사물인터넷, 자율 주행차 등에 집중적인 지원을 이야기했습니다. 따라서 앞으로 우리가 생각하지 못한 곳에서도 인공지능 전문가들이 필요한 상황이 매우 많아질 것으로 예상합니다.

계열별
핵심 키워드

핵심 키워드로 알아보는 전기 · 정보공학

Q 많은 키워드가 있는데 이 부분을 대학에서 다 공부
하는지 아니면 선택하는지 궁금합니다.

A 대학에서는 모든 학문을 광범위하게 배웁
니다. 반도체 소자 및 집적회로 분야, 전기
에너지 시스템 분야, 전자물리 및 레이저
분야, 전파 및 정보통신 분야, 제어계측 및
자동화 분야, 컴퓨터 및 초고집적 시스템 분
야를 배웁니다.

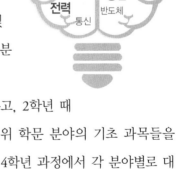

일반 대학들은 1학년 때 기초 과목을 배우고, 2학년 때
전공과목을 선택합니다. 하지만 서울대는 위 학문 분야의 기초 과목들을
학사과정 1,2,3학년 동안 다양하게 배우며 4학년 과정에서 각 분야별로 대
학원 과정 및 산업체에서 필요한 기초 전공과목을 선택합니다.

핵심 키워드로 알아보는 전기전자공학

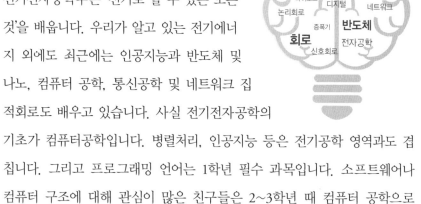

Q 전기전자 공학부에서는 어떤 것을 배우나요? 그리고 컴퓨터공학에서 배우는 내용도 같이 배우나요?

A 전기전자공학부는 '전기로 할 수 있는 모든 것'을 배웁니다. 우리가 알고 있는 전기에너지 외에도 최근에는 인공지능과 반도체 및 나노, 컴퓨터 공학, 통신공학 및 네트워크 집적회로도 배우고 있습니다. 사실 전기전자공학의 기초가 컴퓨터공학입니다. 병렬처리, 인공지능 등은 전기공학 영역과도 겹칩니다. 그리고 프로그래밍 언어는 1학년 필수 과목입니다. 소프트웨어나 컴퓨터 구조에 대해 관심이 많은 친구들은 2~3학년 때 컴퓨터 공학으로 세부전공을 정합니다.

핵심 키워드로 알아보는 융합전자공학

Q 융합전자공학부가 다른 대학의 전자공학부와 다른 장점이 있나요?

A 융합전자공학부는 한양대학교 다이아몬드 특성화 학부로 국내외 기업의 후원을 받아 입학금 및 등록금이 지원됩니다. 졸업 시에는 산학협력 기업 취업 연계, 전일제 기숙 영어

캠프가 제공되며 영어캠프에서 좋은 성적을 받은 학생은 미국 대학 어학연수를 받을 수 있습니다.

성적이 좋은 학생들은 본교 석·박사 통합과정 지원이 가능하며 졸업 시까지 전액 장학금을 받을 수 있습니다.

핵심 키워드로 알아보는 전자공학

Q 모바일 공학과는 삼성과 계약학과라고 하는 데 계약학과는 어떤 건가요?

A 어떤 학생들은 이 학과를 '삼성 모바일공학과'라고도 합니다. 삼성전자와 경북대학교 IT대학 전자공학부가 전자공학도 양성을 위해 만든 '채용조건형 계약학과'입니다. 계약학과에 입학을 하게 되면 재학생들에게 삼성전자 채용이라는 혜택과 4년간 등록금 전액 지원이 제공됩니다. 단, 최소 채용 절차를 통과해야 합니다. 통과하면 삼성전자 인턴기회와 기숙사비 지원, 삼성전자 신제품 개발 과정 참여와 우수학생 해외연수 기회 등이 제공됩니다. 이렇게 모든 과정이 지원되고 졸업 후 계약된 회사에 바로 취업할 수 있는 학과를 '계약학과'라고 합니다.

핵심 키워드로 알아보는 소프트웨어융합학

Q 컴퓨터공학이나 소프트웨어학과에서는 다양한 분야가 있다고 합니다. 그럼 경희대만의 장점이 있을까요?

A 소프트웨어융합학과는 게임콘텐츠 트랙과 미래자동차·로봇 트랙, 데이터사이언스 트랙, 융힙리더 등 트랙별 맞춤형 교육과정이 있습니다. 그리고 다른 학교의 복수전공, 부전공과 달리 전자정보대학과 공과대학, 예술디자인대학, 후마니타칼리지 등과 화학적 융합교육을 실시하고 있습니다. 소프트웨어를 단순하게 개발해보는 수준을 넘어서는 '진정한 의미의 융합교육'을 실천하고 있어 다른 대학에 비해 특화된 가치를 인정받을 수 있습니다.

계열별 연계 도서와
동영상을 추천해주세요

전기공학계열 추천도서와 동영상

💬 추천도서

도서명	지은이	출판사
New 전기를 알고 싶다	김형술, 박영식 외	골든벨
컴퓨터 과학자 15인의 지식 오디세이	김종진 외	이비컴
파인만의 여섯가지 물리이야기	박병철 외	승산
Physics 수학없는 물리	풀 휴이드 외	프로텍미디어
과학공화국 화학 법정	정완상	자음과 모음
에너지 세계일주	블랑딘 안투안 외	살림FRIEDS
세상의 모든 공식	존M.헨쇼 외	반니
물리법칙으로 이루어진 세상	정갑수	양문

💬 추천동영상

자동차공학 기술자(e-진로채널) / 커리어넷

http://www.career.go.kr/cnet/front/web/movie/catMapp/catMappView.do?ARCL_SER=1000652

자동차 공학자-미래 혁명의 선두주자! / MBC 드림주니어 31회

http://www.career.go.kr/cnet/front/web/movie/catMapp/catMappView.

do?ARCL_SER

바이오에너지 생산 시스템 기술자 인터뷰 – 대우건설 기술 연구원 유영섭

http://www.career.go.kr/cnet/front/web/movie/catMapp/catMappView.
do?ARCL_SER=1000304

What is Smart Grid? 도대체 스마트 그리드가 뭐야?

http://www.youtube.com/watch?v=wVZGR0qD7FY

해양생태연구원 / 한국고용정보원

http://www.youtube.com/watch?v=gjqpQyplzaw&feature=youtu.be

💬 전기공학 K-MOOC 참고 동영상

💬 전기공학 TED 참고 동영상

AnnMarie Thomas
**앤매리 토마스: 물렁거리는
회로를 이용한 체험 과학**
Posted Apr 2011

Greg Gage
**수를 세고 의사소통을 하는
식물의 전기 실험**
Posted Oct 2017

Kamau Gachigi
**케냐의 첫 메이커스페이스
성공 이야기**
Posted Dec 2017

Brian Cox
LHC 에 뭔 일이 생겼었나 ?
Posted May 2009

David Anderson
**당신의 뇌는 화학 물질 덩어
리 그 이상이에요.**
Posted Mar 2013

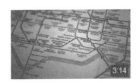

Michael Bierut
**런던 지하철 노선도를 만든
천재**
Posted Mar 2018

전자공학계열 추천도서와 동영상

💬 추천도서

도서명	지은이	출판사
만화로 배우는 전자회로	Tanaka Kenichi 외	성안당
일렉트릭 유니버스	데이비드 보더니스	생각의 나무
전자공학 만능레시피	사이먼 몽크	인사이트
눈으로 보는 힘과 운동	후지 키요시 외	아카데미서적
물리 뛰어 넘기	최경희	서울 : 동녘

석유의 종말	안 르페브로 발레디에	현실문화
의료 인공지능	최윤섭	클라우드나인
인공지능이 인간을 죽이는 날	고바야시 마사카즈	새로운제안

💬 **추천동영상**

[미래직업보고서 드림웍스] 혼합현실세계로의 여행_홀로그램 전문가

https://www.youtube.com/watch?v=ByfzTZ5zWT8

세계 최고의 의료기기 개발을 꿈꾼다−이명학 포스콤 품질관리 기술부장

http://www.youtube.com/watch?v=1gbV_CfPjPk

한국직업방송 신직업의 발견

http://www.worktv.or.kr/prog/preProgramVodView.do?progKey=53509&contentCid=69595

EBS 뉴스 〈꿈을 JOB아라〉

http://news.ebs.co.kr/ebsnews/menu1/newsAllView/10457456/H?eduNewsYn=N

홀로그램 전문가−상상하는 모든 것은 현실이된다(드림주니어 57회)

http://www.career.go.kr/cnet/front/web/movie/catMapp/catMappView.do?ARCL_SER=1021636

의류와 IT가 만나 똑똑해진 스마트 의류

http://www.youtube.com/watch?v=09YFIE4yVwM&feature=youtu.be

💬 전자공학 K-MOOC 참고 동영상

Drone-원리부터 프로그래밍까지

박희재 │ 서울과학기술대학교
2019/09/02 ~ 2019/12/15

자동차-SW-디자인 융합기술의 기초

│ 국민대학교
2019/09/11 ~ 2019/12/18

전자기학 입문 - 일반물리 Ⅱ

정윤희 │ 포항공과대학교
2019/11/04 ~ 2020/01/31

공학생리학 Ⅱ: 신경 시스템

안예찬 │ 부경대학교
2019/10/14 ~ 2019/12/23

반도 채 몰라도 들을 수 있는
반도체 소자 이야기

신창환 │ 서울시립대학교
2019/09/03 ~ 2019/12/20

서비스 로봇

박종오 │ 전남대학교
2019/09/16 ~ 2019/12/29

💬 전자공학 TED 참고 동영상

Eric Giler
에릭 가일러: 무선으로 공급되는 전기를 보여드립니다
Posted Aug 2009

Lucy McRae
루시 맥래: 테크놀로지는 어떻게 인간의 육체를 변신시킬 수 있는가?
Posted Apr 2012

Catarina Mota
스마트 물질을 갖고 놀아라.
Posted Mar 2013

Karl Skjonnemand
스스로 조립하는 미래의 반도체
Posted Feb 2019

Raffaello D'Andrea
미래의 반짝이는 비행 물체들을 만나보세요
Posted Feb 2016

James Patten
최선의 컴퓨터 인터페이스는? 아마도... 여러분의 손일 겁니다.
Posted Apr 2014

컴퓨터공학계열 추천도서와 동영상

💬 추천도서

도서명	지은이	출판사
누가 소프트웨어 심장을 만들었는가	박지훈	한빛미디어
짜릿짜릿 전자회로 DIY 플러스	찰스 플랫 외	인사이트
벤츠 타는 프로그래머	정금호	제이펍
창의성의 또 다른 이름 트리즈	김효준	인피니티북스
수학자, 컴퓨터를 만들다	마틴 데이비스 외	지식의 풍경
바이오테크 시대	제러미 리프킨 외	민음사
프로그래밍은 상상이다	임백준	한빛출판네트워크
우리에게 IT는 무엇인가?	김국현	궁리

💬 추천동영상

전문가가 말하는 '블록체인 세상'…5년 안에 신용카드가 사라진다?

http://www.youtube.com/watch?v=hCKQ5en2pOw

사물인터넷(IoT) 전문가-인공지능, 세상을 연결하다! / MBC 드림주니어 45회

http://www.career.go.kr/cnet/front/web/movie/catMapp/catMappView.
do?ARCL_SER

[2017 1회 진로토크콘서트]인공지능의 미래 모습

https://www.career.go.kr/cnet/front/web/movie/catMapp/catMappView.
do?ARCL_SER=1023786

과학 다큐 비욘드 - 인공지능 3부- 슈퍼인텔리전스 / EBS 다큐

https://www.youtube.com/watch?v=OqhD53kgDg0

💬 컴퓨터공학 K-MOOC 참고 동영상

💬 컴퓨터공학 TED 참고 동영상

Ralph Langner
랄프 랭그너: 21세기 사이버 무기, 스턱스넷을 파헤치다
Posted Mar 2011

Shimon Schocken
시몬 쇼켄(Shimon Schocken): 스스로 조직하여 배우는 컴퓨터 과목
Posted Oct 2012

Tom Griffiths
더 좋은 의사결정을 위한 세 가지 방법 - 컴퓨터처럼 생각하기
Posted Sep 2018

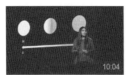

Shohini Ghose
10분 만에 배우는 양자 컴퓨터
Posted Jan 2019

Jeff Hawkins
제프 호킨스 - 어떻게 뇌과학이 컴퓨터를 바꿀까
Posted May 2007

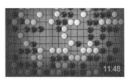

Alex Wissner-Gross
새로운 지능 공식
Posted Feb 2014

PART
3

스마트도시건축계열
진로 사용설명서

내 진로를 위해
고등학생 때부터 준비할 것들

어떤 성향이 이 계열(직업)에 잘 맞을까?

스마트도시건축계열은 토목, 건설, 건축 등이 포함된 전통적인 공학계열 분야로, 수학과 과학에 대한 자신감을 가지고 깊이 있는 공부를 할 필요가 있다. 특히 미적분, 기하와 물리에 대해서는 심화교과나 전문교과목까지 두루 섭렵한다면 전공 공부를 해나가는 데 큰 도움이 된다. 그리고 평면으로 된 설계도를 통해 구상해보는 일을 잘하기 위해서는 공간지각력이 필요하다.

스마트도시건축계열은 학문 및 기술 간의 융복합을 통해 새로운 것을 만들어내는 분야이기 때문에 기계, 컴퓨터, 소프트웨어 등의 응용공학과 물리, 수학, 지구 과학 등의 순수 과학 분야에 대한 폭넓은 지식과 이해를 갖추어야 할 것이다.

그리고 건물의 시공이나, 기간 시설물의 시공 및 도시 계획은 전체의 균형과 조화를 항상 고려해야 하는 만큼, 부분과 전체를 보는 시야를 갖출 수 있어야 하고, 장기간의 시간에 걸쳐 프로젝트가 진행되므로 인내심과 체력을 필요로 한다. 4차 산업기술과의 접목을 통해 무한한 혁신의 가능성을 가지고 있는 분야이니만큼, 사람들과 소통에 능하고, 새로운 것을 받아들이는 것을 꺼리지 않는 대담함도 가지고 있으면 도움이 된다.

이런 학생이 건축사회환경 공학에 딱!!

- 수학과 과학은 내 손 안에 있다!
- 공간감각력 및 설계도에 대한 이해도가 뛰어나고 협동심이 강하다.
- 큰 건물을 성공적으로 건설하여 엄청난 성취감을 맛보고 싶다.
- 사회 환경을 내 손으로 업그레이드시키고 싶다.
- 지구온난화, 기후변화의 위협에서 인류를 구해내고 싶다.

이런 학생이 건축학에 딱!!

- 미술 관련 수업에서 공간에 대한 호기심과 창의력이 무한하다.
- 사물의 구조와 구축방식에 대한 관심을 지녔다.
- 기능적이고 실용적인 공간을 창조하는 예술적 재능과 미적표현능력을 가지고 있다.
- 인류의 역사와 문화에 대한 인문학적 소양을 지녔다.
- 자연과 도시의 환경에 대한 관심을 가지고 있다.

– 고려대학교 인재 양성·진로 가이드북 참고 –

선배들의 진로 로드맵을 들여다보자!

스마트도시건축계열 진로 로드맵

구 분	초등	중등1	중등2	중등3	고등1	고등2
자율활동	발전소탐방		수력, 풍력, 원자력 발전 탐구	대체에너지 조사	재난안전교육 지진대피교육	
					교량종류 구조탐구	방재기술 시스템탐구
동아리활동	과학실험탐구	과학실험동아리 활동			과학동아리 활동	
		과학 시사 활동			과학 축전 부스기획운영	
봉사활동		양로원 정기적 방문				
		해비타트 주거 빈곤퇴치				
진로활동	창의력 과학대회	대학 탐방			건설시공동영상 시청	
					기후변화와 시설물 관리	

공학계열의 경우 기술의 개발과 발달이 시시각각 이루어지고 있으므로 계열 관련 기술에 대한 관심을 평소에도 기울여 시대의 흐름에 대한 감각을 잃지 않도록 유의하는 것이 좋다. 예를 들면 '도시의 재개발'에서 요즘엔 '도시재생'이라는 보다 포괄적인 의미로 바뀌어 가고 있는 것을 파악하고 관심을 가져야 한다.

2019년 1월에 있었던 스마트 건축기술 세미나(한국건축시공기술학회 주최)에서 IOT를 적용한 아파트, 드론 데이터 기반 현장 관리 플랫폼, 건설시공단계의 스마트 웨어러블 기술을 활용한 안전 및 보건 관리 등을 소개했다. 이것은 근래의 화두인 4차 산업혁명기술이 건축과 만나 새로운 세상을 만들어갈 청사진을 보여준 것으로 앞으로 이 계열의 진로를 고민하는 학생들에게 시사하는 바가 크다고 할 수 있다.

스마트도시건축계열은 토목, 건축, 도시공학

토목건축건설도시 계열 3년 교육과정						
구분	1-1	1-2	2-1	2-2	3-1	3-2
기초	국어 수학 영어 한국사	국어 수학 영어 한국사	문학 수학I 영어I	언어와 매체 수학II 영어II 확률과 통계	독서 미적분 기하 영어독해와 작문	독서 미적분 기하 영어독해와 작문
탐구	통합사회 통합과학 과학탐구실험	통합사회 통합과학 과학탐구실험	생활과 윤리 물리학I 화학I	지구과학I 생명과학I	물리학II 화학II 지구과학II	물리학II 화학II 지구과학II
체육·예술	체육 음악 미술	체육 음악 미술	운동과 건강 미술감상과 비평	운동과 건강 미술감상과 비평	운동과 건강	운동과 건강

생활·교양			한문 I	일본어 I	환경 공학일반	환경 공학일반

나의 꿈을 위한 나만의 교육과정 작성해보기

학년/학기	1-1	1-2	2-1	2-2	3-1	3-2
기초						
탐구						
체육·예술						
생활·교양						

*학교별 상황에 따라 개설되지 않는 과목이 생길 수도 있습니다.

창의적 체험활동을 구체화하자!

➡ 진로 로드맵을 이용하여 진로계획 세우기

Q 2학년 후반, 진로가 바뀌었는데 상관이 없나요?

A 네~ 괜찮습니다. 아직 학생이기에 꿈과 진로는 얼마든지 바뀔 수 있습니다. 다만, 진로가 바뀌게 된 계기가 학생부에 잘 나타나 있으면 더 좋겠죠?

토목공학과 진로 로드맵

구 분	1학년	2학년	3학년
자율활동	나눔과학특강 과학기술 드림톡 콘서트	우수과학자 초청특강 교량의 효율성 과제연구	방재기술 탐구보고서

동아리활동	과학동아리		
	과학축전부스운영, 과학탐구실험 진행, 학예전 과학부스 기획		
봉사활동	노인주간보호센터 활동 보조		
진로활동	진로캠프 항공우주기술탐구	4차산업혁명 강의 항공기계기술	건설시공영상 시청
진로독서	물리법칙의 특성, 재미있는 흙이야기, 물리학 오디세이, 꿈의 도시 꾸리찌바		

이 학생은 1,2학년까지 기계, 항공 분야에 지속적으로 관심을 가지고 있었기에 과학교과도 물리I, 물리탐구 실험, 물리II를 수강해왔다. 2학년 후반, 교량의 효율성에 관한 연구를 주제로 과제연구를 하게 되면서, 교량의 시공법, 안정성 확보를 위한 구조에 대해 조사하고, 모형을 제작해 직접 안정성에 대해 실험하여 보고서를 작성했다.

이 활동을 통해 교량 시공 동영상을 찾아보고, 거대한 구조물을 시공해가는 것에 매력을 느껴 토목공학에 관심을 가지게 되었다. 이후 포항지진으로 인한 내진설계와 지반액상화 현상에 대한 탐구를 하며 재난 방재 기술에 대해 인지하였고, 기후변화에 따른 기간 시설물의 관리체계에 대한 탐구활동을 하며, 21세기 새로운 재난의 재정의가 필요함을 역설하며, 재난방재시스템 전문가로서의 포부를 밝혔다.

Q 지속적으로 화학 분야만 중점적으로 공부하다 건축공학을 희망하게 되었어요. 어떤 식으로 접근이 가능할까요?

A 건축공학의 분야 중, 시공이나 설계 이외에도 건축자재를 연구하는 분야에서는 화학에 관한 지식이 필요해요. 건축 자재나 건축 철거 시 나오는 폐기물 처리와 관련해서 탐구해보는 것도 좋아요.

건축공학과 진로 로드맵			
구 분	1학년	2학년	3학년
자율활동	학급반장	학급반장 댐건설과 지구자전속도 탐구	친환경 건축자재와 공기질 탐구
동아리활동	과학실험동아리(화학실험 설계 및 보고서 작성, 과학축전 체험부스 운영)		
	과학수학심화동아리(응용수학, 자연과학 분야 탐구, 관련 이슈 토론)		
봉사활동	교내 환경 정화 활동 및 근처 공원 정화 봉사		
진로활동	현대미술특강	직업인 초청 건축사 특강 고교대학멘토링 CAD실습	진로체험프로그램 3D프린터체험, 건축사 특강
진로독서	우리가 모르는 에코하우스의 전설, 건축, 인문의 집을 짓다, TED 미래의 건축 100		

　이 학생은 1학년 때부터 건축에 대한 관심을 지속적으로 가져오고 있었으며 건축학과 건설공학에 대한 명확한 구분을 짓지 않고 다양한 활동을 했다. 동아리활동은 주로 화학과 관련된 실험을 수행했지만, 진로 및 자율활동을 통해 CAD실습, 3D 프린터를 이용한 설계 모형 제작, 건축사 등 건축학 관련 활동을 했다.

　한편으로는 '댐 건설과 지구자전속도 탐구', '친환경 건축자재와 공기질 탐구' 등의 과제연구를 통해 건축공학 관련 활동을 했다. 결정적으로는 3년간 학교 주변 공원의 환경정화활동을 하며 미세먼지와 생활 속 라돈 등 인체 유해 물질들에 대한 관심을 가지게 되어 '친환경 건축자재'에 대해 호기심을 가지게 되었다. 그래서 3학년 때 라돈측정기를 사용해 자신의 집에서 한달여 간 수치를 기록하며 건축자재속 유해 물질로 인한 위험에 대해 인지했다. 이러한 활동을 통해 친환경 건축자재에 대한 연구와 더불어 환경을 생각하는 녹색건축전문가를 희망하게 되었다.

토목, 건축공학계열 관련 활동 Tip

• 2019년, 강풍을 동반한 태풍의 잇따른 한반도 강타로 해안지역 고층 건물의 '빌딩풍'이 이슈가 됨. 해외의 사례와 규제를 조사해 우리나라와 비교 분석, 빌딩풍으로 인한 재해를 막기 위한 방안을 탐구해보자.

• 싱크홀, 온수관 파괴, 가스 누출 등 노후된 지하시설로 인한 피해를 줄이고자 시행된 지하안전정보시스템(https://www.jis.go.kr)에 대해 조사해보자.

• 건축 자재와 소재 분야가 다양해지고 있는 만큼, 과거– 현재– 미래 순으로 건축 자재와 소재의 특징, 장단점, 전망 등을 분석해보자.

Q 건축과 관련해 교내 활동을 하는 데 한계가 많습니다. 어떤 활동들을 하면 도움이 될까요?

A 현장학습 가기 전 장소 및 주요 건축물에 대해 사전조사를 하는 것도 좋아요. 그리고 서양 및 우리나라 건축사에 대한 조사, 유명 건축가에 대한 정보 탐색 등을 통해 자신만의 건축 철학을 만들어보세요.

건축학과 진로 로드맵

구 분	1학년	2학년	3학년
자율활동	현장체험학습 (경주 신라시대 건축물)	현장체험학습 (동대문디자인플라자)	우리지역 건축물 소개 (영화의 전당)
동아리활동	문예부		
	한국의 건축사, 유명 건축가 소개 등 건축 관련 칼럼 및 기사 작성		
봉사활동	노인 요양원 , 해비타트 주거 빈곤 퇴치 캠페인		
진로활동	교육청주관 윈터스쿨 (캐드 실습)	3D 프린트기 활용한 입체 구조물 제작	루이스 칸의 건축 철학 탐구 보고서
진로독서	나, 건축가 안도 다다오, 루이스 칸 , 깨달음과 형태, 소통의 도시		

이 학생은 어린 시절부터 꾸준히 건축가가 되고 싶다는 꿈을 가지고, 진로 활동을 지속적으로 해왔다. 자신의 관심사가 건축사, 건축물이었던 만큼, 현장체험학습을 적극 활용하여 사전에 해당 지역의 주요 건축물에 대해 조사하여 반 친구들에게 소개하는 활동을 꾸준히 했다.

건축 관련 동아리가 교내에 없어 문예부 기자로 활동하며 한국의 건축사, 유명 건축가 소개 등 건축 관련 칼럼 및 기사를 작성하여 전공에 대한 이해도와 높은 관심을 드러냈다. 그리고 진로활동을 통해 캐드, 3D프린트기를 직접 사용해보며 실습의 기회도 가졌다.

궁극적으로는 자신만의 건축철학을 만들기 위해 다양한 활동을 하며 루이스 칸을 탐구한 후 첨단 기술의 홍수 속에서 제2의 르네상스를 꿈꾸며 사람을 위한, 사람을 생각하는 공간의 재창조를 꿈꾸는 건축가를 희망하게 되었다.

☞ 여기서 잠깐!!

건축학계열 관련 활동 Tip
- ICT 기술과 결합으로 변화할 주거공간에 대한 탐구
- 고령화, 1인가구의 증가 등, 생활 패턴의 변화를 반영한 생활공간의 재구성
- 층간 소음, 주거공간 내 흡연 등의 피해를 건축학적 시점에서 방지하기 위한 방법 탐구

Q 도시공학과는 인문학적 소양이 중요하다고 하던데 어떤 준비를 하면 좋을까요?

A 사람들이 생활하기 편리한 도시를 설계하기 위해서는 도시가 안고 있는 기술적, 사회적 문제에 대한 관심이 필요한 만큼, 사회 현상과 문제에 대한 토론이나 탐구활동을 꾸준히 하면 많은 도움이 될 거예요.

도시공학과 진로 로드맵			
구 분	1학년	2학년	3학년
자율활동	장애인인권교육 (장애인편의시설 탐구)	재난대피안전교육 (장애인대상 대피시스템)	초고령화 사회, 도시의 역할 탐구
동아리활동	시사토론동아리		
	(도시재생, 스마트 도시, 미래도시)		
봉사활동	장애복지시설 봉사		
진로활동	우리나라 도시의 발달, 특징 탐구	도시재생, 환경도시 조사	미래의 도시의 모습 탐구
진로독서	도시는 무엇으로 사는가 , 세계의 환경도시를 가다 , 상생도시		

이 학생은 장애복지시설에서 꾸준히 봉사하며 장애인 등 사회 소외계층과 노약자에 대한 관심을 지속적으로 가져왔다. 그래서 자율활동을 통해 장애인인권교육을 받고, 장애인 편의시설의 부족에 대한 탐구 보고서를 작성하고, 재난 시 시각장애인이나 청각장애인의 대피를 위한 체계적인 매뉴얼과 대피 시스템이 미비하다는 것을 인지했다. 그래서 자신의 관심을 도시계획과 연결지어 보는 시간을 가졌다.

초고령화 사회, 4차 산업기술의 발달 등의 새로운 시대에 소외계층 및 노약자에 대한 편의시설의 확충을 주장하며 자신이 추구하고자 하는 진로에 대한 확신을 가지게 되었다. 따라서 장애인편의시설 확충, 장애인 재난 대피 시스템 구축, 고령 계층의 문화 편의 시설 설계 등 모든 사람이 편리하게 생활할 수 있는 체계적인 도시를 설계하기를 희망했다.

Q 도시공학과는 4차 산업기술과 연결해 연구할 수 있는 분야가 많다고 하던데 어떤 분야가 있을까요?

A ICT 기술을 활용하여 도시생활 속에서 유발되는 교통, 환경, 주거, 시설비

효율 등을 해결할 수 있기 때문에 스마트 시티를 설계하기 위해서는 관련 기술에 대한 이해가 필요합니다.

도시공학과 진로 로드맵

구 분	1학년	2학년	3학년
자율활동	효율적인 쓰레기 분리수거 방법 탐구	내가 살고 싶은 집 구상하기	생태도시, 혁신도시 등 특수화된 도시 조사
동아리활동	건축동아리		
	(마을만들기, 친환경 도시 설계, 생태도시 탐구)		
봉사활동	요양병원 봉사		
진로활동	대학탐방 학과조사 건축사 강의 수강	다양한 도시형태 탐구 (스마트시티, 생태도시)	셉테드 조사 지능형교통시스템탐구
진로독서	도시에서 도시를 찾다, 지구인의 도시 사용법, 도시의 승리		

이 학생은 쾌적한 환경에서 안락한 삶을 사는 것에 가치를 두고 꾸준히 노력해왔다. 효율적인 쓰레기 분리수거 방법을 탐구하기 위해 요일별 분리수거와 제한 없는 분리수거에 대해 비교 조사하는 활동을 하고, 자신의 거주지인 도시의 특성에 관심을 가지고 생태도시, 혁신도시 등 특수화된 도시와 관련된 정책과 운영에 대해 조사를 하였다.

동아리활동을 통해 다양한 도시의 형태를 탐구하다 스마트 도시에 관심을 가지게 되었고, 도시에 적용할 수 있는 각종 기술에 대해 조사를 하게 되었다. 범죄예방설계인 셉테드, 지능형교통시스템을 탐구하며 4차 산업기술을 적극 활용한 스마트도시전문가가 되어 도시의 기능을 더 확장해 나가고자 희망하였다.

도시공학계열 관련 활동 Tip

- 빅데이터를 이용한 교통시스템(교통량 분산, 사고예방) 구축 분야 탐구
- 미세먼지 저감을 위한 도시 설계 및 계획
- 임산부, 초고령자, 장애인 등 노약계층을 위한 도시설계
- 셉테드, 범죄예방 설계 및 도시 재생
- ICT 기술과의 접목을 통한 미래 도시의 기능 탐구

각종 대회 일정 체크해서 수상내역 관리하기

연번	수상명	시행 (월)	참가대상	수상비율	담당부서	실시계획 공개방식
1	과학탐구토론 보고서대회	3월	1,2학년 희망자	5팀 내외	자연정보교육부	학급게시
2	수학경시대회(3학년)	4월	3학년 희망자	10명 내외	자연정보교육부	학급게시
3	과학경시대회(3학년)	4월	3학년 희망자	부문별 6명 내외	자연정보교육부	학급게시
4	AS 사진대회	4월	1학년 전체, 2학년 희망자	20명 내외	자연정보교육부	학급게시 및 게시판
5	교내지리올림피아드	4월	2,3학년 희망자	20% 내외	지리과	학급게시
6	진로/문화탐방 우수 보고서	5월	2학년	30명 내외	2학년부	학급게시
(중략)						
17	독서토론한마당	7월	1,2학년 희망학급	팀별30% 개별20%	인문사회교육부	학급게시
18	자연학술탐방대회	7월	1,2학년 선발	8팀 내외	자연정보교육부	게시판
19	꿈발표대회	7월	1,2학년 희망자	7명 내외	진로진학상담부	게시판 안내
20	영어독서퀴즈대회	9월	1,2학년 희망자	20%	외국어교육부	학급게시

선별된 대회에 참가하여 혹시라도 성과를 거두지 못하더라도 대회준비 및 대회 기간 중 내가 맡은 역할이나 탐구주제에 대한 기록을 남겨 이후 심화 과정을 이어나갈 수 있다.

📋 메모 예시

날짜	대회명(수상)	내용 및 연관된 심화 주제
5월 18일	과학탐구토론 보고서 대회 (수상실패)	탐구주제 : 지오데식 돔의 구조적 안정성에 관한 연구 내용 : 지오데식 돔의 유래, 설계과정, 장단점, 실생활 활용 예 나의 역할 : 자료 정리, ppt제작 **연관주제** : 구조적 안정성 트렉스 구조와 활용예 , 삼각형의 완전성 (수학보고서 작성)
7월 20일	자연학술탐방 대회	탐구주제 : 지반 액상화 현상에 대한 연구 내용 : 포항지진 후 액상화현상 발생, 탐구, 해외사례조사 및 방재를 위한 방법 연구 나의 역할 : 자료 조사, ppt 발표 **연관주제** : 우리나라 지반에 대한 조사 미비 인지, 지하 시설물관리에 대한 관심

👉 여기서 잠깐!!

AS 사진대회, 자연 학술 탐방대회는 토목·건축공학과와 어떻게 연결할 수 있을까요?

• AS 사진대회: 근처 강의 다양한 교량의 모습을 사진에 담아 교량의 구조에 대한 비교 보고서 만들기
• 자연학술탐방대회: 포항지진 이후 지반 액화 현상에 대한 보고서 작성, 우리나라 지하 단층에 대한 현황, 지진 위험도 조사, 노후된 우리나라 원자력 발전소현황과 지진해일에 대한 위험성 연구 등

💬 창체활동(자율/동아리/봉사/진로) 계획서 확인

➡️ 자율활동

학기	일자	주제	담당부서
1 학 기	3월 18일	학교 안전사고 예방 교육	생활안전교육부
	3월 22일	장애인권교육	특수학급
	⋮		

1 학 기	4월 5일	정보통신교육	교육정보부
	⋮		
	6월 14일	교통안전교육	생활안전교육부
	6월 24일	재난안전교육	생활안전교육부

Memo 특히 각종 교육들은 시간이 지나면 기억이 나지 않으므로 즉시 메모해 정리해두는 습관이 필요하다.

📋 메모 예시 – 토목 건축 공학과 희망

날짜	교육명	내용 및 감상
6월 24일	재난안전교육	내용) 화재 및 지진 시 대피 요령에 대한 영상물 시청 감상) 초고층 빌딩의 화재 진압에 어려움이 많다는 사실, 우리나라 내진 설계 기준등에 대해 알게됨. <u>초고층 빌딩의 화재 예방 시스템에 대한 우리나라 및 해외 사례 비교 추후 조사, 발표 또는 보고서 작성하기.</u>

👉 여기서 잠깐!!

정보통신 교육은 토목 · 건축공학과 어떻게 연결할 수 있을까요?

• 포괄적 의미로 '재난' 정의, 4차 산업시대 도래, 정보통신 기술의 중요성
➡ 통신시스템의 마비로 인한 피해는 국가적 재난이 될수 있음, 통신설비에 대한 안전성 강화 필요노력 조사(2018년 폭염, 인터넷광케이블 녹아 내렸던 것 참고)

자율활동 특기사항 예시 ①

학년	창의적 체험 활동상황		
	영역	시간	특기사항
1	자율활동	46	재난안전 교육(6.24) 화재 및 지진 시 대피 요령에 대한 영상물을 시청함. 초고층 빌딩의 화재 진압에 어려움이 많다는 사실을 인지하고 우리나라 및 해외 사례를 조사해 초고층 빌딩의 화재 예방 시스템에 대해 정리하고 새로운 형태의 재난에 대한 방재 시스템 구축에 관심을 가짐.

📑 메모 예시 - 도시공학과 희망

날짜	교육명	내용 및 감상
6월 14일	교통안전교육	내용) 무단횡단의 위험, 음주, 졸음 운전의 위험, 안전벨트 착용의 중요성에 관한 영상 시청. 감상) 교통사고의 원인들 중 도로설계의 문제로 사고가 빈번히 발생하는 구간도 있다는 사실을 알게 됨, 추후 조사, 발표 또는 보고서 작성하기.

👉 여기서 잠깐!!

장애인권 교육은 도시공학과 어떻게 연결할 수 있을까요?
• 장애인들에겐 생명을 위협할 수도 있는 인도 위의 점자블록
• 지하철 전동휠체어 승강기, 장애인 편의시설이 부족한 우리나라의 현실 등과 연결하여 장애인권을 고려한 도시 시설 설계로 탐구 활동 가능

자율활동 특기사항 예시 ②

학년	창의적 체험 활동상황		
	영역	시간	특기사항
2	자율활동	46	교통안전 교육(6.14)을 받고 교통사고의 원인 중 하나가 도로 설계의 구조적 문제에 있는 경우가 있다는 사실을 알고 관심이 생겨 조사함. 도로교통공단에서 벌이는 교통안전사업을 통해 교통사고가 잦은 곳 등 도로교통환경 개선을 위한 정부 및 지방자치단체차원에서의 대책들에 대해 조사하고, 교통안전기술지원 및 종합 대책에 대해 정리하여 학급 게시판에 게시하고 친구들에게 설명함.

➡ **동아리활동**

　토목건축공학에 딱 맞는 동아리는 현 고교에 흔하지 않은 실정이다. 그래서 주요 동아리는 공학의 기초인 과학(특히 물리)과 수학 동아리를 택하고, 자율 동아리를 통해 자신의 진로와 관련된 활동을 해나가는 것도 하나의 방법이 될 수 있다. 또한 시사 토론 동아리를 통해 토목 관련 이슈들을 정리하고 의견을 나눈

후 보고서로 정리하는 활동도 도움이 된다.

☞ 여기서 잠깐!!

유기적인 학생부 만들기 위한 팁! 교내 대회와 연결해보기

동아리활동 특기사항 예시 ①

학년	창의적 체험 활동상황		
	영역	시간	특기사항
2	동아리 활동	34	**(과학동아리)** 교내 대회 참가 시 안정적인 구조로 지오데식 돔을 조사하며 안정성과 효율성을 두루 갖춘 구조에 대해 관심을 가지게 됨. 이후 집 앞의 낙동강에서 다양한 형태의 교량을 보며 트러스 구조가 많이 활용된다는 것을 알게 되어 직접 모형을 제작하여 안정성을 실험해보는 활동을 함.

도시공학과 관련된 직접적인 동아리가 없을 때는 기본적으로 수학, 과학 동아리활동을 하는 것이 유리하다. 그 외 도심의 문제 및 대책에 대해 토론할 수 있는 토론 동아리나 도심의 보안 및 교통 체계 등 시스템과 연결하여 소프트웨어적 능력을 함양할 수 있는 컴퓨터 프로그래밍 동아리활동도 도움이 된다. 도시공학은 인문학과도 연결되어 있는 만큼 사회문제연구 동아리활동도 좋은 대안이 될 수 있다.

동아리활동 특기사항 예시 ②

학년	창의적 체험 활동상황		
	영역	시간	특기사항
1	자율활동	46	재난안전 교육(6.24) 화재 및 지진 시 대피 요령에 대한 영상물을 시청함. 초고층 빌딩의 화재 진압에 어려움이 많다는 사실을 인지하고 우리나라 및 해외 사례를 조사해 초고층 빌딩의 화재 예방 시스템에 대해 정리하고 새로운 형태의 재난에 대한 방재 시스템 구축에 관심을 가짐.

• 전공 주제별 동아리 분류 (46쪽 참조)

➡️ 진로활동

학기	일자	주제	담당부서
1학기	3월 29일	진로종합검사(1,2학년)	진로진학상담부
	4월 19일	진로종합검사 해설(1,2학년)	진로진학상담부
	⋮		
	8월 23일	전문직업인초청 꿈길탐험	진로진학상담부
2학기	⋮		
	10월 2일	진로체험(1학년)	진로진학상담부
	11월 1일	비전 발표대회	진로진학상담부

학기 중 비전 및 꿈 발표 대회가 학교마다 진로시간을 통해 실시하는 경우가 많다. 이때, 자신이 희망하는 진로나 목표로 하는 직업에 대해 조사하여 발표를 하게 되는데 참고 사이트로는 워크넷 (www.work.go.kr), 진로정보망 커리어넷 (www.career.go.kr)이 있다.

또한 진로와 관련된 직업인 초청강의나 TED강연, K-MOOC 강의등을 활용하여 진로와 관련된 활동을 할 수도 있는 만큼, 얼마나 진로나 전공에 관한 노력을 기울이고 관심을 가져왔는지의 진정성을 드러낼 수 있다. 이때, K-MOOC의 경우 학생부에 직접적으로 기재되지는 않지만, 교과수업과 연계하여 심화 내용을 수강하고 수행평가에 발표하거나, 교내 탐구발표대회 등에 활용하면서 전공 심화 과정을 드러내는 형태로 활용가능하다.

토목·건축공학 진로활동 특기사항 예시

학년	창의적 체험 활동상황		
	영역	시간	특기사항
2	진로활동	34	**(진로콘서트)** 토목건축 공학의 다양한 분야에 대해 알아보며 건물이나 구조물을 짓는 것이라는 단순한 사고에서 벗어남. 수자원공학, 구조공학 등 여러 분야를 탐색하고 특히, 지반 공학을 통해 우리나라 지하 구조물에 대한 관심을 가지게 됨. 이후 지하시설물, 지하구조물. 지반 등의 정보를 3D를 기반으로 통합하는 지하공간통합정보에 대해 조사하여 우리나라 지하구조물 관리에 대한 현황 등 새로 알게 된 사실을 정리함.

도시 공학 진로활동 특기사항 예시 ①

학년	창의적 체험 활동상황		
	영역	시간	특기사항
2	진로활동	34	**(명사특강)** '4차 산업혁명과 미래 산업 전망'이라는 강연을 듣고, 그중 친환경 도로 인프라 구축에 대해 관심을 가짐. 전기차, 수소차 등 친환경 자동차의 대중화 시대의 도래를 앞두고, 수소 및 전기 충전소의 확충과 ICT기술과의 접목을 통한 교통통제 및 사고예방시스템의 구축 등에 대해 알게 됨. 특히 전기를 충전하면서 달리는 도로에 대한 부분에 호기심을 갖고 유럽과 미국의 E-하이웨이에 대해 조사하고, 우리나라 카이스트에서 연구 중이라는 것을 친구들에게 정리해 발표함.

도시 공학 진로활동 특기사항 예시 ②

학년	창의적 체험 활동상황		
	영역	시간	특기사항
2	진로활동	30	**(드림캐치타임)** 도시재생에 대한 영상물을 시청한 후 도시 재생 방안에 대해 의견을 나눔. 귓갓길 골목에 실제 설치되었던 쓰레기 불법투기를 하지 마라는 로고젝터를 예로 들며 평소 관심을 가지고 있던 셉테드(CPTED) 활용에 대해 자세히 설명하며 친구관심을 이끌어냄. 이후 실제 셉테드를 활용한 사례를 조사하여 PPT로 만들어 추가 발표함.

💬 **사회적 이슈, 사건 사고가 담긴 뉴스, 신문 기사 활용하기!**

☞ **여기서 잠깐!!**

• 당해 이슈와 학교 활동을 연결하여 전공적합성을 나타내는 것은 진로에 대한 지속적 관심을 가지고 있음을 어필하기에 좋은 방법 중 하나이다. 이러한 뉴스 및 기사를 스크랩해서 수행평가 및 보고서 의 주제를 선정할 수도 있다.

– 사회적 이슈, 사건 사고 활용 예시

'60명 사상' **고양 온수관** 파열사고 17명 기소의견 송치 뉴시스 2019.03.18. | 네이버뉴스 ☑

경찰이 60명의 사상자를 낸 **고양 온수관** 파열사고의 책임을 물어 관련자 17명을 기소의견으로 검찰에 송치했다. 경기 고양경찰서는 사고 온수관 관리 및 보수작업에 관여한 한국지역난방공사 고양지사장 A(54)씨와 당시...

ㄴ '**고양 온수관 파열 사고**' 경찰 수사···   KBS   2019.03.18.   네이버뉴스
ㄴ 경찰, '**고양시 백석역 온수관 파열사**···   국민일보   2019.03.18.   네이버뉴스
ㄴ '**고양 온수관 파열 사고**', 총체적 부···   KBS   2019.03.18.   네이버뉴스
ㄴ **고양 온수관 파열사고**···지역난방공···   KBS   2019.03.18.   네이버뉴스

관련뉴스 8건 전체보기 ›

토목·건축공학 동아리활동 특기사항 예시

학년	창의적 체험 활동상황		
	영역	시간	특기사항
2	동아리 활동	34	**(시사토론 자율 동아리)** 고양 온수관 파열사건을 계기로 우리나라 지하기반 시설물에 대한 관리가 제대로 되고 있지 않음을 인지함. 이후 국토부의 제 1차 지하안전관리 기본 계획에 대해 조사하여 지하시설물 안전점검에 대한 세부내용과 관리를 위한 스마트 유지관리 기술을 알아보는 시간을 가짐.

도시공학 동아리활동 특기사항 예시

학년	창의적 체험 활동상황		
	영역	시간	특기사항
3	동아리 활동	34	**(시사토론 자율 동아리)** 고양 온수관 파열사건을 계기로 우리나라 지하 시설물에 대한 관리에 대해 조사하던 중, 지하공간 통합지도에 대해 알게 됨. 현재 오류가 많아 자칫 공사 중에 대형사고로 이어질 수도 있음을 지적하며 도시설계단계에서부터 철저히 계획할 필요가 있다고 주장함.

[현지르포 포항지진 1년] 액상화 논란 커지는 포항 ...주민들 "정부 신뢰 안해 ...
파이낸셜뉴스 | 2018.11.13. | 네이버뉴스 | ⬀
지난 2017년 11월 15일 발생한 **포항지진** 이후 공사가 중단된 채 방치된 **포항**지열발전소의 모습. 건너편에 국내에서 처음 **액상화** 현상이 발견된 흥해평야와 흥해읍 도심이 지적에서 보인다. 피해주민들은 **지진** 발생의...
ㄴ [현장르포] **포항지진** 1년, 또 겨울 오… 파이낸셜뉴스 **PiCK** | 2018.11.13. | 네이버뉴스
ㄴ [르포 **포항지진** 1년 ③] 온통 **포항**… 파이낸셜뉴스 | 2018.11.13. | 네이버뉴스

토목·건축공학 자율활동 특기사항 예시

학년	창의적 체험 활동상황		
	영역	시간	특기사항
2	자율활동	46	최근에 발생한 포항지진에 대해 관심을 갖고 지반 액화 현상(액상화), 지진 관련 내진 설계에 대해 조사함. 지진 시 진동에 의한 피해보다 액상화로 인한 2차 피해가 더 심각함을 인지하고 액상화의 원인에 대해 조사한 후 포항의 지반과 연결지어 액화 현상에 대한 보고서를 작성함. 건물을 설계할 때 필요한 요소 중에서도 내진설계 뿐만 아니라 지반에 대한 철저한 조사가 필요하다는 것을 확인하였음.

과목	지필고사		선택 과목			수행비율 (%)	계(%)
	중간(서술)	기말(서술)	항목	비율 (%)	횟수		
국어	100점(40점)	100점(40점)	가치관과 진로 표현하기	15	2회	50	100
			비판적 읽기와 모의 협상	15	2회		
	25%(10%)	25%(10%)	문법 탐구	15	2회		
			활동 포트폴리오	5	수시		
수학	100점(30점)	100점(30점)	수학 독후감	10	1회	40	100
	30%(9%)	30%(9%)	포트폴리오	30	수시		
영어	100점(30점)	100점(30점)	영어듣기	10	1회	40	100
			저널 쓰기	10	1회		
	30%(9%)	30%(9%)	1분 스피치	10	1회		
			어휘 평가	10	4회		
통합 사회		100점(30점)	수업 일지 작성	20	수시	60	100
			프로젝트 1	10	1회		
		40%(12%)	프로젝트 2	15	1회		
			프로젝트 3	15	1회		
통합 과학	100점(30점)	100점(30점)	실험과정 평가	20	수시	40	100
	30%(9%)	30%(9%)	프로젝트 학습평가	10	수시		
			연구보고서 평가	10	2회		
과학 탐구 실험			실험과정 평가	40	수시	100	100
			프로젝트 학습평가	30	수시		
			연구보고서 평가	30	수시		

① 국어 수행 – 가치관과 진로 표현하기

도시공학자로서 가져야 할 공학 윤리 + 진로 목표에 대한 청사진 만들기

궁극적으로 도시공학전공을 통해 이루고 싶은 것. 비전 찾기

공학윤리 관련 책 독서목록 추가, 도시공학 관련 진로책 읽기

② 수학 독후감 - 교과 내용과 연계, 심화된 책 선정하기

③ 영어 - 저널 쓰기, 1분 스피치

현대의 도시 문제에 대한 탐구를 주제로 선정, 내가 계획하고 만들어갈 도시의 모습

④ 통합과학 - 실험 및 연구 프로젝트

- 도심의 고층 빌딩으로 인한 이상 현상에 대한 조사(빌딩풍 등)
- 지하 매립 시설물(가스관, 온열관 등)에 대한 점검 및 관리 방법(지하공간정보 정리)

교과 세부능력 특기사항으로 융합적 지식을 보이자!

구분		세부내용 특기사항
1학년	한국사	조선 시대 역대 왕 중 가장 아쉬운 왕에 대한 주제 발표에서 '정조'를 선정해 정조가 5년만 더 살았더라도 역사는 바뀔 수 있었을 것이라며 정조시대의 정치, 사회, 문화, 경제 분야에 걸쳐 이루어진 업적에 대해 발표하고 조선이 자력으로 근대화로 갈 수 있는 기회를 놓친 것에 아쉬워함. 특히 부국강병과 백성의 행복을 꿈꿨던 정조의 대표 업적인 수원화성에 대해 상세히 설명함. 최초의 계획도시로 동서양의 성곽 도시를 결합해 설계되었는데 특히 자연의 지형을 활용한 건축방식, 거중기와 도르래, 벽돌 등의 근대적 축성도구의 사용 등 수원화성의 건축 및 역사적 의미에 대해 소개함.
	사회문화	수업시간에 모범적인 모습을 유지하며 도심환경을 개선하는 사업인 도시재생 뉴딜사업을 주제로 발표함. 도시 재생 뉴딜사업의 개념과 면적 규모에 따라 나눠지는 다양한 사업모델에 대해 설명하고 도시 재생 뉴딜사업을 실시하는 도시를 몇 가지 예를 드는 등의 내용으로 발표를 진행함. 발표를 위해 다양한 자료를 찾던 중, 국토부가 뉴딜사업 제외 지역에 서울형 도시 재생을 실현한다는 내용을 발견하고 이를 보완하여 따로 자료를 정리해둠.

이를 통해 정부에서 진행하는 도시재생사업이 생각보다 많은 곳에서 진행되고 있다는 것과 도시별로 각각의 개별적인 특징을 가지고 진행되고 있다는 것을 알게 되고 도시 뉴딜 사업에서 제외된 지역을 개선하기 위해 필요한 것이 무엇인지에 대해 생각해보는 계기로 삼고 미래 도시설계를 주제로 하는 보고서로 작성해 제출함.

Memo ▶ 공학계열이지만 사회 과목에서도 진로에 대한 역량을 드러낼 수 있다.

구분		세부내용 특기사항
2 학 년	독서와 문법	수업에 적극적인 태도로 임하며 과제도 성실히 수행하는 학생임. 평소 도시설계 쪽에 관심이 많아 도시설계와 비슷한 건축에 관한 지문인 '콘크리트를 통해 본 건축 재료와 건축 미학의 관계'를 선택하였으며, 지문내용 분석을 하고 이에 관련된 문제의 근거를 찾아 풀어냄. 이를 통해 건축물의 재료인 콘크리트의 발전 과정에 대해 더욱 깊게 이해하게 되고, 이 지문과 진로의 관련성에 대해 생각해보는 계기가 됨.
	화법과 작문	자유주제 발표 수행평가에서 자신의 관심 분야인 건설과 관련하여 '친환경건축자재의 필요성'에 대해 조리 있게 발표함. 최근에 불거진 라돈침대 사태와 관련해 라돈수치 측정을 해 관찰하며 수치의 일관성 없음의 원인으로 건축 시 사용되는 자재들 자체에 포함되어 있는 각종 유해물질에 대해 인지했음을 설명함. 외부의 기후, 날씨, 환경으로부터 사람의 인체를 보호하는 것으로부터 시작된 '집' 및 '건물'의 기능이 기술과 생활수준의 향상으로 공간의 활용으로 삶, 주거, 생활의 편리성으로 확대 발전되었고 이제는 친환경 소재를 활용해 화학성분으로부터 안전할 수 있도록 규제를 강화할 필요성에 대해 설명함. 또한 건축물의 해체과정에서 나오는 폐기물 등의 처리과정을 상세히 설명하며 환경유해 물질로 2차적인 환경오염의 피해를 피하기 위해 건축자재에 대한 친환경화를 추구해야 할 필요성에 대해 설명하고, 실제 예시들을 조사해 열정적으로 발표함. 진로 분야에 대한 심도 있는 사고와 확신이 전달되는 발표였음.

Memo ▶ 국어 교과는 지문을 이용하거나 찬반 토론에서 자신의 역량을 드러내자.

구분		세부내용 특기사항
2 학 년	기하	포물선 거울에서 축에 평행하게 들어온 빛이 포물선의 초점을 지나는 특성을 포물선의 기하학적인 성질을 이용하여 증명함. 빛이 거울에 닿는 지점 P에서의 접선의 방정식이 x축과 만나는 지점의 좌표를 구하여 이등변 삼각형을 찾은 후 반사법칙을 이용하여 이를 증명함.

	기하	돌림힘의 방향을 구하는 과정에 대한 궁금증으로 벡터의 외적에 대해 조사하고 보고서를 작성함. 벡터의 외적은 도형의 넓이, 평면의 법선벡터를 구할 때 이용되며 특히 평면의 법선벡터를 구하는 과정에서 벡터의 외적은 기존의 풀이에 비해 많은 시간을 절약할 수 있다는 점을 강조함. 또한 토크가 거리의 힘의 외적과 같음을 유도하고 힘의 질점에 대한 작용을 일 운동에너지 정리 공식에 대입한 후 삼각함수의 덧셈정리를 이용하여 식을 정리함. 정사영과 수직일 경우 실제 수직이라는 것과 둔각과 예각의 여부는 보존되지만 이 경우 각의 크기는 유지되지 않는다는 것을 파악하고 이를 그림으로 구체화하여 학우들 앞에서 발표함.
2학년	확률과 통계	열 이동의 원리에 의문을 품고 겹침수와 엔트로피에 대해 조사한 후 보고서를 작성함. 보고서에서 겹침수와 엔트로피의 관계를 A반 12명과 B반 6명의 학생이 동전 30개를 나눠 갖는 상황에 비유함. 이때 총 겹침수는 A반과 B반이 각각 20개, 10개씩 분배할 때 가장 크다는 것을 그래프로 보임. 이를 온도가 다른 두 고체가 맞닿아 있는 상황에 적용함. 분자 수는 일반적으로 아보가드로수로 나타내는데 숫자가 매우 크므로 겹침수 그래프는 뾰족한 모양이 되어 분자 수의 비대로 나누어지는 경우의 수가 일치한다는 것을 깨달음. 물체의 거시상태는 겹침수에 로그를 취한 값인 엔트로피가 증가하는 방향으로 일어나기 때문에 에너지의 대한 엔트로피의 변화량이 클수록 에너지를 받고 싶어 하는 정도가 크며, 변화량이 온도의 역수라고 생각하면 직관적인 이해가 가능함을 보임. 따라서 물체 간의 열 이동은 평형상태인 경우의 수가 매우 크기 때문에 발생하는 것이라는 결론을 도출함. 확률단원에서 사건의 독립여부 파악에 어려움을 겪어 해결방법을 모색함. 그러던 중 이중분할표를 그려 각 줄마다의 비율이 동일하면 독립이라는 사실을 알아냄. 이 방법을 이용하여 독립 관련 예제들을 숙련함.

Memo 수학교과는 공과계열의 학습에 기본이므로 심화 학습을 하자.

	구분	세부내용 특기사항
2학년	심화영어	기술이 진보함에 따라 발생하고 있는 환경파괴, 빈부격차 등에 문제의식을 가지고 공학윤리의 필요성을 느껴 이에 대해 조사한 후 영어로 발표함.(2018.08.26.) 샌프란시스코의 전철 BART 사고를 공학윤리가 지켜지지 않은 예시로 듦. 이를 통해 공학자들은 그들의 결정이 사회적으로 큰 혼란의 초래할 수 있으므로 그에 따른 책임감을 가져야 함을 역설함. 초래될 수 있는 부정적인 측면을 신중하게 고려한 기술 개발이 이루어져야 함을 강조함. 공학윤리가 실제 적용되는 사례에 궁금증이 생겨 영문 기사 'Saudi Arabia Grant Citizenship to a Robot for the First Time Ever'을 읽고 스크랩함.

기사 내용 요약 및 자신의 생각을 영어로 정리함. 이 기사에 따르면 여성의 겉모습을 하고 있는 인공지능이 본국의 여성의 의무를 행하지 않고 시민권을 얻었다는 점에서 비판이 제기되고 있다고 함.

인공지능에 시민권을 부여한 점을 진취적으로 평가하되, 인공지능이 인간보다 많은 권리를 누리고 있는 것처럼 보이는 점에서 이 행위가 윤리적으로 옳은 것인지 의문을 제기함. 인공지능이 인간과 동일선상에 놓이는 것을 의미하는 시민권 부여는 재고해 볼 필요가 있음을 강조함. 자신의 생각을 정확한 어휘와 문법을 활용하여 표현함.

영어II	영어 1분 스피치 수행평가에서 자신의 꿈인 건축사에 대한 열망을 정확한 문법과 유려한 발음을 통해 전달함. 신을 위해, 왕권의 상징에서 르네상스 정신을 통해 인간을 위한 건축물로 시대의 정신이 녹아 있는 건축물들을 예로 들어 설명하며 첨단기술의 소용돌이 속에서 다시 '인간'을 기본으로 하는 제2의 르네상스 정신을 바탕으로 한 설계를 하고 싶다는 포부를 밝힘.

Memo▶ 다양한 영어 지문 속에서 진로 관련 탐구 학습을 진행하고, 영어 학습 역량을 높이자.

구분		세부내용 특기사항
2학년	지구과학I	지구과학에 관심이 많아 자발적으로 지구과학 교과도우미를 맡아 적극적으로 성실히 활동하였으며 평소 수업태도가 바르고 의욕적으로 수업활동에 참여한 학생임. 기후변화와 고체지구과학 분야에 관심을 기울여 왔으며 특히 자신의 관심 분야와 연결지어 '기후 변화에 따른 건축 구조물들의 피해와 그 대책'에 대한 탐구 보고서를 작성하여 지구온난화와 이상기후에 대비하여 기존의 건축방식이나 각종 규정들을 재정비 등 자연재해에 대비할 다양한 방안들에 대한 방법을 제시함.
3학년	물리II	유체역학에 대해 조사한 후 보고서를 제출함. 유체정역학과 유체동역학으로 분류한 후 나비에 – 스토크스 방정식에 대해 소개함. 나아가 유체에 전기적 흐름을 유도하는 자기 유체역학을 통한 소형화된 마이크로 펌프 제작에 대해 고찰함.

타점기록계를 이용하여 수레의 빗면운동을 관찰함. 6타점을 간격으로 하여 속도와 이동거리를 측정했고 이 과정에서 물체가 등가속도 운동을 할 경우 평균속도가 중간 시각에서의 실제 속도라는 특성을 이용함. 측정값을 분석하여 속도 – 시간, 이동거리 – 시간 그래프로 나타낸 후 가속도와 평균속도를 계산함.

속도 – 시간 그래프를 분석하던 중 그래프가 원점을 지나지 않음을 발견함. 이유에 대해 추론하였고, 타점기록계를 작동시킨 후 미세한 시간 동안 기록된 타점들은 측정값으로 사용될 수 없기 때문에 처음 속도가 존재한다는 결론을 내림. 반원통과 핀을 이용하여 빛의 굴절률을 계산함. 동일한 매질에서 입사각이 변해도 입사각과 반사각의 sin 비는 일정하며, 굴절률이 클수록 밀한 매질임을 도출해 냄. 결과를 바탕으로 굴절률이 매질의 고유한 특성임을 밝힘. |

Memo▶ 과학 교과에서 자신의 진로 역량을 뽐내자.

구분		세부내용 특기사항
1 학 년	기술 · 가정	미래의 도시에 대해 배우는 단원에서 4차산업혁명기술을 통해 구현한 '스마트 시티'에 대해 조사해 발표함. 스마트 도시의 핵심적인 분야와 이후 생활의 변화에 대해 설명하여 친구들에게 좋은 호응을 얻음.
	과학 융합	과학에 대한 관심이 많은 학생으로 과학기술의 융합이 가장 많이 활용되는 분야에 대해 건설공학을 예로 들어 설명함. 건축물의 시공과정에서 쓰이는 기술에 대해 상세히 소개하며, 지반 및 주변환경, 시공을 위한 기계장치, 작업을 컨트롤하거나 설계 시 필요한 프로그래밍 등 여러 분야에 대한 복합적 이해가 필요함을 발표함. 과학 분야 간의 융합을 넘어서 학문 간의 융합에 대한 이해도가 높은 학생임.

Memo▶ 다양한 교과를 활용하자.

구분		세부내용 특기사항
2 학 년	미술창작	건축 디자인의 변화에 대해 조사해서 발표함. 우리나라 대표 건축물인 동대문디자인플라자(DDP)를 설계한 자하 하디드의 건축철학과 DDP 설계 당시의 고민 등을 소개하며 "건축물은 그것이 놓일 도시의 역사와 문화는 물론 부지의 지형과 인접한 공간 등 여러 가지 요소를 고려하여 설계된다"는 어바니즘(도시주의)에 대해 설명함. 하나의 건축물을 설계하는 과정에서 고려해야 할 것들을 알 수 있었고, 건축에는 설계하는 사람의 철학이 담겨있으며 그 철학을 시대가 공감해주어야 좋은 건축물로 남을 수 있다는 것을 배움.
	스포츠 과학	다양한 스포츠에 대해 알아보며 스포츠 속 과학 원리에 대해 호기심이 많은 학생임. 스피드스케이팅과 스키점프 등의 경기장 숨어있는 과학이론에 대해 조사해 발표함.

Memo▶ 예체능 활동도 신경을 쓰자

나만의 진로 로드맵

➡ 나의 진로는?

➡ 목표 학과는?

구 분	1학년	2학년	3학년
자율활동			
동아리활동			
봉사활동			
진로활동			
진로독서			

토목·건축
도시계열 학과

Q 토목과 건축, 건설의 차이는 무엇인가요?

A 토목은 댐, 상하수도, 교량, 항만 등 인간의 편의를 위해 기반시설을 만드는 행위이고, 건축은 인간의 거주공간을 만드는 행위라 할 수 있습니다. 결국 토목이나 건축 모두 인간이 이용하는 시설을 만드는 행위인데 이것을 합쳐 건설이라고 부릅니다.

Q 그렇다면, 공항을 만드는 것은 토목이고 50층 아파트를 만드는 것은 건축이 되나요?

A 네~ 맞아요. 50층 새 아파트를 짓고 도로망을 연결하고 상하수도를 정비하여 사람이 살 수 있도록 하는 모든 행위는 건설인데, 50층 아파트는 건축이 되고, 기타 기반시설 정비는 토목이 되는 것이죠.

Q 결국, 이 세 개의 개념은 따로 떼어내서 보기는 힘들겠군요.

A 그렇습니다. 결국 건설, 토목, 건축공학은 서로 필수불가결한 관계이기에 대학에서도 요즘에는 따로 구분 짓지 않고 같이 묶어 학부제로 운영하기도 하는 거죠.

토목공학과

도로, 철도, 교량, 발전소, 항만, 도시 계획 등 인간의 사회생활에 근간이 되는 기반시설을 설계하고 연구하는 학문이다.

Q 토목공학은 어떤 학문인가요?

A 인류 역사상 가장 오래된 학문으로 자연환경으로부터 인류의 삶을 지키려는 노력에서 시작된 학문입니다. 그래서 도로, 상하수도, 댐 등 사회 기반시설을 설계하고 연구하는 학문이죠.

Q 그렇다면 토목공학은 요즘 어떤 분야를 주로 연구하나요?

A 과거는 자연적 한계를 극복하기 위한 기술 개발에 초점이 맞추어져 있었다면 지금은 도로망, 교량 등과 같이 생활수준의 향상을 위한 기술연구로 점차 발전해오고 있습니다.

Q 토목공학을 하기 위해서는 어떠한 자질이 필요할까요?

A 공학의 한 분야이므로 수학과 과학, 특히 물리 분야에 대한 깊은 이해가 필요합니다. 또한 4차 산업혁명시대의 첨단 기술에 대한 이해도 필요하다고 할 수 있죠.

Q 4차 산업 기술과 토목공학은 어떻게 연결이 되나요?

A 주요 구조물과 기계 부품 중심의 접근법에서 벗어나 인공지능 빅데이터 등 첨단 기술과의 융합이 필요해요.

예를 들면 지구온난화와 기후변화에 따른 재난의 재정의를 통해 방재시스템의 재정비에 활용할 수 있겠죠.

토목공학은 인류 문명의 발달과 함께 시작된 학문으로, 가장 오랜 전통을 가지고 있다고 할 수 있다. 문명의 발달 과정에서 자연적 환경, 재해 등으로부터 인류의 안전을 보장하고, 의식주 문제를 해결하기 위한 시도에서 출발된 학문이었으나 점차 자연적 한계를 극복하게 되면서 생활수준의 향상을 위한 기술연구로 점차 발전되어갔다.

구체적으로는 교량, 도로, 철도, 발전소 등 사회 기간 시설물의 시공 및 제공을 담당하며, 그 외 도시 계획, 교통, 상하수도 시설 등 인류의 생활환경과도 밀접하게 관련된 학문이라 할 수 있다. 또한 인류가 미래의 지구 자원을 유지, 개발 및 관리하게 되는 미래지향적, 기술집약적 최첨단 응용학문으로 발전해오고 있다.

지구의 제한적 자연과 자원의 한계에 직면하여 대심도 지하 공간, 해양 개발, 신재생 에너지 생산 구조물 등에 대한 연구도 심도 있게 진행되고 있으며, 더불어 지구 온난화로 인한 기후변화로 재난이 다양화·복잡화되고 있으므로 이에 대응하는 연구 또한 토목공학적 접근이 가능하다. 특히 최근에는 자연과 환경이란 개념이 우주까지 확대하고 있기에 우주공간 건설 영역까지 학문적 확장이 이루어지고 있음으로써 인류의 복지와 발전에 기여하고 있다.

💬 관련 학과

건설·도시공학부, 건설시스템공학과, 건설환경공학과, 건축사회환경 공학부, 철도건설과, 토목공학과, 토목과, 토목환경 공학부

💬 토목 공학에 알맞은 적성 및 흥미

수학, 물리학 등 공학 기초 과목에 대한 관심과 흥미가 필요하며, 외부 활동이 잦은 만큼 활동적이고 진취적인 성격이 필요하다. 또한 각종 건축 구조물에 대한 호기심이 있는 학생이라면 진로로 선택해도 좋을 것이다.

💬 대학에서 배우는 과목 및 전공

자연과 자연 현상을 비교적 자주 다루고 있기 때문에 미적분, 대수기하학, 통계학, 확률론 등 다양한 분야의 수학과 시스템의 수학적 모델링에 많이 의존하고 있다. 공학의 기본과목으로써 재료역학, 유채역학, 동력학, 수치해석 등이 필요하며 이들을 기초로 다양한 응용공학 분야가 토목공학 내에 존재한다.

필수 이수 과목에는 공업윤리학, 신재생에너지의 이해, 공업경영학, 일반 수학, 미적분학, 확률통계학, 일반물리학 및 실험, 일반 화학, 지구과학, 컴퓨터 활용, AUTOCAD, 토목 입문 설계, 공업정역학, 기초응용역학, 유체역학 및 실험 등이 있다.

전공 분야	내용
구조공학	건설 구조물에 가해지는 외력 하중 및 자중으로 인해 구조물의 요소나 전체에 작용하는 응력 및 작용 하중을 해석하거나, 구조물의 최대 저항력을 계산하여 설계하는 등의 구조물의 역학적 특성 및 거동을 분석하는 학문이다. 전산구조, 콘크리트구조, 강구조, 진단 등으로 세분화된다.
지반공학	흙과 암반에 접하는 구조물 또는 흙과 암반 자체가 구조물로 작용하는 지반 구조물의 하중 및 최대 지지력을 분석하고, 하중으로 인한 구조물의 변위를 해석하는 학문이다.
수리학/수문학	수리학(水理學, hydraulics)은 지형에 따른 물을 포함한 유체의 흐름 또는 대류 등의 해석을 하는 학문이며, 수문학(水文學, hydrology)은 강우에 따른 하천, 강, 바다의 물 이동과 수자원을 이용한 각종 기간 시설물(댐, 하천, 플랜트 및 수자원 시스템)에 관한 해석, 설계, 정책을 다루는 학문이다.

측량공학	지형의 위치정보를 수집하여 제공함으로써 노선 설계, GPS(Global Positioning System) 내비게이션, 해양공간, 우주공간에 존재하는 사물들의 정보 등을 탐측, 해석 및 연구하는 학문이다.
도로공학	도로의 포장, 노상·노반 등의 도로 구조체 설계, 선형 설계, 소음·진동 등에 관련된 도로를 건설하기 위해 필요한 제반 지식을 다루는 학문이다.
상하수도공학	상수도와 하수도의 용량 및 관로의 설계 및 시공, 정수장 및 하수처리장 시설 설계 및 운영을 연구하는 학문이다.
건설경영공학	건설경영공학이란 건설프로젝트와 관련하여 처음부터 끝까지 계획, 입찰, 조율, 운영, 관리에 관련된 학문이다.

💬 관련 국가 자격

기술사 자격증 : 농어업토목기술사, 도로 및 공항기술사, 상하수도기술사, 수자원개발기술사, 지적기술사, 지질 및 지반기술사, 철도기술사, 측량 및 지형공간정보기술사, 토목구조기술사, 토목시공기술사, 토목품질시험기술사, 토질 및 기초기술사, 해양기술사

기사 자격증 : 건설재료시험기사, 응용지질기사, 지적기사, 철도토목기사, 측량 및 지형공간정보기사, 콘크리트기사, 토목기사, 항로표지기사, 항만 및 해안기술사, 해양공학기사, 해양자원개발기사, 해양환경기사

산업기사 자격증 : 건설재료시험산업기사, 지적산업기사, 철도토목산업기사, 측량 및 지형공간정보산업기사, 콘크리트산업기사, 토목산업기사, 항로표지산업기사, 해양조사산업기사

기능사 자격증 : 건설재료시험기능사, 도화기능사, 석공기능사, 잠수기능사, 잠수산업기사, 전산응용토목제도기능사, 지적기능사, 지도제작기능사, 철도토목

기능사, 측량기능사, 콘크리트기능사, 항공사진기능사, 항로표지기능사

💬 졸업 후 진로 및 취업

토목시공기술자	토목구조설계기술자	공무원(토목직)
토목안전환경기술자	지능형교통시스템(ITS)연구원	도시재생전문가
토목감리기술자	토목공학기술자	토목안전환경기술자
방재전문가	측량 및 지리정보기술자	

건축공학과

Q 건축공학과 건축학은 같은 것인가요?

A 크게 보면 비슷해 보이지만 완전히 같다고는 할 수 없습니다.

건축학은 어떤 건물을 지을지에 포커스가 맞추어져 설계가 주가 된다면, 건축공학은 도면을 건물로 만드는 전반적인 과정을 다룬다고 생각하면 됩니다. 간단히 말하면 건축학을 전공한 사람들이 그려준 도면으로 실제 건물을 만드는 사람은 건축공학을 배운 사람이 되는 거죠.

Q 건축 공학은 '시공'에 더 가까운 개념이군요!

A 네. 맞습니다. 건축공학은 주로 구조, 역학을 이용해 시공을 하는 것이라 이해하면 됩니다. 안정성, 구조의 효율성을 살리면서 적절한 소재나 재료 및 공법을 통해 경제적으로 건물을 짓는 법을 연구하기 때문에 수학과 물리 등 숫자와 좀 더 관계가 있는 학문이라 할 수 있죠.

Q 건축공학이 토목공학과 어떤 차이가 있나요?

A 허허벌판에 50층 빌딩 하나가 덩그러니 있다고 생각해보세요. 그 빌딩이 구조물로써 기능을 할 수 있을까요? 도로와 지하철을 연결해 접근성을 확보하고, 전기, 가스, 수도시설을 통해 생활의 편의를 도모해야 할 거예요. 이때 빌딩을 만드는 것이 건축공학이라면, 도로와 전기 등의 기반시설을 제공하는 것이 토목공학에 해당한다고 생각하면 쉬울 거예요.

Q 4차 산업 기술과 건축공학은 어떻게 연결되나요?

A 로봇을 활용한 건설시공법의 개발, AI를 활용한 설계, IoT(사물인터넷)의 활용, 홈네트워크를 통한 입주인 생활 변화 등, 새로운 주거문화와 첨단화가 될 거라 기대가 되고 있습니다.

건축공학은 인간생활을 영위하는 공간 창조를 위한 학문으로써 공간구축에 직접적인 관련을 가진 기술적인 분야와 인간 생활상에 관련하는 사회적인 분야를 종합한다. 건축공학과는 건축학을 기술화하는 공학적인 전문지식과 사회화하는 건축의 계획적인 기본 지식을 습득하게 한다.

특히 이론과 실제를 겸비한 건축인으로서의 능력을 배양함에 있어서 공학적인 면에 중점을 두고 결과적으로 인간을 위한 건축 환경 창조의 복잡 다양한 업무를 포괄적으로 수행할 능력 있는 건축가 양성에 교육목표를 두고 있다.

💬 관련 학과

건설공학과, 건설공학교육과, 건설공학부, 건설기술학, 건설융합학부, 건축공학전공, 건축토목환경공학부, 건축토목공학과, 건축기계설비과

💬 건축 공학에 알맞은 적성 및 흥미

수학, 과학 등 기초 과학 분야의 기본지식과 미적 감각이 필요하며 설계와 시공을 배우게 되므로 건축뿐만 아니라 기계 분야에 대한 지식과 흥미가 필요하다. 세밀한 정확성과 문제 해결능력, 기술적, 과학적, 조직적 사고능력이 필요하다.

💬 대학에서 배우는 과목 및 전공

전공 분야	내용
유체역학	유체의 역학적 성질, 유체정역학적인 기본 사항, 모멘텀, 연속원리를 소개하고, 이상유체 및 실제유체의 동역학, 난류와 층류의 흐름, 사상성 원리 등을 다룹니다.
상하수도공학	도시의 급수와 배수 시설에 대한 전반적 계획, 설계 유지·관리에 대해 학습하며 상수도 시스템의 공학적 접근방법과 부대시설, 종말처리시설 및 펌프 등으로 구성된 하수도 시스템의 설계 및 유지·관리에 대해 중점적으로 배웁니다.
측량학	지구 표면상에 존재하는 여러 점들 상호 간의 관계와 위치를 측정하여 도면을 만들고, 각종 목적에 따라 계획선을 넣어 일정한 지역의 면적과 체적을 계산하기 위하여 측지의 개요, 오차의 거리, 거리측량, 수준측량, 트랜싯측량 등의 기본 개념과 측량방법을 배웁니다.
건축시공학	건축물을 실현하기 위한 시공 순서, 공법 및 관리방법에 대해서 학습하고 현장실습 및 견학을 통하여 습득합니다.
건축재료학	건축물을 이루는 구조부재 및 마감재료 등 각종 재료들의 특성과 이 재료들이 건축물의 구성 재료가 되기 위해 요구되는 제반 성능에 대해 배웁니다.
건축재료역학	건축구조의 해석과 설계에 필요한 재료 부문에서의 가장 기초적인 엔지니어링 문제를 배웁니다.
철골구조설계	철골구조를 구성하고 있는 부재의 재료적인 특성과 부재의 거동 및 설계 연결부의 연결방법 등 철골구조물의 전체적인 이해 및 설계방안에 대해 배웁니다.
건축구조시스템	건축물의 따른 하중 및 구조시스템의 종류와 역할, 각 구조시스템의 특성, 간략한 설계방법 등에 대해 배웁니다.
건물유지 및 관리	건축물 내부 사람의 쾌적함과 에너지 효율을 높이고 자산 가치를 극대화하기 위한 방안에 대해 배웁니다.
건물 유체시스템	건축기계설비 엔지니어링과 관련 교과목을 이해하기 위한 기본사항을 습득하고 건축 엔지니어링 실무를 수행하기 위한 기초지식을 배웁니다.

··· 관련 국가 자격

건축사	건축기사	건축산업기사
실내건축기사	실내건축산업기사	건축일반시공산업기사
건축설비기사	건축설비산업기사	도시계획기사
건설기계설비산업기사	건설기계설비기사	소방설비산업기사
건설안전기사	측량 및 지형공간정보기사	배관설비산업기사
건설재료시험기사	건설안전산업기사	측량 및지형공간정보산업기사
가스산업기사	열관리산업기사	공조냉동기계기사
건설재료시험산업기사	콘크리트기사	콘크리트산업기사
보일러산업기사		

··· 졸업 후 진로 및 취업

녹색건축전문가	토목감리기술자	공무원(건축직/건설직)
건축설계기술자	건축시공기술자	인테리어디자이너
해양설비(플랜트)기본설계사	건축안전기술자	기업재난전문가
공무원	건축구조기술자	조경기술자
캐드원	건축자재시험원	도시계획 및 설계가
건설견적원(적산원)	도시재생전문가	건축설비기술자
건축 및 토목캐드원		

··· 토목공학과 건축공학과 학교별 전공 및 특이사항

토목공학과, 건설시스템공학과, 토목환경공학과, 건설환경공학과, 건설방재공학과, 해양토목공학과 등 학교마다 그 명칭을 달리해서 운영하고 있으니 해당 학교 학과 홈페이지를 통해 학부제라면 진학 후 전공이 어떻게 분류되는지 확인하여 진학을 결정할 필요가 있다.

학교	학부/학과명	전공 및 특이사항
서울대	건설환경 공학부	건설관리, 공간정보공학, 교통공학, 구조공학, 도시계획 및 설계, 수공학, 지반공학, 환경공학으로 연구 분야 분류
연세대	사회환경 시스템 공학부	구조 및 교량공학 분야, 수공학 분야, 콘크리트구조공학 분야, 응용역학 분야, 지반공학 분야, 환경공학 분야, 측량 및 지형공간정보 분야, 건설경영 분야와 같이 8개 세부 분야로 분류
고려대	건축사회환경 공학부	구조공학, 건축구조공학 &시공 및 재료공학, 지반공학, 수자원공학, 환경공학, 교통 공학 및 GIS 분야, 기후 및 에너지공학 등 7개 핵심 분야 운영
성균관대	건설환경 공학부	건축공학, 토목환경공학, 조경학 등 세 가지 세부 전공트랙 운영
한양대	건설환경 공학과	5개 전통전공 + 1개 융합전공 운영 구조공학 및 재료, 지반공학, 수자원 및 해안공학, 환경공학, 건설관리 에너지와 기후 변화
중앙대	사회기반시스템 공학부	건설환경플랜트 공학전공 , 도시시스템공학전공
경희대	사회기반시스템 공학과	지반공학, 구조공학, 수공학, 환경공학, 교통공학, 측량공학, 시공관리

💬 토목 건축공학의 미래 전망

사회인프라(건축구조. 구조. 지반공학) 전공 분야

석기시대부터 인류의 조상들이 비, 바람, 추위, 그리고 적으로부터 종족을 보호하기 위해 동굴을 판 것이 사회인프라전공의 효시라 할 수 있다. 이렇듯 인류의 역사와 함께하는 사회인프라전공은 인간이 만든 모든 창조적인 환경을 의미한다.

즉, 사회인프라 전공은 '새로운 것을 만드는' 하드웨어에 주안점을 두고 우리의 지구에 건물, 교량, 댐, 도로, 터널 등 Mega Structure를 세우는 역동적인 학문 분야로서 건설 분야의 꽃이라 할 수 있다.

건설시스템 경영 및 관리(교통·시공·재료공학) 전공 분야

건설 구조물이 점점 대형화되고 복잡해지면서 구조물의 생애 전주기에 걸쳐 관리해야 할 요소들이 증가하고 있다. 이에 따라 향후 건설경영, 계획 및 관리 분야의 수요는 지속적으로 증가할 것으로 예상된다.

또한 교통 분야의 경우 국내외로 교통문제가 더욱 심각해지고 있다는 점을 비추어볼 때 IT기술을 바탕으로 한 실시간 첨단교통체계 시스템과 같은 연구가 지속적으로 발전할 것으로 전망된다.

물과 환경(수자원·환경) 전공 분야

물은 인류의 생존을 위해 필수의 요소이기도 하지만, 재해의 원인으로 방어의 대상이 되기도 한다. 이렇게 양면성을 가진 물을 잘 다스려 풍부한 수자원을 확보하고 또 재해를 최소화하는 것은 단순한 일이 아니다.

최근에는 기후변화로 인해 강수패턴도 크게 변화하고 있어 이 일을 더욱 어렵게 만들고 있다. 여기에 인구증가, 도시화, 공업화 등으로 인해 환경오염이 가속화되고 있고, 이에 따라 깨끗한 물의 확보가 더욱 어려워지고 있다. 미래 사회에 가장 중요한 자원이 '물'이 될 거라는 이유가 여기에 있다.

기후 및 에너지공학 전공 분야

지구 온난화, 이상기후 변화 등 국제 사회는 심각한 환경/에너지 위기를 직면하고 있다. 인류의 지속가능한 발전을 도모하기 위해서 기존 화석연료를 지양하는 태양광, 풍력, 지열 등 신재생 에너지에 대한 학문적 접근과 연구가 나날이 중요해지고 있다.

또한 신재생 에너지를 미리 저장해두었다가 필요한 시간대에 사용할 수 있는 효율적 에너지저장시스템 분야도 우리의 녹색 미래를 가능하게 할 핵심으로 성장할 것이 기대된다.

초고층 건물 및 초장대 교량 분야

인구밀도의 증가와 발맞추어 미래의 구조물은 '더 높이, 더 넓게, 더 멀리'라는 목표 아래 지속적으로 거대화되고 있다. 또한 전 세계적으로 각종 구조물의 실질적인 역할과 더불어 상징적 의미가 더해진 요즘 100층 이상의 초고층 건물과 수 km의 초장대 교량, 해저 터널 등 미래 지향적 구조의 설계 및 시공 분야는 지속적으로 발전할 것으로 예상된다.

– 출처 : 고려대학교 인재 양성·진로 가이드북

💬 어떤 과목을 이수하면 좋을까?

진학에 도움이 되는 교과				
교과영역	교과(군)	공통과목	선택 과목	
			일반선택	진로선택
기초	국어	국어	화법과 작문, 독서, 문학, 언어와 매체	
	수학	수학	수학Ⅰ, 수학Ⅱ, 미적분, 확률과 통계	실용수학, 기하, 수학과제탐구
	영어	영어	영어회화, 영어Ⅰ, 영어Ⅱ, 영어 독해와 작문	
	한국사	한국사		
탐구	사회	통합사회	세계지리, 한국지리	
	과학	통합과학 과학탐구 실험	물리학Ⅰ, 화학Ⅰ, 지구과학Ⅰ	물리학Ⅱ, 화학Ⅱ, 지구과학 Ⅱ 과학과제탐구, 생활과 과학, 과학사
생활 교양	기술·가정		기술·가정, 정보	
	교양		환경, 실용경제, 논술	공학일반, 창의경영, 지식재산일반

건축학과

Q 건축학은 정확히 어떤 학문인가요?

A 건축학은 설계와 도면을 이용하여 구조물의 공간을 어떻게 하면 효율적으로 활용할 수 있을까에 대한 고민을 하는 것으로 심미적인 자질이 필요한 것에서 건축토목공학과는 조금 차이가 있다고 할 수 있습니다.

Q 건축학과가 5년제로 운영되는 곳이 있던데 왜 그런가요?

A 여기엔 '인증받은' 건축학과를 졸업해야만 건축사 시험을 볼 수 있고, 최종적으로 건축설계를 할 수 있기 때문입니다. 한국건축학교육인증원 홈페이지를 통해 인증받은 대학리스트를 확인해볼 수 있습니다.
5년제 인증대학 졸업 후 건축사무소에서 3년간 실무경험을 쌓은 후 건축사 시험을 통해 건축사를 취득할 수 있습니다.

Q 4차 산업 기술과 건축은 어떻게 연결되나요?

A AI를 활용해 설계하거나, 설계도면을 증강현실기술과 접목시켜 건축가들의 프레젠테이션 방식에 혁신을 가지고 올 수 있을 거라 기대됩니다. 그리고 디지털 패브리케이션을 활용해 동대문디자인플라자처럼 다양한 형상과 곡면이 정밀하게 구현될 수 있는 만큼 건축사들의 디자인 설계의 한계를 확장 시켜줄 거라 기대됩니다.

건축학은 사람들에게 편리하고 효율적인 건축물을 설계하고 만드는 방법에 대해서 배우는 학문이다. 건축에 대하여 예술적, 기술적, 과학적으로 연구하여 진보된 학문과 기술·예술을 총망라한 학문 분야이다. 건축학은 편리하고 효율적인 건축물을 설계하는 것을 연구하며 대학에 따라 4년제 혹은 5년제 교육과정으로 운영된다.

과거 신을 중심으로 하는 시대에서 사람이 중심이 되는 시대로 넘어오면서 건축은 큰 영향을 받아 기능적으로 편리하면서도 보기에도 아름다워야 하며, 건축물을 이용하는 사람들에게 편안함과 아늑함도 제공할 수 있어야 하는 복잡한 미션을 가지게 되었다.

이러한 인문학적 정신과 더불어 최근 디지털 건축에 대한 관심과 활용이 컴퓨터 프로그램 활용 능력과, 최신 ICT기술 및 IoT 등 4차 산업기술에 대한 이해를 필요로 하고 있다.

💬 관련 학과

건설융합학부, 건축학과, 건축과, 건축도시부동산학과, 건축공간디자인학과, 건축공학부 건축학전공(5년제), 실내건축학과, 전통건축학과, 친환경건축학과

💬 건축 공학에 알맞은 적성 및 흥미

수학, 과학 등 기초 과학 분야의 기본지식과 미적 감각이 필요하며 설계와 시공을 배우게 되므로 건축뿐만 아니라 기계분야에 대한 지식과 흥미가 필요하다. 세밀한 정확성과 문제 해결능력, 기술적, 과학적, 조직적 사고능력이 필요하다.

💬 대학에서 배우는 과목 및 전공

전공 분야	내용
유체역학	유체의 역학적 성질, 유체정역학적인 기본 사항, 모멘텀, 연속원리를 소개하고, 이상유체 및 실제유체의 동역학, 난류와 층류의 흐름, 사상성 원리 등을 다룹니다.

상하수도공학	도시의 급수와 배수 시설에 대한 전반적 계획, 설계 유지·관리에 대해 학습하며 상수도 시스템의 공학적 접근방법과 부대시설, 종말처리시설 및 펌프 등으로 구성된 하수도 시스템의 설계 및 유지·관리에 대해 중점적으로 배웁니다.
측량학	지구 표면상에 존재하는 여러 점들 상호 간의 관계와 위치를 측정하여 도면을 만들고, 각종 목적에 따라 계획선을 넣어 일정한 지역의 면적과 체적을 계산하기 위하여 측지의 개요, 오차의 거리, 거리측량, 수준측량, 트랜싯측량 등의 기본 개념과 측량방법을 배웁니다.
건축시공학	건축물을 실현하기 위한 시공 순서, 공법 및 관리방법에 대해서 학습하고 현장실습 및 견학을 통하여 습득합니다.
건축재료학	건축물을 이루는 구조부재 및 마감재료 등 각종 재료들의 특성과 이 재료들이 건축물의 구성 재료가 되기 위해 요구되는 제반 성능에 대해 배웁니다.
건축재료역학	건축구조의 해석과 설계에 필요한 재료 부문에서의 가장 기초적인 엔지니어링 문제를 배웁니다.
철골구조설계	철골구조를 구성하고 있는 부재의 재료적인 특성과 부재의 거동 및 설계 연결부의 연결방법 등 철골구조물의 전체적인 이해 및 설계방안에 대해 배웁니다.
건축구조시스템	건축물에 따른 하중 및 구조시스템의 종류와 역할, 각 구조시스템의 특성, 간략한 설계방법 등에 대해 배웁니다.
건물유지 및 관리	건축물 내부 사람의 쾌적함과 에너지 효율을 높이고 자산 가치를 극대화하기 위한 방안에 대해 배웁니다.
건물 유체시스템	건축기계설비 엔지니어링과 관련 교과목을 이해하기 위한 기본사항을 습득하고 건축 엔지니어링 실무를 수행하기 위한 기초지식을 배웁니다.

💬 **관련 국가 자격**

건축사	건축기사	건축산업기사
실내건축기사	실내건축산업기사	건축일반시공산업기사
건축설비기사	건축설비산업기사	도시계획기사
건설기계설비산업기사	건설기계설비기사	소방설비산업기사
건설안전기사	측량 및 지형공간정보기사	배관설비산업기사
건설재료시험기사	건설안전산업기사	측량 및지형공간정보산업기사
가스산업기사	열관리산업기사	공조냉동기계기사

건설재료시험산업기사	콘크리트기사	콘크리트산업기사
보일러산업기사		

😶 졸업 후 진로 및 취업

녹색건축전문가	토목감리기술자	공무원(건축직/건설직)
건축설계기술자	건축시공기술자	인테리어디자이너
해양설비(플랜트)기본설계사	도시계획 및 설계가	기업재난전문가
건축 및 토목캐드원	건축구조기술자	조경기술자
캐드원	건축자재시험원	건축안전기술자
건설견적원(적산원)	도시재생전문가	건축설비기술자
건축 및 토목 캐드원	공무원	

😶 건축학과 학교별 전공 및 특이사항

건축학과는 주로 건축학부나 건설공학부에 포함되어 있거나, 단독 개설되어 있는 경우가 있으므로 해당 학교 학과 홈페이지를 통해 학부제라면 진학 후 전공이 어떻게 분류되는지 확인하여 진학을 결정할 필요가 있다. 또한, 5년제 인증 대학여부를 반드시 확인하여 진로에 차질이 없도록 해야 한다.

학교	학부/학과명	전공 및 특이사항
서울대	건축학과 (건축학전공)	5년제 건축학전공 + 4년제 건축공학전공으로 나눔. 건축학전공프로그램은 건축학가 학위과정 한국건축학교육인증원(KAAB)이 제시하는 인증기준 및 절차를 준수하고 건축학교육 전문학위 인증을 취득한 프로그램으로서, 캔버라협약(Canberra Accord) 인증기관들과 유네스코-세계건축사연맹(UNESCO-UIA) 건축학교육인증기구(UVCAE)가 동시에 인정하는 전문학위 프로그램 운영

한양대	건축학부	한국에서 가장 오랜 역사, 가장 많은 졸업생 배출. 5년제 건축학교육 전문 학위 프로그램 운영 동아시아건축사 연구 부분 강점을 가지고 있음. 비정형형태의 설계와 전통건물 현대 재해석 분야 지속적 연구
홍익대	건축학부 (건축학/ 실내건축학)	5년제 건축학전공으로 건축사 양성, 4년제 실내건축학전공 과정으로 인테리어디자이너, 환경디자이너 등 양성 미술이 특화된 학교이자 건축 미술과에서 출발한 만큼, 디자인 쪽이 강점. 외국의 건축 설계 사무소와 인턴십 운영
연세대	건축공학과 (건축학/ 건축공학)	건축계획, 건축역사이론, 건축설계, 건축시공, 건축구조, 건축환경 교육. 엔지니어링과 디자인의 균형 잡힌 교육과 융합 연구를 통해 건축계에서 중심적 역할을 수행할 우수 인력 배출함.
국민대	건축학부 (건축설계/ 건축시스템)	창의적이고 실험적인 건축을 지향하는 독보적인 커리큘럼을 가지고 있으며 스튜디오 시스템의 설계교육을 우리나라 최초로 시도. 건축설계전공은 5년제 학제로 운영되는 설계 중심의 디자인 전공 주된 교육내용으로는 자유로운 상상력과 개념의 확대를 통한 창의적인 디자인 경험, 건축 역사 및 다양한 건축이론의 학습을 통한 합리적 논리와 방법론의 체득, 디지털 매체를 이용한 표현 능력의 극대화, 합리적인 디자인의 창출에 필요한 건축기술의 이해 등
명지대	건축학부 (건축학/ 전통건축/ 공간디자인)	교수인력과 시설을 세계적인 수준으로 발전시켜, 2007년 국제적으로 인정받고 있는 KAAB으로부터 국내최초로 전문학위 인증을 취득하여 최상위 평가를 유지, 건축학전공으로서는 국내 최대 규모의 설계스튜디오시설과 전임 교수진 보유
서울 과기대	건축학부 (건축학/ 건축공학)	2008년 1월에는 한국에서 5번째로 건축학인증 5년제를 획득, 2017년 9월 서울과학기술대학교의 건축학사 학위 교육 프로그램은 인증프로그램 최고등급은 6년 인증받음.

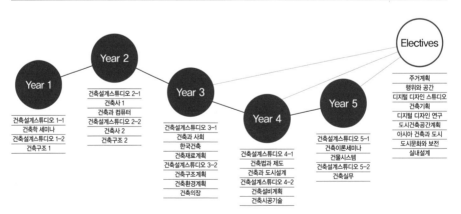

출처 :서울대학교 건축학과 이수 체계도

💬 건축학과의 미래 전망

생태건축

지구 온난화와 급격한 기수변화에 대한 대응으로 자연의 생태계 속에서 인간과 환경이 어떻게 공존할 수 있는지를 연구하는 학문

초고층 건축 분야

도시의 대규모화에 따른 복합용도로서의 초고층 건축물에 대한 설계 기술을 배우는 학문

범죄예방설계

건축계획학적 측면에서 범죄나 테러 등을 예방하는 설계기법

도시재생

사회, 경제, 문화적 관점에서 노후화된 도시를 정비하고 새롭게 계획하는 학문

건축큐레이팅

건축의 역사나 현대 건축가들의 작품을 미술관에 전시하여 대중과 소통시키는 학문

– 출처 : 고려대학교 인재 양성·진로 가이드북

어떤 과목을 이수하면 좋을까?

교과영역	교과(군)	공통과목	선택 과목	
			일반선택	진로선택
기초	국어	국어	화법과 작문, 독서, 문학, 언어와 매체	
	수학	수학	수학l, 수학ll, 미적분, 확률과 통계	실용수학, 기하, 수학과제탐구
	영어	영어	영어회화, 영어l, 영어ll, 영어 독해와 작문	
	한국사	한국사		
탐구	사회	통합사회	세계지리, 한국지리, 세계사	
	과학	통합과학 과학탐구 실험	물리학l, 화학l, 지구과학l	물리학ll, 화학ll, 지구과학 ll 과학과제탐구, 생활과 과학, 과학사
생활 교양	기술·가정		기술·가정, 정보	
	교양		환경, 실용경제, 논술, 환경	공학일반, 창의경영, 지식재산일반

진학에 도움이 되는 교과

도시공학과

도시 공학은 도시공간에서 발생하는 여러 가지 도시문제에 대처하고, 쾌적하고 지속가능한 도시환경을 조성하기 위해 도시의 계획·관리·개발·정책·기술 등을 종합적으로 연구하는 학문

Q 도시공학이 건축, 토목과 어떤 차이가 있나요?

A 건축, 토목은 건물, 시공설계 등 물리적인 측면이 강조되는데 도시공학은

사회적 현상에 대해 분석하고 공간과 사회, 제도 및 정책 등에 연구 역량
이 집중된다는 점에서 큰 차이가 있습니다.

Q 도시공학은 공학적 역량보다 인문학적 역량이 중요한가요?

A 물론 사회적 현상에 대해 연구하기 때문에 인문사회 분야에 대한 이해가
필요합니다. 하지만 그러한 현상을 논리적·수리적으로 해석해 해결방식을
연구하기에 공학적 사고력과 기초지식이 필요합니다.

Q 도시공학과에 진학하기 위해서는 어떤 준비를 해야 하나요?

A 현실 세계에서 일어나는 일에 지속적인 관심을 가지고 이해관계의 충돌을
조율하는 학문적 특성상 여러 분야에 걸쳐 지식을 쌓기 위해 신문, 뉴스를
챙겨보고 다양한 야외활동을 해보며 직접 도시의 문제에 대해 생각해보는
것이 중요합니다.

도시에는 많은 사람들이 생활하면서 주택, 교통, 환경 등 다양한 문제가 발생
할 수 있어서 보다 쾌적하고 살기 좋은 도시를 원하는 사람들의 욕구도 커지고
있다. 현재 우리나라 인구의 90%가 도시에 살고 있고, 특정 지역에 집중되어 있
는 만큼, 집중된 인구를 분산시키고 도시를 계획 및 정비할 필요성이 대두되고
있다.

'도시공학' 분야는 도시가 안고 있는 제반 문제를 해결하여 삶의 질의 높이고
생활환경을 효율적으로 계획하고 개발하기 위한 방법들을 탐구한다. 사람들의
생활과 관련한 공간을 다루기 때문에 건축, 토목, 환경, 기계 등의 공학적 지식
뿐만 아니라 법, 행정, 사회, 경제, 경영 등 다양한 인문 사회 분야 학문 영역과
도 밀접한 관련이 있다.

도시에서 시민의 기본적 욕구를 충족시키며 삶의 질을 향상시키기 위해서는 필요한 기능과 시설이 필요한 곳에 잘 자리 잡도록 하는 것이 중요하다. 이러한 다양한 기능과 시설을 도시에 배치하기 위해서 도시공학은 도시계획 및 설계, 조경 및 환경공학, 교통공학 및 지리정보시스템, 주택 정책 등 다양한 분야를 포함하고 있다.

💬 도시 공학에 알맞은 적성 및 흥미

도시공학과는 종합적인 학문의 성격이 강하므로, 토목, 건축, 기계와 관련된 공부와 함께 법, 행정, 사회, 경제 등의 사회 과목에도 흥미가 있으면 좋다. 도시공학과는 사람들이 생활하는 공간을 설계하는 일을 하므로 공간 지각 능력이 필요하며, 다양한 분야에 호기심을 가지고 창조적으로 공간을 디자인할 수 있는 미적 감각 능력이 필요하다.

💬 관련 학과

도시공학과, 도시건설과, 도시정보공학과, 도시교통공학과, 도시설계학과, 도시환경공학과, 공간정보공학과, 도시계획부동산학과, 도시조경학부, 공간정보시스템공학과, 도시시설관리공학과, 도시환경공학부

💬 대학에서 배우는 과목 및 전공

도시계획을 작성하고 이를 실시하려면 도시학의 각 분야가 종합적으로 연구·검토되어야 하는 데, 특히 계획론·설계학·조사방법론·측량학·상하수도공학·교통공학·도로공학 등이 중점적으로 다루어져야 하며, 이와 관련해서 인구·법·경제 등 사회나 경제적인 면에서도 동시에 검토되어야 한다.

전공 분야	내용
토지이용계획	지역개발 행위의 한 과정인 토지이용계획에 관한 이론 학습, 사례 분석 및 실습을 함으로써 실무 능력을 함양한다.
도시디자인	필지와 건물의 이해 및 실습, 블록과 건물 간의 관계 이해 및 실습, 주거지 공공공간의 이해 및 설계, 소규모 근린주거지의 설계를 위주로 배운다.
도시계획사	도시계획의 연구 측면, 계통 및 시대 구분, 고대 및 중세의 도시계획, 근대도시계획, 현대 및 미래의 도시계획을 배운다.
도시공간구조론	도시공간의 개념을 이해하며 도시공간의 기본 골격을 물리적 모습과 함께 시대의 사회, 경제, 정치 구조와의 관계 속에서 탐구한다. 이를 위해 도시공간이 형성되는 배경과 도시의 성격을 다루며, 도시의 내부구조 이론, 중심지 이론 및 도시시스템을 정설화된 이론을 중심으로 배운다.
도시교통계획	교통계획의 틀을 다루는 교통수요의 추정과정과 계획의 배경 및 철학, 교통과 토지이용계획의 상호관계로부터 교통모형과 토지이용모형과의 접속을 도모한다. 교통과 토지이용의 상관관계, 발생교통량분포 및 교통배분, 수송수단 배분모형 등에 대해 배운다.
도시 재개발	도시재개발에 대한 이론과 수법을 익히고 불량지구 발생요인을 분석하여 도시의 합리적 개발계획 수립하는 것을 배운다.
도시설계	도시학적인 발전저해요소와 부정적인 발전 등 도시발전의 전체적인 현상을 파악하기 위한 전문지식을 이해시키며 실제의 현장답사, 조사, 분석 등의 과제를 통하여 현황을 파악하는 방법과 기술묘사를 배우고, 이를 토대로 하여 도시지역 발전의 공간적·기능적 편성에 관한 설계과정을 정립해 도시설계를 실제로 수행한다.
도시계획	토지이용 계획 상의 문제들을 검토하고 연구함으로써 도시 전체적인 계획을 알고 토지이동사항 등 지적업무를 착오 없이 수행하여 도시의 건전한 발전을 도모할 능력을 함양한다.
단지계획	대지의 자연적, 문화적 요소들을 파악하고 택지개발에 필요한 기술적 기준사항에 대한 강의를 통하여 단지계획의 전 과정을 이해하고 실제로 적용하고 설계하여 봄으로써 단지개발에 대한 포괄적인 지식을 습득한다. 개발밀도의 설정, 설계의 사회심리적 요소, 가로망 체계, 오픈스페이스 체계, 사업시행계획 등의 내용에 관한 이론 및 실제를 배운다.

💬 관련 국가 자격

감정평가사	건설안전기사	건설안전산업기사
교통기사	교통산업기사	도시계획기사
지적기사	지적산업기사	

💬 졸업 후 진로 및 취업

교통계획 및 설계자	공무원(도시계획직)	도시재생전문가
지능형교통시스템(ITS)연구원	측량 및 지리정보기술자	교통영향평가원
감정평가사		

💬 도시공학과 학교별 전공 및 특이사항

학교	학부/학과명	전공 및 특이사항
연세대	도시공학과	도시계획, 도시설계, 도시환경정보, 도시교통
중앙대	사회기반시스템 공학부 (도시시스템 공학전공)	스마트 시티, 스마트 도시재생, 도시재생 및 설계 공공 빅데이터, 자율주행 교통 운영, 도시계획, 도시설계 연구실 설치
한양대	도시공학과	환경계획 및 GIS, 지역개발, 도시 및 부동산 경제, 도시공간계획, 도시설계, 도시설계 및 공간 분석 연구실이 설치되어 있음.
홍익대	건설도시공학부	도시공학과 토목전공으로 나누어짐. 국토 및 지역 계획, 신도시 계획, 단지계획, 교통계획 및 공학, 도시설계, 주택계획, 도시재생, 계량모형 분석, 조경설계 등의 과목 개설
한국 교통대	건설환경 도시교통 공학부	토목공학, 환경공학, 도시공학으로 나뉨. GIS와 GIS 프로그래밍 수업 병행, 스마트 시티, 도시재생, 스마트 교통, ITS 등 도시 교통 분야를 선도할 인재 양성

서울 시립대	도시과학대학 (도시공학, 교통공학)	도시공학: 도시의 이해, 도시계획의 기반, 계획 및 설계 과정에 익숙한 실무능력 연마, 도시정책 계획 및 개발, 실전능력, 문제 진단, 비전 창출을 위한 능력 개발의 단계로 커리큘럼 운영 교통공학: 도로설계 연구실, 교통운영 연구실, 교통 경제 연구실, 교통계획 연구실, 교통안전 연구실첨단교통체계 연구실, 교통 물류 연구실, 지속가능 교통 연구실 운영

💬 도시공학과의 미래 전망

범죄예방설계

건축계획학적 측면에서 범죄나 테러 등을 예방하는 설계기법

도시재생

사회, 경제, 문화적 관점에서 노후화된 도시를 정비하고 새롭게 계획하는 학문

신문명 도시

산업 문명을 기반으로 하는 대도시는 지속불가능, 이에 대한 대체로 신문명 도시를 통해 지속가능한 발전을 기대함.

스마트 시티

최신 정보통신기술(ICT)을 적용한 스마트 플랫폼을 구축하여 도시의 자산을 효율적으로 운영하고 시민에게 안전하고 윤택한 삶을 제공하는 도시

지능형교통시스템(ITS , Intelligent Transportation System)

기존의 교통체계에 정보통신 및 센서네트워크 기술을 융합한 기술. 이상적인

교통상황을 만들어 에너지를 절약함과 동시에 환경오염을 막고 교통문제와 정체를 감소시키는 효과 기대

💬 어떤 과목을 이수하면 좋을까?

교과영역	교과(군)	공통과목	선택 과목	
			일반선택	진로선택
기초	국어	국어	화법과 작문, 독서, 문학, 언어와 매체	
	수학	수학	수학Ⅰ, 수학Ⅱ, 미적분, 확률과 통계	실용수학, 기하, 수학과제탐구
	영어	영어	영어회화, 영어Ⅰ, 영어Ⅱ, 영어 독해와 작문	영어권 문화, 진로영어
	한국사	한국사		
탐구	사회	통합사회	세계지리, 한국지리, 세계사	여행지리, 사회문제 탐구
	과학	통합과학 과학탐구 실험	물리학Ⅰ, 화학Ⅰ, 지구과학Ⅰ	물리학Ⅱ, 화학Ⅱ, 지구과학 Ⅱ 과학과제탐구, 생활과 과학, 과학사, 융합과학
생활 교양	기술·가정		기술·가정, 정보	
	교양		환경, 실용경제, 논술	공학일반, 창의경영, 지식재산일반

진학에 도움이 되는 교과

Memo 〈공학계열 학과별 유사학과 분류표〉 111페이지 참조

건축 분야

➡ 건축공학기술자

Q 건축공학기술자는 어떤 일을 하나요?

A 건축공학기술자는 건축물 공사 시에 전문영역에 따라 공정관리, 품질관리, 안전관리, 환경관리, 시공감리 등의 업무를 수행하고, 건축물의 구조설계를 합니다. 건축물의 공사에 대하여 전체적인 관리와 감독을 하고 구조를 설계하거나 기타 시공에 관련된 기술적 자문을 제공합니다.

또 공사가 설계도면에 따라 진행되는지 관리·감독할 뿐 아니라 공사 현장의 안전, 환경, 건축물의 품질, 공사를 위한 재료나 인력 등도 관리·감독하고 공사 기간이나 시공 방법, 건설기능사 및 인부 등의 투입 인력의 규모, 건설기계 및 건설자재 투입량 등의 세부공정을 수립하고 시행합니다. 그리고 공사가 설계에 따라 제대로 진행되고 있는지 감독하고 현장관리를 합니다. 견적, 발주, 설계변경, 원가관리 등의 행정적인 업무를 하기도 합니다.

Q 건축공학기술자가 되기 위해서는 어떤 준비가 필요한가요?

A 전문대학 및 대학교에서 건축학과, 건축공학과, 건축설비학과, 실내건축학

과 등을 졸업하는 것이 유리합니다. 그리고 건축시공기술사, 건축구조기술사, 건축기계설비기술사, 건축일반시공기능장, 건축기사, 건설안전기사, 건축설비기사등의 자격증을 취득한 후 건설회사나 건축엔지니어링회사에 취업하며, 그 외에 건축공사전문업체 등에 입사하여 실무경력을 쌓는 것이 일반적입니다.

Q 이 직업의 현재와 미래 전망은 어떤가요?

A 장기적으로 가구 수 증가율 감소, 100%가 넘은 주택보급률, 저출산·고령화 등의 요인으로 건축시장이 위축되고 있어 국내 수요는 감소할 것으로 예상되는 만큼, 토목공학기술자와 마찬가지로 해외로 눈을 돌려 취업의 폭을 넓히는 것도 하나의 방법이 될 것입니다.

➡ 건축가

Q 건축가는 어떤 일을 하나요?

A 건축가는 고객(건축물의 주인)의 의뢰를 받아 조형미, 경제성, 안전성, 기능성 등을 고려하여 주택, 사무용 빌딩, 병원, 체육관 등의 건축물에 대한 건축계획과 설계를 하는 사람입니다. 건축가(건축사)는 설계를 주로 하며, 아이디어를 내는 창조적 작업을 수행하는 만큼, 업무의 스트레스 강도가 높고, 마감일에 쫓겨 초과근무나 야간근무를 많이 하는 편입니다.

하지만 설계된 건축물이 완공되어 가는 것을 보며 자부심과 만족도가 높은 편입니다. 사무실에서 주로 업무를 보지만 설계 전에는 부지조사나 공사 감리를 위해 현장에 나가는 경우도 종종 있습니다. 건축사사무소를 운영하는 경우에는 설계 업무 이외에 경영 및 인사관리 업무도 해야 하고 설계 의뢰를 따내는 일, 건물주를 대신하여 건축허가를 받는 일, 건축기술에 대한 자문을 하는 일 등도 하게 됩니다. 대형설계회사에 근무하는 경우에는 각자 전문 분야만 담당합니다.

Q 건축가가 되기 위해서는 어떤 준비가 필요한가요?

A 건축가들은 주로 건축설계를 하는 건축사무소나 건축엔지니어링업체 등에서 일하거나 연구소에 취업하기도 합니다. 일정 경력이 쌓이면 개인 건축사 사무소나 엔지니어링업체를 창업하는 경우도 있습니다. 한편, 국토해양부 장관의 건축사 면허를 취득해야만 건축가로서의 설계업무를 시작할 수 있습니다. 그리고 한국건축학교육인증원 홈페이지를 통해 인증받은 대학을 졸업해야만 건축사 자격증 응시가 가능하니 꼭 체크해봐야 합니다.

Q 이 직업의 현재와 미래 전망은 어떤가요?

A 모든 일자리가 경제 상황의 좋고 나쁨에 따라 조금씩 영향을 받습니다. 또 건축가의 일자리는 주택 부문의 경기 상황에 큰 영향을 받습니다. 현재는 완공된 아파트가 잘 분양되지 않는 등 주택 경기가 좋지 않은 상황입니다. 이에 따라 종합 건설업의 업체 수도 감소하고 있지요. 이런 상태에서는 기존의 회사들도 시장 상황이 좋아질 때까지 새로운 사업을 시작하는 일을 꺼리기 때문에 건축가에 대한 수요도 다소 줄어들 것으로 예상됩니다. 다만, 국내 건설산업은 좋지 않은 상황이지만 해외의 개발도상국이나 산유국 중심으로 대규모 도시건설 및 건축계획들이 진행되고 있다는 것은 이들에게 긍정적인 요인이 될 수 있습니다.

➜ 녹색건축전문가

Q 녹색건축전문가는 어떤 일을 하나요?

A 녹색건축전문가는 건축물이 녹색건축 인증기준에 적합하거나 그 이상의 수준이 되도록 설계·시공 안을 계획하고 검토하며, 적용 가능한 요소들을 제안해 건축물의 물리적 환경성능을 향상시키기 위한 기술 및 컨설팅을 수행하는 건축가 또는 관련 엔지니어를 말합니다. 이를 위해 녹지 등의 생태공간 조성, 에너지 효율 고려, 친환경 자재 사용 등을 통해 녹색건축 인증기준에 적합한 건축물을 설계하는 일을 합니다. 자연에 가까운 건축물을 짓고 친환경 건축설계를 통해 궁극적으로 그린도시를 완성하고자 하죠.

Q 녹색건축전문가가 되기 위해서는 어떤 준비가 필요한가요?

A 녹색건축전문가는 건축과 환경 분야 지식과 기술이 융합되는 직업이라는 점에서 건축설계를 기본으로 환경과 관련된 학문적 배경을 갖춘 사람에게 적합합니다. 건축학과, 건축공학과, 도시계획학과, 도시개발경영학과, 조경학과, 건축설비학과 등이 있고, 유사한 분야 경력이 있으면 입직에 유리합니다.

높은 수준의 전문지식이 요구되는 편이어서 대학 및 대학원에서 전문지식을 공부하는 것이 좋으며 건축물을 대상으로 에너지와 자원이 얼마나 절약되는지, 오염물질은 얼마나 감소하는지 등을 시뮬레이션하고 평가해 적용하려면 관련 프로그램을 다루는 컴퓨터 활용능력도 필수입니다.

Q 이 직업의 현재와 미래 전망은 어떤가요?

A 정부에서는 에너지를 절감하고 친환경적인 건축물을 확산하기 위해 건물

에서 배출되는 온실가스 배출을 감축하는 등 다양한 제도를 도입해 시행하고 있습니다. 일정 규모 이상의 건축물을 지을 때는 녹색건축 인증제 적용에 필요한 전문인력이 참여하도록 하고, 향후 녹색건축 분야 전문자격을 신설할 계획을 발표하기도 했죠.

이처럼 국토교통부를 중심으로 지속적으로 녹색건축전문가 인력양성을 위한 노력을 추진하고 있습니다. 관련 자격인 건축물 에너지평가사 자격을 국가자격으로 전환하고, 향후 녹색건축전문가 자격 신설을 준비하고 있는 점도 이 직업의 전망을 밝게 하고 있습니다.

토목 분야

➔ 토목공학기술자

Q 토목공학기술자는 어떤 일을 하나요?

A 국가 경제에 꼭 필요한 도로, 철도, 댐 등의 기반시설을 설계 및 시공하고 토목공사 현장을 관리, 감독하는 일을 합니다. 지금의 토목공사는 규모면에서나, 참여하는 분야 면에서나 엄청난 스케일을 자랑하며, 공사과정도 점점 복잡하고 정밀해지고 있습니다.

이 과정에서 토목공학기술자는 지반 및 지질조사, 토목구조설계, 시공 관리, 감리 등 전문 분야별로 업무를 분담하여 전체 공사를 진행해 나가게 됩니다. 토목설계기술자가 기본계획을 세우고 설계도면이 확정되면, 토목시공기술자가 설계도면에 따라 정확히 시공이 이루어졌는지 감독하는 감리 업무를 수행하고, 공사 중 안전사고나 환경훼손 등이 발생하지 않도록 현장과 인력을 관리하기도 합니다.

Ⓠ **어떻게 준비하나요?**

Ⓐ 대학에서 토목공학 관련 전공을 선택해 토목공학과에 입학하면 각종 공학의 기초과목과 함께 철근콘크리트공학, 교량공학, 도로공학, 철도공학, 터널공학, 댐공학, 항만공학 등의 전문적인 지식을 쌓게 됩니다. 취업 시 관련 자격증이 반드시 필요한 것은 아니지만, 최근에는 자격증 소지자를 우대하는 기업이 많습니다.

토목공학기술자와 관련한 국가기술자격으로는 한국산업인력공단에서 시행하는 건설기계기술사, 건설안전기술사·기사·산업기사, 도로 및 공항 기술사, 산림토목기술사, 상하수도기술사 등 수많은 자격증이 있답니다. 토목공학기술자는 주로 건설회사나 토목엔지니어링회사에 취업하며, 이 외에 토목공사전문업체, 상하수도전문공사업체, 도로포장전문공사업체, 철도궤도전문공사업체 등에 취업합니다.

Ⓠ **이 직업의 현재와 미래는?**

Ⓐ 우리나라는 국가기반시설이 어느 정도 갖추어진 상태이기에 더 이상의 큰 수요를 기대하긴 어렵습니다. 다만, 지방자치단체 등에서 발생하는 도로포장 수요 등은 지속적으로 발생할 것으로 예측되고 있습니다. 도시 기반 조성 토목공사도 있는데요, 부동산 경기침체 때문에 새로운 대규모 아파트 단지 건설이나 신도시 조성을 추진하기보다는 기존 사업을 마무리하는 수준이어서 국내 토목공학 기술자에 대한 수요가 증가하기는 어려워 보입니다.

하지만 국외에서 토목공학 기술자에 대한 수요가 창출될 가능성이 큰 것으로 보입니다. UAE(아랍에미리트)원자력 발전소와 같은 대규모 건설사업을 지속적으로 맡게 된다면 고용 상황이 나아질 수 있을 것으로 예측됩니다.

➡ 공간정보연구원

Q 공간정보연구원은 어떤 일을 하나요?

A 공간정보연구원은 지상·지하·수상·수중 등의 다양한 정보를 활용해 새로운 가치의 공간정보를 만들고, 공간정보에 대한 정책과 기술개발, 제도수립 등에 필요한 연구를 수행합니다. 예를 들면, 풍수해, 지진 등 재해지역의 피해현황을 공간정보로 구축해 재해에 대비하기도 하고, 대피정보 및 기상 특보 등의 정보를 제공해 정책적으로 활용하기도 합니다. 또한 국토의 효율적인 관리를 위해 공간정보를 활용하고, 현실국토를 가상공간으로 옮기는 사이버국토의 구축을 위해 기술, 제도, 법률 등에 관한 연구를 실시하기도 합니다.

Q 공간정보연구원이 되기 위해서는 어떤 준비가 필요한가요?

A 지적학과, 지적정보학과, 지적토목학과, 지리정보학과, 토목공학과, 공간정보학과, 도시지적공학과, 도시정보공학과, 공간정보공학과 등을 졸업한 후 전문 공간정보업체, 측량업체, 건설회사 등의 민간업체와, 한국국토정보공사(LX), 한국토지주택공사(LH), 한국수자원공사(K-Water), 한국도로공사(ex), 한국농어촌공사(KR) 등 공공기관의 연구원과 국가 및 지방자치단체의 공무원, 국토교통부 국토지리정보원의 연구원으로 진출할 수 있습니다. 공간정보연구원이 되기 위해서는 지적 분야를 비롯해 공간분석, 경영, 법학, 도시계획 등 다양한 분야에서의 학사, 석사 또는 박사학위가 필요하며, 관련 분야에서의 경력이 있으면 우대를 받을 수 있습니다.

Q 이 직업의 현재와 미래 전망은 어떤가요?

A 공간정보연구원은 4차 산업혁명과 연계하여 건설·국방·안전·문화재 복원 등 다양한 분야에서 전문성을 발휘할 수 있기에 지적과 IT기술의 융·복합을 통해 국가의 곳곳에서 활발한 연구활동을 펼치고 있습니다. 대표적인 분야는 무인항공기, 전자지도, 지구위성항법시스템 GNSS(Global Navigation Satellite System), 등 고정밀 위치정보의 구축 및 서비스분야 뿐만 아니라 상하수도 등 지하시설물 정보, 교통·물류 정보, 상권 정보, 부동산 정보, 방범시스템 구축 및 정보제공 분야에서도 공공 및 민간의 수요가 증가하고 있습니다.

정부도 국가공간정보체계 구축을 위해 디지털지적사업, 위치기반서비스(LBS), 지능형 교통체계(ITS) 등 다양한 분야에서 공간정보 융·복합 산업의 전략적 투자를 지속적으로 늘려가고 있으며, 공간정보가 타 산업에 미치는 영향을 고려할 때 공간정보연구원의 고용은 증가할 것으로 예상됩니다.

도시 분야

➡ 도시계획가

Q 도시계획가는 어떤 일을 하나요?

A 도시계획가는 도시와 지역의 기상·지형·지세·토지이용현황 및 각종 시설에 대하여 조사하고, 지역특성과 경제·사회적 자료 등을 분석하여 토지이용 계획을 수립하는 일을 합니다. 계획안에 대한 평가를 통해 미비점을 보완하고 분석한 자료와 도시계획에 관한 사항을 종합적으로 검토하여 도면

을 작성합니다. 관련 서류와 도면을 발주자에게 제시하고 전체 계획에 대한 협의, 도시개발의 경제성과 토지이용의 효율성을 감안하여 구체적인 토지이용상황, 교통, 생활환경 등에 대한 세부 계획안을 발주자에게 제시하기도 합니다. 그리고 확정된 계획안을 발주자와 관할 관청에 제시하고 승인을 얻습니다. 시공에 따라 발생되는 제반사항에 대한 문제점을 해결하기 위한 현장점검 및 안전진단업무, 현장지원업무 및 감리 업무와 도시개발에 따라 효율성 및 실효성이 있는 기술에 대한 기술제안 업무와 기술개발 업무를 수행합니다.

Q 도시계획가가 되기 위해서는 어떤 준비가 필요한가요?

A 대학에서 도시공학이나 교통공학을 전공하여 활동하는 것이 일반적인데 학부 과정에서 건축학이나 조경학, 토목학 등을 전공하면서 도시계획 또는 교통설계 관련 과목을 이수하거나 도시 및 교통공학 대학원에 진학하는 경우도 있습니다. 도시계획기술사/기사 등 자격증이 있는데 도시계획 분야는 도시와 인간, 자연에 대한 종합적 이해를 바탕으로 장기적인 안목으로 도시를 분석하고 예측할 수 있는 능력이 필요합니다.

특히 도시의 미래상을 제시할 수 있는 창의력이 요구되며 업무추진 과정에서 다양한 이해 당사자를 설득하고 의견을 조율해야 하므로 의사소통능력과 협상능력을 기를 필요가 있습니다.

Q 이 직업의 현재와 미래 전망은 어떤가요?

A 향후 10년간 도시설계자의 고용은 다소 증가할 것으로 전망되는데 도시계획가와 교통전문가의 일자리는 중앙정부와 지방정부의 도시 및 교통 정책에 영향을 많이 받는 편입니다. 현재 각 지방자치단체들은 도시를 재정비하

고 낙후된 구도심을 살리기 위한 도시계획 사업을 지속적으로 펼치고 있고 정부도 침체된 도심을 되살리는 도시재생 사업을 본격 추진하고 있습니다. 그리고 3기 신도시 건설과 스마트시티 건설도 예정되어 있고 오래전에 건설된 SOC 시설이 노후화됨에 따라 유지보수 업무가 증가할 것으로 예상되기 때문에 도시계획가의 일자리 전망은 긍정적이라 할 수 있습니다.

➡ 교통전문가

Q 교통전문가는 어떤 일을 하나요?

A 교통전문가는 도로 설계, 교통체계 연구, 교통운영 시스템 설계 및 구축, 교통수요 분석, 도로 교통안전 시설에 대한 연구 및 개선, 교통사고 분석, 대중교통 등 교통물류 체계에 대한 연구 및 기획 등의 일을 합니다. 도로망이나 교통시설물을 건설하기 위하여 대상 지역의 인구 추이, 교통량 변화 추이, 경제성장 추이 등에 대한 문헌조사나 관련 통계자료를 수집하며, 교통량, 속도, 신호의 효율성, 신호체계 등의 적절성 및 기타 교통 상황에 영향을 미치는 요인에 대한 연구를 수행합니다.

이외에 도로교통 효율화와 교통난 완화를 위해 교통영향평가 및 분석을 하고 교통수요관리 방안을 마련하며, 첨단교통체계(ITS : Intelligent Transportation System)를 연구하고 교통 지리정보체계를 구축하기도 하죠. 물류표준화 및 공동화 추진방안 수립, 화물통행 형태에 대한 조사·분석, 교통세수의 추정 및 인상효과 분석 등 교통경제 및 행정에 관한 연구를 수행하기도 합니다.

Ⓠ 교통전문가가 되기 위해서는 어떤 준비가 필요한가요?

Ⓐ 교통전문가는 주로 정부기관이나 지방자치단체, 공기업, 연구소, 엔지니어 링회사, 건설회사에 주로 취업하며, 그밖에 부동산개발 및 컨설팅업체 등에 취업하는 데 교통정보화(전자교통장비 및 지능형교통시스템 ITS) 관련 IT 기업, 항공사 등에 취업하기도 합니다. 석·박사 학위를 취득한 후 연구원이 나 대학교수가 되기도 합니다. 도로교통사고감정사, 교통경찰관으로 진출 할 수도 있습니다.

관련 대학을 졸업 후 교통기술사/기사/산업기사, 도로 및 공항기술사(이상 한국산업인력공단), 도로교통사고감정사(도로교통공단)등의 자격증을 취득하 면 더 유리합니다. 그리고 최근에는 4차 산업기술과 연관하여 빅데이터를 활용한 지능형교통시스템 등의 기술에 대한 수요가 있는 만큼 관련 프로 그램에 대한 이해도가 필요합니다.

Ⓠ 이 직업의 현재와 미래 전망은 어떤가요?

Ⓐ 교통 분야는 도시지역 교통난 해소를 위한 도로확장 및 개선, 보행자 통행 시설 정비, IT기술을 활용한 첨단도로교통체계(ITS) 확대 등 도시교통 서 비스 개선을 위한 사업 및 연구가 꾸준히 추진되고 있습니다. 또 자율주행 차의 상용화를 위해 스마트도로(C-ITS)가 구축되어야 하는 데 사업 추진 과 연구를 위한 신규 인력 수요가 증가할 것으로 예상됩니다. 최근, 교통 수요 증가에 따른 교통 효율화와 시민 안전을 도모하기 위해 지방정부에서 교통 관련 부서를 신설하고 있는데, 이점도 교통전문가의 일자리에 긍정적 으로 작용하고 있습니다. 한편, 남북경제협력이 본격 추진되거나 통일이 된 다면, 도시계획과 교통 부문에서 계획과 설계, 구축, 연구에 많은 일자리 가 생겨날 것이라 예상됩니다.

➡ 스마트도시전문가

Q 스마트도시전문가는 어떤 일을 하나요?

A 스마트도시전문가는 시민들이 편하게 생활할 수 있는 보다 똑똑하고 효율적인 도시를 만드는 일을 합니다. 정보 통신 기술을 이용하여 정보를 수집하고 자원을 효율적으로 관리하는 스마트 도시를 계획합니다.

그리고 도시 지역의 교통, 에너지, 수도, 하수, 폐기물, 학교, 병원 등에 관한 전반적인 데이터를 수집하고 분석하거나 사물인터넷과 인공지능 기술을 적용하여 도시문제를 분석하고 해결책을 내놓는 일을 합니다. 또한 스마트 도시를 만들기 위하여 필요한 각종 설비나 시스템을 설치하고 관리하는 일을 합니다.

Q 관련 직업이나 활동 분야에는 어떤 것들이 있나요?

A 스마트도시전문가와 관련된 직업으로는 도시 및 교통 설계 전문가, 도시 디자이너, 사물인터넷 개발자, 지리정보전문가 등이 있습니다. 도시 및 교통 설계 전문가는 국토와 도시 기능의 효율성을 높이기 위한 도시계획 또는 교통계획을 수립하고 설계합니다. 스마트도시전문가는 정보 통신 기술을 적극적으로 활용하여 도시계획을 세운다는 면에서 차이가 있습니다.

사물인터넷 개발자는 스마트 도시 건설에 필요한 데이터를 수집하는 데 기여합니다. 지리정보전문가는 도시나 농촌의 산과 강, 토지 등 각종 지리정보를 체계적으로 관리하고 분석합니다. 스마트 도시의 계획안을 만들고 스마트 도시를 구축하는 전문가들은 국가에서 만든 연구소, 민간 기업의 연구소, 정보통신회사, 건설회사 등에서 일할 수 있습니다.

Q 어떤 적성과 흥미가 필요한가요?

A 스마트도시전문가는 기존에 없었던 새로운 모습의 도시를 만드는 사람으로서 다른 사람들이 생각할 수 없는 새로운 아이디어를 낼 수 있어야 합니다. 에너지 소비량, 교통량, 수도 및 하수의 양, 폐기물 양 등을 체계적으로 이해하고 분석하기 위해서는 수학에 대한 기본적인 이해가 있어야 합니다.

Q 관련 전공이나 자격은 어떤 것이 있으며, 어떻게 준비하나요?

A 스마트도시전문가가 되기 위해서는 대학의 도시공학과, 도시지역계획학과, 도시계획학과 등 도시 관련 학과에 진학하거나 정보 통신 관련 전공을 한 사람들이 유리합니다. 최근에는 일부 대학에서 미래도시융합공학과, 스마트시티공학부 등과 같이 스마트 도시를 전문적으로 공부하는 전공이 등장하였습니다. 또한 정부가 지원하고 민간 연구원이 주관하는 스마트시티 전문 인력 양성 과정이 개설되고 있습니다.

이 과정에서 스마트 도시 계획, 스마트 도시 정보 통신 기술 및 솔루션, 스마트 도시 수행 및 운영사례 등의 교육을 받을 수 있습니다. 관련 자격으로는 도시계획기술사/기사, 교통기술사/기사/산업기사, 도로 및 공항기술사 등이 있습니다. 그러나 이 자격들은 스마트도시전문가가 되는 데 필수적인 것은 아닙니다.

Q 어디에서 일할 수 있고, 전문성을 높일 수 있는 방법은 어떤 것이 있나요?

A 스마트도시전문가는 정부나 민간 기업에서 만든 연구소에서 연구원으로서 취업하여 일할 수 있습니다. 또한 정보 통신 기업이나 건설 회사에서 스마트 도시와 관련된 사업을 수행할 수 있습니다. 스마트도시전문가는 도시계획이나 지역개발 등을 다루는 도시학 혹은 도시공학에 대하여 지식을 쌓아야 합니다.

또한 정보 통신 기술에 대한 정보도 습득해야 합니다. 최근의 도시 관련 지식이나 정보 통신 관련 지식을 함께 이해하기 위해서는 취업 이후에도 지속적인 학습이 필요합니다.

Ⓠ 이 직업의 미래 전망은 어떤가요?

Ⓐ 스마트 도시를 건설하려는 시도가 다양하게 시도될 것으로 보입니다. 세종시와 같이 아직 개발이 되지 않은 신도시의 경우 처음부터 스마트 도시를 만들려는 시도가 진행되고 있습니다. 서울과 같이 오래된 도시의 경우는 낡고 비효율적인 지역이 많이 있습니다. 오래된 지역을 정보 통신 기술의 힘을 이용하여 스마트 도시로 거듭나게 하려는 시도가 앞으로 계속 이어질 것으로 예상됩니다. 기후변화와 환경오염, 도시화의 비효율성에 대응하기 위하여 스마트도시전문가가 앞으로 중요한 역할을 할 것으로 전망됩니다.

➡ 도시재생전문가

Ⓠ 도시재생전문가는 어떤 일을 하나요?

Ⓐ 낡고 오래된 도시에 새로운 생명을 불어 넣는 도시재생전문가는 쇠퇴하거나 낙후된 도시를 되살리기 위하여 도시 재생 계획을 세우는 일을 합니다. 도시를 되살리는 방법에 대하여 주민들의 의견을 조사하고 정리하고, 주민들에게 도시 재생에 대하여 홍보하고 교육합니다. 또한 마을 기업을 창업하고 운영하는 일을 컨설팅하기도 하며 도시 재생 사업이 잘 이루어지고 있는지를 점검하고 평가하는 일을 합니다.

Q 관련 직업이나 활동 분야에는 어떤 것들이 있나요?

A 도시재생전문가와 관련된 직업으로는 도시계획가, 도시 디자이너, 측량 및 지리정보전문가, 건축가, 건축공학 기술자 등이 있습니다. 도시계획가는 도시의 지형과 각종 시설을 조사하고 도시를 가장 효율적이고 사람들에게 편리하게 건설할 수 있는 계획을 만듭니다. 도시재생전문가는 낡고 오래된 도시를 대상으로 한다는 면에서 도시계획가와는 차이가 있습니다.

주요 도시에서 만든 도시재생지원센터, 마을공동체지원센터, 마을만들기지원센터, 생활공동체지원센터 등에 활동할 수 있습니다. 마을 기업, 사회적 기업, 협동조합뿐만 아니라 건설업체에서 일할 수 있습니다.

Q 어떤 적성과 흥미가 필요한가요?

A 기존의 도시 공간을 새로운 모습으로 디자인하려면 공간을 잘 이해할 수 있어야 합니다. 도시라는 공간에 건물과 도로, 공원 등을 어떻게 배치해야 하는지 그릴 수 있어야 합니다. 세상의 모든 도시는 조금씩은 다릅니다. 그 도시만의 특징이 있고 지리적 위치도 다릅니다.

이처럼 도시의 특성과 공간적 위치를 고려하여 새롭고 편리한 도시를 계획하고 제시할 수 있어야 합니다. 현재의 도시 모습을 바꾸고 많은 사람들이 행복하고 편리하게 도시 생활을 할 수 있도록 새로운 도시를 건설할 수 있는 아이디어를 내놓을 수 있어야 합니다. 도시 재생 사업을 하기 위해서는 도시의 지형과 건축물, 도시계획 관련 각종 자료 등 수많은 문서를 보고 정리하는 일을 좋아해야 합니다.

Q 관련 전공이나 자격은 어떤 것이 있으며, 어떻게 준비하나요?

A 도시재생전문가는 대학의 도시계획학과, 도시공학과, 도시행정학과, 건축

학과, 건축공학과, 토목공학과 등에 진학하는 것이 유리합니다. 도시계획과 건축공학에 관한 지식을 함께 배워야 하는 직업으로서 도시 관련 전공이나 건축 관련 전공을 선택하는 것이 좋습니다. 주요 대학교의 산학협력단에서는 도시 대학을 운영하고 있는데 도시 대학은 도시 재생과 관련된 프로그램을 제공하고 있습니다. 지방정부에서 만든 도시재생지원센터에서도 도시 재생 대학 과정을 만들어 운영하고 있습니다.

대학교의 평생학습교육원에서는 도시재생전문가 양성 과정을 개설하고 있습니다. 집중 교육과정을 통하여 도시 재생에 대한 기본적인 지식을 배울 수 있습니다. 국가 자격으로 도시계획기사/ 기술사, 건축기사, 건축사, 공인 민간 자격으로 농어촌개발 컨설턴트 등이 있습니다.

Q 어디에서 일할 수 있고, 전문성을 높일 수 있는 방법은 어떤 것이 있나요?

A 도시재생전문가는 정부에서 만든 연구소, 민간의 연구소, 마을 기업, 사회적 기업, 협동조합 등에서 도시를 되살리는 일을 할 수 있습니다. 마을 활동가로서 도시문제를 해결하고 도시에 활력을 불어넣는 일을 할 수 있습니다. 도시 관련 지식과 건축 관련 지식을 함께 배워야 하는 직업 특성상 평상시 공부해야 할 것이 많습니다. 현재 도시의 발전 동향, 건축에 관한 최신 지식, 도시 재생에 관한 이론과 정보 등을 지속적으로 학습하고 자기 것으로 습득해야 합니다.

Q 이 직업의 미래 전망은 어떤가요?

A 우리나라 도시의 역사도 오래되어서 낙후된 도시 지역이 적지 않습니다. 지방정부에서는 낡은 도시 지역을 개선하려는 노력을 진행하고 있습니다. 특히 도시 재생 활성화 및 지원에 관한 특별법이 시행되고 있습니다.

이 법에 따라서 국가와 지방자치단체는 도시 재생에 필요한 예산을 확보하고 도시 재생 사업을 하여야 합니다. 현재 많은 도시에서 도시 재생을 전담하는 조직을 갖추고 있고 앞으로 더욱 확대될 전망입니다.

도시 재생 사업은 지역 주민의 삶의 질을 높이는 일로써 많은 지방정부에서 관심을 가지고 있습니다. 낙후된 도시를 되살리는 일을 전문적으로 하는 도시재생전문가의 역할은 앞으로 더욱 확대될 것으로 예상됩니다.

➡ 유비쿼터스 도시기술자

Ⓠ **유비쿼터스 도시기술자는 어떤 일을 하나요?**

Ⓐ 첨단 정보통신기술과 도시공학기술을 융복합해 교통, 환경 등 도시 관리를 효율화하고 삶의 질을 향상시키는 서비스를 제공하기 위해 소프트웨어를 개발하거나 센서나 디지털단말기 등의 지능화설비를 설계합니다.

또한 방범, 방재, 교통, 시설물 분야 등을 핵심 U-City 서비스로 중점 구축하고, 분산돼 있는 CCTV 관제, 교통, 시설관리센터 등을 U-City 통합 운영센터로 일원화하는 등 국가안전망을 구축합니다. 더 나아가, U-City 산업의 성장을 위해 비용절감형 모델을 개발하고, 도시재생사업과 연계한 기존도시 활성화 방안을 마련하죠.

또한 시민들이 체감할수 있는 실속형 U-서비스를 중점적으로 육성하는데, U-City 구축 및 운영비용 절감을 위해 국내 기술로 개발된 국산 통합 플랫폼 등을 확대 보급하기 위해 노력합니다. 우리가 광고에서 흔히 봤던 것처럼 밖에서 핸드폰을 가지고 원격으로 가스 불을 끄고 집 내부의 온도를 조절하고 온수가 나오게 하는 프로그램을 만드는 일을 합니다.

Q 유비쿼터스 도시기술자가 되기 위해서는 어떤 준비가 필요한가요?

A 유비쿼터스 도시기술자로 일하기 위해서는 적어도 대졸 수준의 학력이 필요합니다. 건축관련 학과 또는 도시관련 학과와 IT관련 학과가 취업에 유리하다고 합니다. 정부에서는 최근 들어 전문 인력 양성을 위해 U-City 석박사 과정 및 취업자 과정 교육을 지속적으로 지원하고 있습니다. 또 수료생을 대상으로 U-시범도시사업의 인턴 기회를 제공하여 교육과 일자리를 상호 연계하고 있습니다.

최근 일부 대학에서도 유비쿼터스와 관련된 학과를 개설하고 있으며, 한국유비쿼터스도시협회에서 주관하는 U-City 인력양성센터 교육과정 등을 통해 직무능력을 향상시킬 수 있으니 참고하세요. 유비쿼터스 도시기술자는 기본적으로 도시를 대상으로 정보통신기술(ICT)을 접목시키기 때문에 도시설계 및 건설에 기초가 되는 공학과 기술, 도시 인프라를 구성하는 보안, 건강에 대한 지식과 논리적인 분석력과 창의력이 요구됩니다.

또한 이 분야의 특성상 도시설계 및 건설, IT 및 인간 사회 전반을 아우를 수 있는 융합적이고 통섭적인 역량이 무엇보다도 중요한데요, 업무에 숙달하기 위해서는 2년에서 4년 정도의 숙련 기간이 걸린다고 하니 끈기 있게 경험을 쌓아야 합니다.

Q 이 직업의 현재와 미래 전망은 어떤가요?

A 국토교통부에서 제2차(2014~2018년) U-City 종합계획(마스터플랜)을 발표했습니다. 이번 2차 계획은 U-City 국내확산, 민간산업 활성화, 세계시장 선도를 목표로 안전도시 구현을 위한 U-City 국민 안전망 구축, U-City 지속적 확산 및 관련기술 개발, 산업 활성화를 위한 민간업체 지원, 국제 협력을 통한 해외시장 진출 강화, 창의교육을 통한 인력 양성 등을 추진한

다는 계획을 포함하고 있습니다.

이처럼 국내 공공 U-City 추진에 따른 시장 전망과 파급효과 예측을 고려할 때, 향후 이 분야의 고용효과와 부가가치 창출은 증가할 것으로 전망되고 있습니다. 유비쿼터스 도시기술의 수요 역시 증가할 것으로 예상되기 때문에 유비쿼터스 도시기술자의 인력도 필수적으로 많아질 걸로 예상합니다.

➡ 지능형 교통 시스템(ITS) 연구원

Q **지능형 교통 시스템(ITS)이 무엇인가요?**

A 지능형첨단교통망인 ITS(Intelligent Transport Systems)는 전자, 정보, 제어 등 첨단 기술을 활용해 실시간 교통정보를 수집·관리·제공해 기존 교통시설의 이용효율을 극대화하는 차세대 교통체계입니다. 예를 들어 운전을 할 때, 전국의 도로, 교량 등의 상황을 실시간으로 알게 해주는 것도 ITS의 기능 중 하나입니다.

이런 기능 외에도 ITS는 교통량의 변화에 따른 실시간 교통신호 제어, 요금징수 자동화, 사고 등 돌발 상황에 대한 신속한 조치, 실시간 교통정보 및 우회경로 정보를 제공함으로써 교통 체증을 감소시키는 일을 합니다. 또한 차량뿐만 아니라 지하철, 철도, 비행기 등 타 교통수단과의 정보교류를 통해 종합적인 교통 정보망을 구축하여 언제 어디서든지 현재 교통상황을 알 수 있도록 해주는 편리한 시스템입니다.

Q **지능형 교통 시스템(ITS) 연구원은 어떤 일을 하나요?**

A 교통시설의 이용효율을 극대화하기 위해 먼저 각종 도로의 교통정보를 수집할 수 있는 센서와 기기를 개발합니다. 그리고 수집된 교통정보 데이터의

처리방법을 연구하고, 처리된 데이터를 수요자에게 전달방법을 개발합니다. 또한 각종 교통시설물을 계획·설계 및 운영을 위한 연구를 하며, 교통량이나 속도, 신호등 체계의 적절성 및 기타 교통상태에 영향을 미치는 요인들에 대해 연구합니다. 시스템 구축에 필요한 각종 장비의 설계 및 개발, 도로 및 교통 관련 시설의 시공부분에 참여하여 조언합니다.

이 외에도 관련 기관에 기술자문을 하기도 합니다. 일반적으로 해당 분야별 연구를 종료한 후에는 자료를 분석하여 보고서를 작성하며, 늘 최신 정보의 동향을 파악 및 분석하여 향후 기술변화에 대비합니다.

Q 어떻게 준비하나요?

A ITS 자체가 정보·전자기술에 바탕을 두고 있기 때문에 각종 센서 및 장비업체나 SI(System Integration)업체 등에 입사한 후 관련 기기 개발이나 시스템 개발에 경력을 쌓는 경우가 많습니다. ITS만을 전문적으로 다루는 대학원도 개설되었습니다.

또한 국책연구소, 민간연구소, 교통 관련 기업체 등에 입사하여 훈련을 받고 근무하는 경우도 있으며, 이런 일들을 위해서 다수의 전기, 전자, 시스템공학, 교통공학 등의 전공자들이 일을 하고 있습니다. ITS 자체가 여러 가지 기술이 복합되어 만들어지는 시스템이기 때문에 이 분야에서 일하고자 한다면 먼저 세부 분야를 결정해야 합니다.

즉, 정보수집에 필요한 기기 및 센서 개발업무를 할 것인지, 네트워크나 시스템 구축 관련 일을 할 것인지, 또는 교통공학 등을 공부하여 설계부문에서 일할 것인지 등에 대해 목표를 세우고 그에 맞는 준비를 하여야 합니다. 만약 네트워크나 시스템 구축 업무를 원한다면 컴퓨터 관련 지식이 필요하며, 센서 등의 장비개발 업무를 하고자 한다면 전기, 물리 등의 전문지식을 갖추어야 합니다. 연구·개발업무를 하므로 항상 최신정보와 수집을 게을리해서는 안 되며 문제해결을 위한 논리적 사고, 분석적 사고와 꼼꼼함, 끈기가 필요한 일입니다.

Q 이 직업의 미래 전망은 어떤가요?

A 지능형교통체계(ITS) 구축을 위한 기술개발 시범사업, 표준개발 및 국제교류 등을 범부처에서 민관 협조체제하에 추진하고 있어 향후 ITS 분야의 인력수요는 더욱 늘어날 전망입니다. 이용할 수 있는 교통수단은 점점 더 늘어나고 그 체계는 더욱 복잡해질 것입니다. 단순히 사람과 물자의 이동에만 목적이 있는 것이 아니라 얼마나 더 효율적으로 이동시킬 수 있느냐가 개인들 각각의 복지나 더 나아가 국가경쟁력 향상의 필수 요소가 될 것입니다.

최근 ITS만을 다루는 대학원이 개설될 정도로 많은 관심을 받고 있으며, 이러한 관심으로 더욱 많은 전문가를 필요로 하게 될 것입니다. 따라서 앞에서도 언급하였듯 ITS의 어느 분야에서 일을 하고 싶은지 목표를 분명히 정하고 꾸준히 관련 지식을 습득해 나가는 것이 중요할 것입니다.

출처 : 워크넷, 커리어넷

출처 : 4차산업혁명시대 미래직업 가이드북 - 한국직업능력개발원

계열별
핵심 키워드

핵심 키워드로 알아보는 건설환경공학

Q **건설환경공학부만의 특색이 있을까요?**

A 건설환경공학부는 건설관리, 공간정보공학, 교통공학, 구조공학, 도시계획 및 설계, 수공학, 지반공학, 환경공학의 8개 분야로 구성되어 있는데 전통적인 토목·건설공학 분야뿐만 아니라, 최근의 블루오션인 4차 산업기술과 연계된 공간정보, 교통, 도시설계 등 도시공학 관련 분야가 구체화되어 있습니다.

핵심 키워드로 알아보는 건축학

Q **어떤 건축학부가 좋은가요?**

A 예술대학이 유명한 홍익대학교의 건축학부는 60년 이상의 전통을 자랑하며 건축학(5년제)과 실내건축학(4년제)으로 두 가지 전공으로 나누어져 운영됩니다.

특히 디자인과 공학을 접목시켜 홍익대가 축적해온 디자인 분야의 특성화 전략을 기반으로, 유명 건축가 및 실내디자이너들을 배출하고 있습니다. 그리고 2006년부터 세계적으로 지명도가 높은 국내외 건축설계사무소와 인턴십 과정을 시행하며 실무능력을 함양할 수 있도록 해줍니다.

핵심 키워드로 알아보는 도시 및 교통공학

Q 새로운 도시가 형성되는 데 필요한 지식은 무엇인가요?

A 데이터에 기초해 깊이 있는 연구를 할 수 있으며, 인문학, 예술, 체육 분야 등 인접학문과 연계해 통합적으로 교육하고 연구할 수 있는 학부에서 공부한다면 4차산업을 선도할 수 있는 스마트도시를 설계할 수 있는 역량을 기를 수 있을 것입니다.

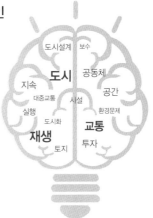

계열별 참고 도서와
동영상

토목·건축공학계열 추천도서와 동영상

💬 토목·건축공학 연계 도서는?

도서명	지은이	출판사
사회기반 시설공학	김진우	구미서관
흙	데이비드 몽고메리	이수영
큰 건축물	데이비드 맥걸레이	한길사
재미있는 흙 이야기	히메노 켄지	씨아이알
토목을 디자인 하다	시노하라 오사무 외	동녘
미학적으로 교량보기	문지영	씨아이알
사진과 함께 하는 세계의 토목유산	건설컨설턴츠협회	시그마북스
토목공학의 역사	한스 스트라우브	김문겸
대한민국 건설 : 불가능은 가능이다	박길숙	지성사
건설 엔지니어의 도전	박원호	한솔미디어
자연과 문명의 조화 토목공학	대한토목학회	씨아이알
쉽게 읽는 토목 이야기	장경수	미래사

💬 추천동영상

차세대공학리더에게 듣는 도시토목공학이란

https://tv.naver.com/v/1350947

토목공학! 인류의 미래를 묻는다!

https://www.youtube.com/watch?v=PYaz60gReNI

대한토목학회 토목공학홍보영상

https://www.youtube.com/watch?v=g8FXGnovG0A

인간을 보호하는 건설기술

https://www.youtube.com/watch?v=VJwXi3dz5QM

건축공학 분야 전문가들과 함께 하는 진로멘토링

https://www.youtube.com/watch?v=9ZIthr8UhsM

롯데월드타워 기술 영상

https://www.youtube.com/watch?v=f8GPs4Pmlvo

교량 시공 영상

https://www.youtube.com/watch?v=GD8hW0N503E

진화하는 건축, 미래를 짓다

https://www.youtube.com/watch?v=OzSbkp_-gk8

4차산업혁명 스마트 시공기술

https://www.youtube.com/watch?v=frPgTe59YVc

충격적인 2050년 미래의 건축물

https://www.youtube.com/watch?v=gjbdLkp0wJQ

💬 토목·건축공학 K-MOOC 참고 동영상

전산토목제도 ACAD 활용기초 🅰🆇

부천대학교 | 최준혁 | 2014년 1학기

실무에서 가장 많이 사용되고 있는 AUTOCAD 프로그램을 이용하여 제도의 기본 원칙과 제도방법, 명령어 습득을 학습하고 실무도면을 작도하는 과목이다.

📺 차시보기   📥 강의담기

토질 역학 ▶

원광대학교 | 이진선 | 2013년 2학기

교과목의 성격 - 토질역학은 상부구조물의 기초가 되고, 스스로 구조부재가 되는 흙지반의 기본성질과 역학적 거동 메커니즘을 다루는 분야임.
교과수업 주요목표 - 본 교과목을 통해 토목환경공학전공생들에게 이를 이해하…

📺 차시보기   📥 강의담기

💬 토목·건축공학 TED 참고 동영상

Stefan Al

**1,600m 높이의 초고층 건물
이 실현될 수 있을까요?**

Posted Feb 2019

Brandon Clifford

고대 불가사의의 건설 비밀

Posted Jun 2019

Ian Firth

교량은 아름다워야 합니다

Posted Jun 2018

Congrui Jin

**콘크리트가 균열을 스스로
고칠 수 있다면 어떨까요? -
콩루이 진(Congrui Jin)**

Xavier De Kestelier

**다른 행성에서의 건축을 위한
모험**

Posted Dec 2017

Siamak Hariri

**어떻게 신성한 공간을 지을
수 있을까요?**

Posted Apr 2017

건축학과계열 추천도서와 동영상

💬 건축학 연계 도서는?

도서명	지은이	출판사
건축 속 재미있는 과학 이야기	이재인	시공사
건축들은 어떻게 해서 서있는가	Mario Salvadori	기문당
서양건축사	정승진	미세움
서양 건축 이야기	빌 리제베로 외	한길아트
클라시커 50, 20세기 건축	크리스티나 하벨를리크 외	해냄출판사
창을 순례하다	쓰카모토 요시하루 외	푸른숲
죽기전에 꼭 봐야 할 세계 건축 1001	마크 어빙 외	마로니에북스
아키텍쳐 인사이드-아웃	John Zukowsky 외	RizzoliIntlPubns
건축을 뒤바꾼 아이디어 100	리차드 웨스턴 외	시드포스트
세계 건축의 이해	마르코 부살리 외	마로니에북스

💬 건축학과 참고 동영상

고려대 건축학과 1문 1답

https://www.youtube.com/watch?v=C9NaGfkXxEU

건축학과에서 배우는 것

https://www.youtube.com/watch?v=iSGYrxP9_OU

직장탐구 팀 1부- 삶을 짓는 사람들, 건축설계사무소

https://www.youtube.com/watch?v=j16CX2I8MGY

건축학도가 쓰는 건축 프로그램

https://www.youtube.com/watch?v=zBQ6N0kFtiU

세바시 749회 건축은 생각이다

https://www.youtube.com/watch?v=VQk14gwb84c

10가지 미친 미래 건축 프로젝트

https://www.youtube.com/watch?v=zi7trxjBubQ

건강을 생각하는 집, 생태건축

https://www.youtube.com/watch?v=qUtFm0h1sFE

4차산업 혁명의 VR, 건축에서의 활용

https://www.youtube.com/watch?v=XLdHU9V2aTw

💬 건축학과 K-MOOC 참고 동영상

한국건축사 ▶
울산대학교 | 강영환
본 과목은 한국이라는 특수한 자연환경과 한민족이라는 공동체로서의 역사적 경험과 고유한 문화의 바탕으로 한국건축사를 문화변동의 측면에서 다룬다. 이를 통하여 한국건축의 특수성과 세계 건축 안에서의 보편성, 현대적 적용상을 모색...

차시보기　　강의담기

현대건축 거장들의 발자취 AX
광주여자대학교 | 윤성균 | 2016년 1학기
현대도시를 만들어낸 근 현대 건축가들의 노력과 시대상을 통해 현대건축의 문화를 이해할 수 있다.

차시보기　　강의담기

💬 건축학과 TED 참고 동영상

Nathaniel Kahn
나타니엘 칸의 "나의 건축가"에 대하여
Posted Apr 2009

Bjarke Ingels
비야케 잉겔스: 건축에 대한 짧은 세가지 이야기.
Posted Sep 2009

Daniel Libeskind
Daniel Libeskind, 17가지 건축-영감의 요소들
Posted Jul 2009

Débora Mesa Molina

불완전한 재료로 지은 아름다운 건축물들

Posted Jan 2019

Alastair Parvin

사람을 위한, 사람에 의한 건축

Posted May 2013

John Cary

인간 존엄성을 창조하는 건축 디자인

Posted Feb 2018

도시공학계열 추천도서와 동영상

💬 도시공학 연계 도서는?

도서명	지은이	출판사
내일의 도시	피터 홀	한울아카데미
바다 위 인공섬, 시토피아	안희도 외	지성사
이집트 구르나 마을 이야기	하싼 화티	열화당
꿈의 도시 꾸리찌바	박용남	이후
시, 인간과 공간의 커뮤니케이션	대한국토도시계획학회	커뮤니케이션 북스
김진애의 도시이야기	김진애	다산초당
정의로운 도시	마이클 소킨	북스힐
갈등 도시	김시덕	열린책들
도시는 무엇으로 사는가	유현준	을유문화사
나는 튀는 도시보다 참한 도시가 좋다	정석	효형출판
스마트 도시계획	이승일	커뮤니케이션 북스
알기쉬운 도시교통	원제무	박영사

💬 도시공학 참고 동영상

4차산업혁명과 스마트 시티 성공전략

https://www.youtube.com/watch?v=Yb_6rCTBncY

4차 산업혁명, 도시를 바꾸다

https://www.youtube.com/watch?v=bWpg8erUK00

인류를 위한 새바람 4차 산업혁명 – 도시의 미래, 스마트 시티

https://www.youtube.com/watch?v=o2q-7iXEueE

안전한 주행을 지원하는 차세대 지능형 교통시스템

https://www.youtube.com/watch?v=bxb1z32lr-4

한양대에리카 교통물류공학과 교통안전정보연구실

https://www.youtube.com/watch?v=r7MpZd-1Xmg

행복을 위한 혁신, 스마트시티 국가 시범도시

https://www.youtube.com/watch?v=JIq16TiNEZk&feature=youtu.be

도시재생전문가, 신직업 내일을 잡아라

https://www.youtube.com/watch?v=MHDkGSbqW1I

💬 도시공학 K-MOOC 참고 동영상

생태도시의 푸른 혁명(21) ▶
광주여자대학교 | 최인목 | 2017년 2학기
본 생태도시의 푸른 혁명 과목은 세계각국의 도시정원을 살펴보고 미래에 변화될 도시의 역할과 기능에 대하여 돌아보는 시간을 가지도록 디자인되었다. 특히 생태공원에 대하여 알아보는 시간을 가진다. 생태공원을 처음으로 만든 영국의...
🔲 차시보기   🔲 강의담기

〈다큐S+〉도로 위 스트레스, 교통체증 ▶
YTN SCIENCE | YTN SCIENCE
우리나라 인구수 5천 100만 명을 고려할 때, 인구 2.5명 당 1대의 자동차를 보유하고 있는 셈입니다 이런 추세라면 올 하반기에 자동차 등록대수는 2천 만대를 돌파할거라고 하는데요, 자연히 도심의 교통체증은 더 심각해질 ...
🔲 차시보기   🔲 강의담기

사고 막는 IT 기술, 도로교통 ▶

YTN SCIENCE | <u>YTN SCIENCE</u>

순식간에 생명을 빼앗아가는 졸음운전을 예방하는 기술도 등장했다. 룸미러 뒤쪽에 카메라가 달려있어 운전자의 상태를 감지할 수 있는데, 방향지시등을 켜지 않은 상태에서 차선이 바뀌면 경고음, 메시지, 핸들 진동 등으로 경고 알...

▣ 차시보기 ⤷ 강의담기

데이터 교통과학 ▶

YTN SCIENCE | <u>YTN SCIENCE</u>

인류와 함께 발전해온 교통기술. 다양한 센서들이 도로에서 교통 정보를 수집해, 교통을 원활하게 하기 위한 작업을 수행하고 있는데요. 교통의 미래, 과학의 힘은 어디까지일까요? '과학, 미래를 엮다 에서 확인해 보시죠!

▣ 차시보기 ⤷ 강의담기

 도시공학 TED 참고 동영상

Peter Calthorpe
더 나은 도시를 짓는 7가지 원칙

Posted Aug 2017

Michael Bierut
런던 지하철 노선도를 만든 천재

Posted Mar 2018

Robert Muggah
도시가 직면한 위기와 몇 가지 해결책

Posted Nov 2017

Jeff Speck
걷기 좋은 도시를 만드는 네 가지 방법

Posted Feb 2017

Daan Roosegaarde
스모그 청소기와 상상가능한 도시 계획에 관한 고찰

Posted Sep 2017

Vishaan Chakrabarti
우리 미래를 위한 영원한 도시를 만들 수 있을까요?

Posted Jun 2018

부 록

부록1.
계열별 참고 사이트

기계공학 참고 사이트

참고 사이트	주소
한국공학한림원	https://www.naek.or.kr
대한기계학회	www.ksme.or.kr
기계공학연구정보센터	materic.or.kr
기계건설공학연구정보센터	www.materic.or.kr
대한유체기계학회	https://ksfm.org
한국정밀공학회	www.kspe.or.kr
한국생산제조학회	www.ksmte.kr
한국농업기계학회	www.ksam76.or.kr
대한기계학회	ksme.or.kr

로봇공학 참고 사이트

참고 사이트	주소
한국로봇학회	kros.org
제어로봇시스템학회	www.icros.org
한국로봇산업협회	www.korearobot.or.kr
한국로봇산업진흥원	https://www.kiria.org
로봇기술	robotzine.co.kr

대한의료로봇학회	www.ksmr.or.kr
한국재활로봇학회	www.rehabrobot.or.kr

자동차공학 참고 사이트

참고 사이트	주소
한국자동차공학회	www.ksae.org
한국자동차공학한림원	www.kaae.kr
한국자동차산업학회	www.kami.or.kr
한국자동차협회	www.kaa21.or.kr
한국자동차환경협회	www.aea.or.kr
한국전기자동차협회	www.keva.or.kr
한국자동차부품협회	https://www.i-kapa.org

항공우주공학 참고 사이트

참고 사이트	주소
한국항공우주학회	ksas.or.kr
한국항공우주연구원	https://www.kari.re.kr
한국우주과학회	ksss.or.kr
한국항공경영학회	www.amsok.or.kr
항공우주시스템공학회	sase.or.kr
항공안전기술원	https://www.kiast.or.kr
국가지식재산교육포털	www.ipacademy.net
발명교육포털사이트	https://www.ip-edu.net

전기공학 참고 사이트

참고 사이트	주소
대한전기학회	www.kiee.or.kr
한국에너지기술연구원	http://www.kier.re.kr
신재생에너지센터	http://www.knrec.or.kr
한국신재생에너지협회	http://www.knrea.or.kr
한국첨단자동차기술협회	http://www.kaata.or.kr/
한국자동차 산업협동조합	http://www.kaica.or.kr/
한국정보산업연합회	http://www.fkii.org/
K-ICT 디바이스랩	http://www.devicelab.kr/
한국스마트그리드협회	http://www.ksga.org
한국스마트그리드사업단	http://www.smartgrid.or.kr

전자공학 참고 사이트

참고 사이트	주소
한국전자통신연구원 실감미디어연구부	http://www.etri.re.kr
한국콘텐츠진흥원 콘텐츠산업포털	http://www.kocca.kr
한국방송미디어공학회	http://www.kosbe.or.kr
한국전자공학회	www.theieie.org
전력전자학회	kipe.or.kr
한국의료기기산업협회	http://www.kmdia.or.kr

컴퓨터공학 참고 사이트

참고 사이트	주소
한국블록체인협회	http://www.kblockchain.org
한국블록체인산업진흥협회	http://www.kbipa.org
한국블록체인산업협회	http://www.kbcia.or.kr
한국전자통신연구원	http://www.etri.re.kr
한국사물인터넷협회	http://www.kiot.or.kr
정보통신산업진흥원	http://www.nipa.kr
한국정보통신진흥협회	http://www.kait.or.kr
지능정보산업협회	http://www.k−ai.or.kr
한국인공지능협회	http://www.koraia.org
IoT지식능력검정 홈페이지	http://cp.kiot.or.kr

스마트도시건축 참고 사이트

참고 사이트	주소
한국건설기술연구원	www.kict.re.kr
국토개발연구원	www.krihs.re.kr
한국교통개발연구원	www.koti.re.kr/
한국철도기술연구원	www.krri.re.kr/
한국지질자원연구원	www.kigam.re.kr/contents/siteMain.do
한국해양연구원	www.kiost.ac.kr/
한국전력공사	home.kepco.co.kr/
LH공사	www.lh.or.kr/
한국도로공사	www.ex.co.kr/

한국가스공사	www.kogas.or.kr/
한국수자원공사	www.kwater.or.kr/
한국철도공사	info.korail.com/
인천국제공항공사	www.airport.kr/co/ko/index.do
서울특별시도시철도공사	www.krihs.re.kr
서울지하철공사	www.seoulmetro.co.kr
부산항만공사	www.busanpa.com
한국공항공사	www.airport.co.kr
한국지역난방공사	www.kdhc.co.kr/
한국수력원자력	www.khnp.co.kr
대한건축사협회	https://www.kira.or.kr
한국토질 및 기초기술사회	www.kape.or.kr
한국지반공학회	www.kgshome.org
한국건설관리학회	www.kicem.or.kr
대한토목학회	www.ksce.or.kr
도로교통공단	www.koroad.or.kr/kp
한국환경공단	http://www.keco.or.kr
한국시설안전공단	www.kistec.or.kr/index.do
한국철도시설공단	http://www.kr.or.kr
한국원자력환경공단	https://www.korad.or.kr
TS한국교통안전공단	http://www.kotsa.or.kr
건축도시연구센터	http://www.auric.or.kr
시설물정보관리종합시스템	http://www.fms.or.kr
한국지진공학회	www.eesk.or.kr
스마트도시협회	http://www.smartcity.or.kr
세종스마트시티 체험존	http://www.sejong-smartcity.com
인천스마트시티	http://www.ismartcity.co.kr/default
도시재생종합정보체계	http://www.city.go.kr/index.do
도시재생실증연구단	http://kourc.krihs.re.kr

국민안전처	www.mpss.go.kr
국립재난안전연구원	www.ndmi.go.kr
국가민방위재난안전교육원	www.ndti.go.kr
한국방재협회	www.kodipa.or.kr
한국방재안전관리사중앙회	한국방재안전관리사중앙회 등 www.kdsn.kr
국토교통부	www.molit.go.kr
그린투게더(녹색건축포털)	www.greentogether.go.kr
녹색건축인증제 통합운영시스템	www.g—seed.or.kr

부록2.
지역별 체험 가능한 곳

추천 체험활동 리스트

체험활동	내용
심폐소생술 교육	심폐소생술 교육을 통해 위급 상황 시 한 생명을 구할 수 있는 법을 배우면서 심폐소생술 기기와 웨어러블 디바이스를 통해 보다 빠르게 심장의 이상 여부를 확인할 수 있는 방법을 탐구하여 기록할 수 있음. 또한 애니 기기의 특징을 분석하고 보완 발전시킬 부분을 기계적으로 조사하여 보고서를 작성할 수 있음.
직업체험의 날	공학 관련 직업인으로부터 여러 가지 사례를 통해 공학의 미래를 듣고 자신의 전공에서는 어떻게 연계시킬 수 있는지 고민한 후 이를 알아보기 위한 자료를 탐구하여 기록할 수 있음.
전문가 인터뷰	원하는 학과 교수나 직업 전문가와의 인터뷰를 통해 최근 연구되고 있는 것을 배우고 이를 이해하기 위한 노력과정을 기록할 수 있음.
경제체험 및 토론	4차 산업혁명과 관련된 기술의 도입으로 인한 기업과 금융의 변화를 조사하여 앞으로 유망한 분야를 조사하고 이 유망할 분야의 기술적 특징을 탐구하여 보고서를 작성하여 기록할 수 있음.
병원 인턴십	병원에서 사용되는 다양한 기기들의 작동원리를 이해하고 궁금한 내용을 조사하고 더 발전시킬 수 있는 내용을 조사하여 기록할 수 있음.
월드비전	저개발국가 지역의 아이들을 위한 적정기술을 조사하여 인문학적 소양을 가진 공학자로서 모습을 보여줄 수 있으며 적정기술을 이해함으로써 고난도 기술을 이해하는 데 도움을 얻을 수 있음.
과학축전	과학 프로그램과 4차 산업혁명 관련 체험해보면서 궁금한 주제에 대한 원리를 이해하고 이를 보고서로 작성할 수 있음. 추가적으로 궁금한 내용은 동아리활동에서 이를 실험 및 과제연구 주제를 정하여 깊이 있는 탐구활동을 진행할 수 있음.
비전캠프	진로설정에 대한 특강을 듣고 자신이 생각하는 진로와 그 로드맵에 대해 생각할 수 있는 기회가 됨. 전공적합성을 심화할 수 있는 프로그램을 구체적으로 계획하고 관련된 활동할 수 있도록 로드맵을 작성하는 시간으로 할애함.

멘토링	집안이 어려운 아이들뿐만 아니라 수학, 과학을 어려워하는 친구들의 공부를 도와주면서 자신이 부족한 부분이 무엇인지, 이들에게 더 쉽게 설명하기 위해 원리를 명확히 알아야 함을 깨닫는 소중한 시간이 될 것임.
대학교 전공체험	희망학과에서 실제로 배우는 과목과 실험을 대학생들과 함께 하면서 미래 진로를 탐색하는 활동을 할 수 있으며, 질문을 통한 전문 지식의 확장과 관련된 책과 논문을 추천받아 전공의 이해도를 높이는 기회로 활용함.
전람회 활동	3D프린터 및 드론을 조립하면서 기계의 원리를 이해하고 이의 원리를 설명하면서 예비과학자로서 기본 소양과 창의적 탐구 능력을 배울 수 있음.
대학연계 과제 R&E	수업시간과 동아리활동에서 배운 지식과 탐구활동에서 궁금한 점을 더 깊이 탐구하는 시간으로 친구들 또는 대학생들과 함께 연구하여 대학에 입학하여 배우게 될 연구방법을 익히고 자료정리를 통해 전공에 대한 깊은 탐구활동을 키우는 의미 있는 시간으로 활용할 수 있음. 학교 과제연구 시간을 활용하여 진행할 경우 친구들과 진로와 관련된 조를 편성하여 6개월 이상의 탐구시간을 활용하여 실패를 극복하는 방법과 깊이 있는 탐구활동을 진행할 수 있음.
어플 제작	우리 학교에 있는 동아리, 식단, 과목 등의 정보를 알려주는 어플을 제작하면서 제작자와 사용자의 입장 차이를 알 수 있으며 이를 통해 기계 속에 들어간 프로그램을 이해하는 데 도움이 되며 자동화 프로그램을 연구하는 데 밑거름이 될 것임.

체험활동 참고 사이트

체험활동	내용	체험활동
전국과학전람회	자연현상이나 과학 원리에 대한 장기간의 실험실습을 통한 심도있는 연구작품을 대상으로 하는 과학경진대회	www.science.go.kr
학생발명품 경진대회	과학발명 활동을 통하여 창의력을 계발하고 과학에 대한 탐구심 함양과 어릴 때부터 자연을 슬기롭게 이용하는 기회제공	www.science.go.kr
과학동아리활동 발표대회	과학을 통해 습득한 이론을 자기주도적으로 연구, 탐구, 실험, 실습, 제작활동에 적용하는 체험의 장을 마련하여 이론과 실제 융복합 접목 실현(고등학교과학탐구대회, 한국과학창의력대회 포함)	www.kofses.or.kr

진로탐색 프로그램	청소년의 진로적성발견과 올바른 진로 로드맵을 제공하기 위해 여러 프로그램 진행(About 진로상담, 진로강점 진단, 상상비전스케치, 상상리더십, 상상시네마, 전공체험 데이)	3388.gd.go.kr
직업체험 프로그램	쉽게 체험할 수 없는 관공서 및 기업에 방문하여 직업인과의 만남을 통해 꿈을 이루기 위한 진로학습 지원(토요직업체험, 상상직업견학, 진로별자리, 상상직업체험, 청소년 진로직업체험의 기적)	3388.gd.go.kr
진로직업멘토링 프로그램	롤 모델의 성공스토리 강연을 통해 진로동기성과 진로 탐색 능력을 이끌어 주는 프로그램 운영(드리머스 콘서트, 롤모델 특강쇼, 직업체험스쿨, 상상팡팡 학생기자단, 상상팡팡 합창단)	3388.gd.go.kr
크레존	체험시설, 전시/공연, 문화재/역사, 자연, 관공서, 안전/의료, 복지시설, 연구시설 소개	www.crezone.net
한국잡월드	직업에 대해 이해하고 자신의 미래와 진로에 대해 생각할 수 있는 기회를 제공, 올바른 진로발달에 도움을 줌	www. koreajobworld.or.kr
국립민속박물관1318 박물관 멘토스쿨	민속에 대한 이해도를 높이고 민속박물관 및 구성원에 대해 심층적으로 이해하는 교육 프로그램	www.nfm.go.kr

학과별 봉사활동 예시

학과명	봉사활동	학과명	봉사활동
기계공학부	기계과학을 활용한 초중등 학생 실험동아리 지원, 학습도우미, 지역아동센터 로봇만들기 봉사활동	안전공학과	안전신고 포상제 활동 지역 안전시설물 연락
로봇공학부	지역아동센터 로봇과학 봉사활동, 학습도우미, 지역과학관 봉사활동	자동차공학부	지역아동센터 자동차 제작 봉사활동, 학습도우미, 지역과학관 봉사활동

조선공학과	지역아동센터 로봇과학 봉사활동, 학습도우미 지역과학관 봉사활동	메카트로닉스 학과	지역아동센터 과학 봉사활동, 학습 도우미, 지역과학관 봉사활동, 컴퓨터자료 보조 업무

교육기부 진로체험 인증기관(꿈길:진로체험지원센터)

수도권

연번	시도	기관명	유형	프로그램 분야
1	서울	(사)청소년드림토피아	민간	대학생 멘토와 함께 하는 학과체험 캠프
2	서울	LG CNS	기업	Coding Genius 교육
3	서울	SK텔레콤 수도권Infra본부	기업	네트워크 시설장비 운영 엔지니어 업무 및 ICT 체험
4	서울	산타마리아 (한국융합과학교육원)	개인	코딩, 드론 조종 및 촬영, 가상현실 체험, 3D 모델링, 과학수사를 위한 DNA추출 체험 등
5	경기	고양신한류홍보관	공공	콘텐츠 제작 과정 직군(감독, 작가, 의상소품팀, 특수효과 전문가) 및 영상콘텐츠 제작 과정 체험
6	경기	창업진흥원 판교창업존	공공	비즈쿨 창의체험 프로그램 : 판교창업존 소개 및 견학, 기업가정신 특강, 3D프린팅 체험
7	경기	서울대학교관악수목원	학교	산림과학 분야 연구원 체험
8	경기	(주)신원도예교육센터	기업	4차 산업혁명 이후 생겨날 신직업 탐색
9	경기	사단법인 참다솜교육	민간	코딩 로봇 함께하는 4차산업 직업체험(iot관련), 사회적 기업가 체험 프로그램
10	경기	(주)에이치에스교육그룹	기업	이러닝콘텐츠 제작체험
11	경기	나를 찾는 정원, R401 Discovery Park	기업	게임개발자 되어보기
12	경기	수원진로직업큐레이터 꿈마니협동조합	기업	신청 학교에서 요청하는 직업군 관련 탐색 및 체험
13	경기	현대자동차(주) 현대 모터스튜디오 고양	기업	자동차의 탄생 과정과 관련 직업의 세계 탐색

14	경기	오산종합정비센터	개인	자동차 정비사 체험
15	경기	평택 곤충과 사람들	개인	미래 자원으로서의 곤충 이해, 곤충표본 제작
16	인천	국립생물자원관	공공	생물 다양성 관련 연구 직종 이해 및 체험
17	인천	인천광역시부평구 시설관리공단	공공	전기 및 기계엔지니어, 사무행정직, 체육지도사, 퍼스널 트레이너 체험
18	인천	청운대학교 인천캠퍼스	학교	건축, 소방, 토목 환경, 융합소재, 소프트웨어 개발 등 관련 학과 체험
19	인천	(주)ANC승무원학원	학원	항공사 진로체험교실
20	인천	조은교육(한국드론교육협회)	개인	드론 조종 및 코딩을 통한 드론 제어 체험

충청권

연번	시도	기관명	유형	프로그램 분야
1	충북	한국식품안전관리인증원	공공기관	식품관리 안전 체험 및 HACCP 심사관 진로 탐색
2	충북	충북도립대학	대학/학교	의료기기, 식품, 융합디자인 관련 직군 체험
3	충북	청소년드림플러스	개인사업장	곤충학자, 지진학자 등 다양한 직군 이해 및 탐색
4	충북	충주조정체험아카데미	개인사업장	조정 관련 체험, 스포츠 직군 이해
5	충남	서천군청소년상담복지센터	민간단체	다양한 직업군 체험, 청소년상담사 직업체험
6	대전	대전대학교	대학/학교	오픈소스 하드웨어 활용과 적정기술을 이용한 '아쿠아포닉스 기술체험'으로 미래농업 탐색
7	대전	배재대학교	대학/학교	계열별 학과 탐색을 통한 진로 설계
8	대전	모두행복사회적협동조합	민간단체	드론, 로봇 등에 활용할 수 있는 코딩 체험
9	대전	가온누리로봇앤SW코딩학원	학원	로봇&SW코딩 직접 경험을 통한 진로 체험
10	세종	세종소방서	지자체	소방공무원 직업 체험

호남·제주권

연번	시도	기관명	유형	프로그램 분야
1	전북	책마을해리 (꽃피는영농조합법인)	기업	건축 설계, 영상 제작, 동학 관련 기사 작성, 스톱모션을 활용한 영상만화 제작
2	전북	유한회사 한양수학연구소	기업	3D 프린터와 펜을 활용한 아이디어 제품 제작
3	전남	신재생에너지 홍보관	공공기관	신재생 에너지 이해 및 관련 직군 탐색
4	전남	한국전력거래소	공공기관	전력산업 분야 관련 직군의 이해 및 체험
5	전남	디오건축사사무소	개인사업장	설계도면 제작 등을 통한 건축설계사 체험
6	광주	(주)인스퀘어	기업	VR 콘텐츠 현장체험
7	광주	HOI	기업	3d 프린팅 교육
8	광주	주식회사 팔칠구삼	기업	IoT SW 교육
9	제주	제주산림항공관리소	공공기관	조종사, 정비사, 삼림공무원 직업 체험
10	제주	(주)로봇스퀘어	기업	3d 프린터 활용, 로봇 코딩교육

강원·대구·경북권

연번	시도	기관명	유형	프로그램 분야
1	강원	KOICA 월드프렌즈 영월교육원 전시체험관	공공기관	도슨트와 함께 개발도상국 현황 및 글로벌 이슈를 이해하고 자신의 진로와 연계하여 탐색
2	강원	큰나무사회적협동조합	민간단체	천문학자, 지진학자, 보석세공사 등 직군 관련 체험
3	강원	드림아트-원주	개인사업장	강사(교수), 공예전문가, 바리스타 등 직업 체험
4	대구	대구강서소방서	지자체	소방관 직업 소개 및 소방 체험
5	대구	(주)드림아카데미	기업	행동유형 분석 후 비전보드 작성 등 진로탐색
6	경북	포항공과대학교 나노융합기술원	대학/학교	3D프린팅 진로체험 특화교육
7	경북	(주)한국청소년교육개발원	기업	4차산업혁명시대와 미래직업(로봇, 드론, 빅데이터, 클라우드 등)알기
8	경북	포스코 (포항창조경제혁신센터)	기업	레고EV3를 활용한 로봇제작 및 제어프로그램 코딩

연번	시도	기관명	유형	프로그램 분야
1	부산	부산교통공사 경전철운영사업소 운영부	공공기관	관제실 견학, 모의 운전, 기관사와의 대화를 통한 철도 관련 진로 탐색
2	부산	부산과학기술협의회	민간단체	코딩 개발 프로그램 실행 및 피지컬 컴퓨터 체험
3	부산	부산시민공원 홍찬일금속공방	개인사업장	전통공예 예술가, 문화재 복원가, 3D 펜을 활용한 4차산업 전문가, 쥬얼리 제작 체험
4	부산	부산평생교육원 (일자리창출협동조합)	학원	드론 조종 및 활용법, 사물인터넷 제작, 3D 프린터 모델링 및 출력 체험
5	울산	해동전기학원	학원	전기제어 조작 실습을 통한 전기기능사 체험
6	경남	김해시상하수도사업소 (명동정수장)	공공기관	정수장 관람 및 수질관련 전문가 진로탐색
7	경남	김해산업진흥의 생명융합재단	공공기관	의료기기장비 실습 및 관련 직업 체험
8	경남	진주소방서	지자체	소방관 직업세계 및 소방 안전 체험
9	경남	하동소방서	지자체	소방관 현장활동 및 소방 공무원 업무 체험
10	경남	김해대학교	대학/학교	학과체험을 통한 전공학습 진로체험
11	경남	이음교육연구소리더십 코칭센터	개인사업장	개인별 진로검사를 통한 직업군 탐색 및 체험
12	경남	로보티즈 (양산 덕계점)	학원	로봇, 코딩(S4A), 3D프린트 관련 체험

학과별 봉사활동 예시

학과명	봉사활동	학과명	봉사활동
건축공학과	건축봉사활동(헤비타트)	안전공학과	남을 배려하는 정신을 기를 수 있는 여러 봉사활동
건축학과	돌봄활동 학습도우미	전기공학부	학습도우미 환경정화
공업화학과	돌봄활동, 학습도우미	전자공학부	학습도우미 환경정화
기계공학부	학습도우미 환경정화	정보통신 공학부	다함께 사는 사회를 구현하기 위한 모든 종류의 봉사활동

도시공학과	돌봄활동, 업무보조 활동, 도시관련 NGO 활동(환경운동, 마을만들기)	지역건설 공학과	학습도우미 환경정화
바이오시스템 공학과	학습도우미 환경정화	컴퓨터공학과	업무보조활동 학습도우미(복지관, 방과후, 부진학생)
소프트웨어 학과	업무보조활동 자선봉사활동	토목공학부	돌봄활동 환경정화
식품생명 공학과	자선봉사활동 환경정화	화학공학과	업무보조활동 환경정화
신소재공학과	업무보조활동 자선봉사활동	환경공학과	학습도우미 환경정화

교육기부 진로체험 인증기관 (2019년 2차)

수도권

연번	시도	기관 유형	기관명	직업군 유형	프로그램분야
1	서울	대학/학교	광운대학교 산학협력단	연구 및 공학·기술	코딩 및 로봇모듈을 통한 신기술 창업 진로 교육
2	서울	개인사업장	실험누리과학관	연구 및 공학·기술	EQ로봇을 통한 피지컬 컴퓨팅 탐구
3	서울	개인사업장	한생연 인간과 로봇과학관	연구 및 공학·기술	로봇과 인공지능
4	인천	공공기관	항공안전기술원	연구 및 공학·기술	'항공안전' 청소년 진로체험 프로그램
5	인천	기업	(주) 디엔드에이 무인항공기술원	연구 및 공학·기술	신 직업 드론 조종자 되기+ 체험
6	경기	지자체	(재)차세대융합기술연구원	연구 및 공학·기술	4차 산업혁명 시대 융합과학 체험
7	경기	지자체	고양시도서관센터 대화도 서관	연구 및 공학·기술	3D프린팅 전문가
8	경기	공공기관	한국전력공사 경기본부	연구 및 공학·기술	한국전력공사 경기본부 현장 견학
9	경기	공공기관	한국전력공사 광명지사	연구 및 공학·기술	한국전력 광명지사 현장체험

10	경기	공공기관	한국전력공사 서수원지사	연구 및 공학·기술	꿈길 진로체험
11	경기	공공기관	한국전력공사 서평택지사	연구 및 공학·기술	한국전력 소개와 태양광 모형 만들기
12	경기	공공기관	한국전력공사 성남지사	연구 및 공학·기술	한국전력공사 성남지사 진로 직업체험
13	경기	공공기관	한국전력공사 여주지사	연구 및 공학·기술	한국전력공사로 가자!
14	경기	공공기관	한국전력공사 하남지사	연구 및 공학·기술	한국전력 하남지사 현장견학
15	경기	공공기관	한국전력공사 안양지사	연구 및 공학·기술	한국전력 안양지사 현장견학
16	경기	개인사업장	에코인아트	연구 및 공학·기술	화학연구원(화장품연구원) 진로특강
17	경기	중앙부처(청)	통계청 나라셈도서관	교육·법률·사회복지· 경찰·소방 및 군인	통계체험 및 통계도서관 견학

충청권

연번	시도	기관 유형	기관명	직업군 유형	프로그램분야
1	충북	개인사업장	미랩	연구 및 공학·기술	3D펜아티스트, 3D프린터전 문가, 로봇공학

호남·제주권

연번	시도	기관 유형	기관명	직업군 유형	프로그램분야
1	광주	기업	오픈랩	연구 및 공학·기술	3D모델링을 통한 3D프린터 체험 프로그램
2	광주	기업	㈜위치스 (ㅁㅊVR 충장로점)	연구 및 공학·기술	VR-AR의 활용분야, 가상현실 개발 기반지식/ 직무/직업
3	광주	개인사업장	IT융합교육개발원	연구 및 공학·기술	메이커스 코딩, 웨이브통신, AI 자율주행자동차
4	전북	중앙부처(청)	농촌진흥청 (국립농업과학원)	연구 및 공학·기술	DNA 분리 및 관찰체험

| 5 | 전남 | 공공기관 | 국립청소년우주체험센터 | 연구 및 공학·기술 | 로켓의 안정성과 폼로켓, 항공우주과학강연, 특정 좌표에 발사체 안착 |

강원·대구·경북권

연번	시도	기관 유형	기관명	직업군 유형	프로그램분야
1	강원	개인사업장	한빛스쿨팜	연구 및 공학·기술	3D 모델링을 활용한 3D프린팅 수업
2	대구	대학/학교	대구공업대학교	연구 및 공학·기술	스마트폰 앱 만들기, 사이버사격, 항공기체 수리 체험, 센서의 센싱 시스템체험
3	대구	대학/학교	영남이공대학교	연구 및 공학·기술	4차 산업혁명과 우리의미래, 체질량 분석을 통한 나의 건강상태 알아보기, 인체탐험과 물리치료 장비체험
4	대구	기업	잡스쿨아이	연구 및 공학·기술	미래산업직업체험-VR/AR 전문가
5	전남	공공기관	국립청소년우주체험센터	연구 및 공학·기술	로켓의 안정성과 폼로켓, 항공우주과학강연, 특정 좌표에 발사체 안착

부산·울산·경남권

연번	시도	기관 유형	기관명	직업군 유형	프로그램분야
1	부산	공공기관	기술보증기금	연구 및 공학·기술	과학기술체험하기
2	부산	공공기관	해운대구진로교육지원센터-드림누리-	연구 및 공학·기술	공학 메이커스, 꿈도리-직업인 멘토특강, 진로코칭(UP UP드림 리더쉽)
3	부산	기업	이노디어스 (메이커스페이스 폴짝센터)	연구 및 공학·기술	마블링 프린팅공방